本书出版受云南师范大学教育学一流学科建设经费资助

中国优秀传统文化
与大学生心理健康教育

以《大学》为例

Excellent Traditional Chinese Culture
and
Mental Health Education for
College Students-Taking *Daxue*
as an Example

肖　甜　陶　云　杨舒涵　著

社会科学文献出版社
SOCIAL SCIENCES ACADEMIC PRESS (CHINA)

目 录

第一章 绪论

现代社会生活节奏快，学习、工作压力大，许多人会在不经意的时候突然感到情绪低落、精神萎靡。大学生面临的一系列身心健康及现实困境问题都亟待解决，而其中的心理健康问题无疑又是重中之重。大学是连接学校与社会的桥梁，大学决定了大学生步入社会的初始形态，是善还是恶、是积极还是消极、是乐观还是悲观、是勇敢还是怯弱、是博爱还是自私等，都受到大学生心理健康储备的影响。大学生是极具可塑性的，本书立足于我国大学生心理健康的实际情况，结合心理健康理论，致力于从我国优秀传统文化中汲取精神养分，探索适合中国大学生心理疏导的心理健康教育理论，引导大学生向"至善"的目标发展，以健全的身心状态去面对学习和生活，同时帮助大学生通过"正心""明德"的修炼，不断走向知行合一、身心健康的发展之路。

第一节 文化与心理健康

中华文化博大精深，上下五千年的历史沉淀出了诸多学问。在当今中国特色社会主义现代化建设进程中，经济发展、政治发展、科学发展和文化发展都呈现出质的飞跃式发展。与此同时，国家对精神文明的发展提出了更高的要求，中国优秀传统文化是中华民族和中国人民的精神源泉。对内寻求心灵的宁静、祥和，对外实现人与自然的和谐发展是中国圣贤对君子德行的要求，"修身"、"修心"与"修性"是君子获得身心健康的必经之途。中国优秀传统文化中关于人心、人性和道德修养的智慧培养出了一代又一代身心健康的中国人，时至今日，仍然对生活在现代社会的人们保持心理健康、身体健康和道德健康具有借鉴价值和指导意义。

一　文化与心理

许慎在《说文解字》中说："文，错画也，象交文。""文"在甲骨文中写作𢒕，是错画"纹"的象形，意指"纹"，象征人身上的花纹。在文化学的引申中，"文"的含义小到"记号""符号""文字"的文，大到整个社会和人的生活样式，中国先祖用"纹"贯穿"文化"的概念。古人认为，"言""动作""服"都有"文"，具有和文字一样的共同作用和文化意涵。不仅如此，《礼记·表记》中指出"是故君子服其服，则文以君子之容；有其容，则文以君子之辞；遂其辞，则实以君子之德。是故君子耻其服而无其容，耻有其容而无其辞，耻有其辞而无其德，耻有其德而无其行"，《礼记》中"文"包含着利益关系和伦常关系，同时包含着人的行动系统和道德系统。《说文解字》中又说："化，从匕，从人。匕：变也，从倒人。""化"字，从倒人，人终比化，是一种由自然人的状态到文化人的"异化"，而这种"异化"正是文而化之过渡到"文明人"的过程。《易·贲·彖传》中说："刚柔交错，天文也。文明以止，人文也。观乎天文，以察时变，观乎人文，以化成天下。"中国古籍中对"文化"的理解以观察万物运行的规律与表象为基础，人文要遵从天文，强调对自然的观察，尊重自然规律，使之化为生存和做人做事的道理，即"人文教化"之意。

在西方文化中，"Culture"一词源于拉丁文"Cultura"，本义为耕种、培养、教育、发展、尊重，而"Cultura"又是由"Cultus"衍化而来，包含为敬神而耕种、为生计而耕种的意思。维克多·埃尔在《文化概念》中将"Culture"解释为："人类为使土地肥沃，种植树木和栽培植物所采取的耕耘和改良措施。"西方的文化概念是人类改造自然的一种方式。从中国与西方对"文化"一词最初的理解可以发现东西方对待世界、自然及人本身的差别。近几十年来，各国的人类学家、社会学家、心理学家、语言学家、文化学者都在讨论什么是"文化"，但都没有获得共同认可的答案，文化是概括的、复杂的，涵盖人类在适应或改造多样化的自然环境和社会环境中逐渐形成的经历、思维方式、技术、习俗或实践等。

文化的形成跟人类的心理过程息息相关，同样，人的心理过程也深刻地影响着文化的发展。进化心理学研究认为，人作为一种动物，其很多心理和行为是通过自然进化得来的。心理是采集时代祖先长期适应环境而形成的一整套信息处理装置，所以在当今的人类心理中，仍然带有漫长历史经历所留下的痕迹。观点与之相反的是文化心理学，文化心理学认为，人的一些心理和行为，尤其是区别于动物的高级心理和行为是在文化中生成的。汪凤炎认为，人的心理有两种不同的机制，一种是心理的自然机制，是通过生物进化形成的具有文化普适性的心理自然机制，包括心理的生理机制和心理的普适性形式、结构以及发展规律等；另一种是心理的文化机制，通过文化沉淀逐渐形成，具有较大的文化差异，包括人的社会心理机制和审美心理机制等。文化的重点在于生活经验，而经验是心理学得以发展的重要核心，文化为人们提供了特定的体验，而人的一些心理也在文化中生成。Steven J. Heine 也认为人类的心理过程是由经验塑造的，身处不同文化中的人拥有不同的经历和经验。许多文化心理学家都主张文化与心智不可分割，两者相辅相成。

文化是民族的血脉，是一国人民的精神家园。中国历代圣贤和学者对人的心理进行过深入、系统的讨论，古代中国社会虽然没有"心理"的概念，却一直对"心"有诸多探讨和研究。在甲骨文中，♡是人或鸟兽心脏的象形，心中的两条斜线形象地表示出心房和心室。随着时代的变迁，"心"字的形状开始变异。慢慢地，"心"不再仅仅是一个身体的器官，象形的心包和血管开始消失，心开始成为感知的器官，拥有思维的能力，象形性逐渐消失，成为符号性更加显著的心。与心有关的汉字，通常都会与"忄"（竖心旁）、"心"（卧心底）或"小"（竖心底）相伴。有人认为，带竖心旁的字，多是源于外在事物对个体的刺激，进而激发出不同的内心感受；而带心字底的字，多是源于个体由内而外生发的内心感受。也有人认为，带竖心旁的字多与人的情绪有关，带心字底的字多与人的情志有关。虽然没有定论，但从中国古人造字及汉字的衍化过程中可以发现中国古人对"心"的认识起源极早且"心"在中国文化发展中的地位极为重要。中国先人认为，人的思想活动、意志不是通过大脑生发，而是由心而出，"心"被视为思想、情感和意志的主体。

《尚书·大禹谟》记载："人心惟危，道心惟微，惟精惟一，允执厥中。"相传这是从尧开始就代代相传的，以"心"为主题，既涵盖了个人道德修养，又涵盖了国家治理的准则。儒家上承尧、舜、禹的思想，强调诚意正心、克己修身的中庸之道。《孟子》中写道："恻隐之心，仁之端也；羞恶之心，义之端也；辞让之心，礼之端也；是非之心，智之端也。"孟子认为人有四心，而这四心正是良善的人性发端，也是个人拥有的基本道德感、同理心、自我约束和自我教育的能力等。同时，孟子对君子之心和众人之心又进行了区别，对君子有更高的要求，他认为，君子不同于普通人是因为君子"存心"，而"仁"和"礼"是存心的方法。《大学》提出"大学之道，在明明德，在亲民，在止于至善"三个纲领，而要达到这三大纲领的要求需要通过"八目"，也就是格物、致知、诚意、正心、修身、齐家、治国、平天下，其中格物、致知、诚意、正心是君子个人修养的方法，修身、齐家、治国、平天下是道德外化的成就。程颢认为，进修的基本是"诚意正心"，意念真诚、内心纯正而没有邪念是通往完善的道德自我的必经之路。明代大儒王阳明是"心学"的集大成者，重视"心"的指导作用，继承和发扬了陆九渊的"心即理"这一命题，明确"至善"就在每个人的心中，人们可以通过道德自觉和实践，达到发现心中固有道德本然的目的。中国先哲对"心"的研究由来已久，尤其是对人心、人性、道德、自我、人格等内容的探讨既宏大又精微，其中蕴含着丰富的对心理过程和心理特征的讨论，以及维持良好心理状态的方法和途径。

二　现代文化与心理健康

现代对"心理"的定义是大脑对客观现实的主观反映，心理的表现形式叫作心理现象，心理现象又可分为心理过程和心理特征。现代讨论与研究的"心理健康"是个体心理的各个方面及活动过程处于一种良好的状态。从狭义上看，心理健康是指人基本心理活动过程的完整与协调一致；从广义上看，是指人达到一种高效而满意的持续心理状态，能够促进人们更好地适应社会，能够为人类社会的发展做出贡献。从定义上看，现代心理健康研究的领域仅包括个人的心理活动和心理状态的协调一致性。世界卫生组织（WHO）1985 年提出的健康概念除了包含躯体健康、心理健康和社会适应良好以外，还要加上道德健康。虽然心理健康的定义中没有包含道德修养的内容，但道德健康是以心理健康为基础的更高层次的健康。

随着世界大环境的改变与发展，人们的心理需求也多样化，在多媒体网络科技的推动下，信息的传递效率变得越来越高、传递方式越来越多元，现代文化也在全世界范围内被构建和传播。中国自改革开放以来，始终秉持"取其精华，去其糟粕"的态度去学习外来文化，现代文学及各国主流思想不断被引入中国，供学者研究探讨。与历史相比，在外来文化与传统文化的交汇中产生了别具一格的中国现代文化。但在吸纳外来文化的过程中，新中国经历了一段曲折的发展历程，在现代化的发展过程中趋向于学习西方文化、新经验，而相对忽视了对中国优秀传统文化的继承与发展。在现代文化的建设过程中，人们逐渐感受到西方文化与中国本土的社会道德风俗、行为习惯不适配的情况，越来越多的人在强调"自我"的感受，标新立异地凸显自我的同时，逐渐丧失了"慎独"的能力，情绪容易被外部环境所裹挟，"不走心""缺乏真诚""淡漠"等人际交往的感受加深了青年人的孤独感。中国青年人在繁华的现代文化面前，却显现出层次不一的心理健康问题。

目前我国正处于社会转型的关键时期，社会失范的现象偶有发生，伴随着网络普及化和信息传播多样化，好坏不一的价值观、摇摆不定的个人立场、社会的加速发展让人们感觉到力不从心，生存的焦虑不断发酵，部分青年对未来充满了未知与迷茫，社会安全感、人际安全感降低。一些青年人表现出心理素质低下、自我调节能力不足、生命意义感减弱等问题，现代文化带给当代青年丰富的物质享受、应接不暇的精神刺激的同时，也让他们迷失在色彩绚烂的钢铁森林中。

三 中华传统文化与心理健康

中华传统文化是诸多先贤领悟并传承下来的精神与物质文化，也是中华民族和中国人民道德素养、行为标准的由来，它包含着经久不衰的文学巨作、上善若水的哲学思想、知行合一的心理学思想，这些都是中国发展和进步的动力源泉。在中国的传统文化中，儒家的学问是入世的学问，在汉朝以后，儒学获得"国家意识"的合法身份，国家开始重视教化的力量，同时教育思想打破了等级的界限，教学上注重因材施教，强调个性化差异发展。在教化的过程中，出现了关于君子的标准和要求，而君子是评价人品、道德水准、身心健康的重要尺度。要成为君子，首先要修"仁"，"仁"是儒家极为重要的一个概念范畴。"仁"是什么意思？孔子的回答是"爱人"，孟子也说"仁者爱人"，因此，"仁"包含了"爱"的意蕴，涵盖了对自身生命的敬重以及对自身身心修养的关怀，再推己及人，逐渐延伸到对亲人、友人、君臣、周围人乃至天下人的尊重与和谐相处之道。儒学对君子的培养提出了"修、齐、治、平"的基本纲领，以礼教德治的精神促进君子健全的人格发展，强调适度"内省"的自我调整方式，用"慎独""中庸"的思想指导君子保持自我同一性，并且有效地调节自己与他人、自己与环境的关系。

儒家"中庸"的概念和思想出自《中庸》，其中的"中"是指行为过程，有不偏不倚、遵道而行的意思，也是指导君子修德修道的路径，包括"慎独"、"修德"和"至诚"三个方面内容，对内强调立德，对外需要修身，通过修身立德达到身心的平衡和心理道德的健康。在现代生活中，生活的压力大，有的青年人在不断努力向前奋进的过程中，取得一点成绩的时候会对自己充满信心，受到一点挫折的时候又会自怨自艾，看到他人超过自己的时候会嫉妒跟风，看到别人不如自己的时候又容易沾沾自喜、骄傲自满。"中庸"的思想指导青年人在成长的过程中，通过"慎独"的方式，自我证成。在空间维度，需要个体与环境互动的时候，融独为众，克服异化与分裂；在精神维度，需要个体通过自省，达到"不自欺"的境界，诚心诚意地对待自我。这里的自我与弗洛伊德所提出的人格三元素——本我（ID）、自我（Ego）和超我（Super-ego）中的"自我"并非同一个概念，中国传统文化中所表达的"自我"是将道德的思想、情感和行为逐渐认同并内化为个体的意识活动，使之成为具有自发性的信念的过程。但如果仅是强迫、故意让自己去执行这些道德活动，最后就成了自欺欺人，不断地将自己的身心问题合理化，这就偏离了"中"的本质。不是发自本心去做某事，超出自己的能力和心理承受度，反而更容易将自己推入痛苦的境地。因此，"中庸"之道是让每个人始终保持本心，诚心诚意地看待自己，这能让自己变得平和起来，少些焦虑和敌对，在与人交往的过程中中正平和、以诚待人，而非一味地讨好他人或是趋炎附势，坦然诚恳地面对自我与他人，从而实现自我统一。

孔子贵仁，以仁为核心，这是孔子继承发扬周礼的集中体现。"仁"所体现的是周朝人对祭祀祖先的重视，通过祭祀的方式来教化民众，用"爱"来增强血缘共同体意识，用"敬"表明上下尊卑和亲疏远近，教民知孝悌。孔子通过继承与重新诠释，用"孝"体现人伦精神，让"爱"与"敬"并重，逐渐形成以"仁"为核心的价值观念，义、礼、智、信、孝、悌、忠、恕、敬、诚等重要价值观层层推衍拓展，逐渐形成了一套完整的儒家核心价值体系。"仁、义、礼、智、信"是儒家观念中人格品德的最佳体现，在人际交往中具有重要作用。待人宽厚、待事祥和，与人交往具有仁爱之心，潜在意思是说，当我们进行人际交往的时候，要实实在在把自己和对方当作"人"来看待，由己及人，能做到"己所不欲，勿施于人""老吾老，以及人之老；幼吾幼，以及人之幼"等。与父母交孝顺图报，与子女交宽严并济，与陌生人交尊重有礼，与朋友交诚恳信任，与上级交忠诚有度，与下级交理解宽待，等等，慢慢体会儒家"仁"的核心思想，逐渐让人际关系变得和谐起来。

儒家思想在中华文化传承的两千多年间，从未间断，不断地塑造着中华民族的民族性格和民族精神，深刻地影响着每个中国人的思想和行为，儒学蓬勃的生命力激励着一代又一代的华夏君子，恪守"仁""德"的教诲，为振兴中华而奋斗。

在中华传统文化传扬的过程中，我们要对优秀的传统思想文化进行整理、挖掘与再诠释，但也要谨慎对待在传播过程中因对优秀传统思想曲解而产生的消极思想和不良行为，这些歪曲和误解会对当代大学生的心理健康带来严重的负面影响，需要警惕。

中国传统儒家思想提倡"自省"、"克己"、"谦虚"和"慎独"，这是针对个人修身养性的思想理念，但有的人在理解这些思想的时候，容易仅仅停留在字面，没有深入地体会儒家核心价值所传达的本义，面对问题要么一味地自责内疚，要么过度地压抑自我，或者讨好他人，积存于心底的不满、悲伤等情绪无处发泄，最终影响到自己的身心健康。

儒家思想重视"忠孝"，对待长辈讲"孝顺"，对待领导讲"忠诚"，但在传播的过程中，有的人就理解为对待长辈必须无条件地"顺从"，稍有不顺就是不孝。所以，有的人就算在面对长辈无理的要求或者不合理的行为时，也会选择违背本心去完成，以实现"孝"。也有的人在面对领导的不合理要求时，会违背良知去达成，以体现"忠心"。但这些行为的出发点本身就与儒家"仁"的本义相违背，要做到"仁"首先要做到"诚"，对己诚，对人诚，只有这样才能通往"仁""德"的最高境。因此，违背规律，违背良心会导致"知"与"行"的失调，随着时间的积累，反而让人身心疲累，甚至会影响人格的正常发展与心理健康。

四　结语

人是一种文化的存在，也是文化的产物，文化不断地影响并重塑着个体、群体、民族和国家的心理，人总是生活在某种文化当中，所以，文化在很大程度上影响并决定着自我的意识与自我的认同，也影响着我们的民族认同与国家认同。中国的传统文化在引导人们进行自我探索，完善自我同一性方面具有深入且独特的探讨，因此，在传承传统文化的过程中，我们希望挖掘出那些能够帮助现代青年人塑造更健康的人格，成就健康人生的思想内涵和理论内容。

第二节　中国传统文化中的心理健康理念

在中国传统文化中，没有专门的"心理健康"概念，但诸多先贤传承下来的经典古籍中有关于培养个人心理健康的言论及思想。"仁"与"德"在中国传统文化中，始终是密不可分的概念和价值理念，"仁"是古代圣贤最为推崇的道德精神，也是对人们身体健康、心理健康最高状态的要求。

在儒家关于身心健康修养的讨论中，正心、诚意、修身是最基本的修养，心"正"意"诚"，才符合中庸之道，当遇到外界的干扰和影响时，个体才会在杂乱的现象中，选择合适的言行举止，让自己的言行与"德"相配，做出与环境相适应的行为，从而保持心境的和谐统一。相反，心"不正"意"不诚"，意味着说话和做事的起点偏离了道德的目标，使得个体的言行与社会道德规范、高尚道德追求之间发生错位，影响个人健康人格和健康心理品质的建立与发展，个体也往往会因自己的"不正"之言行而在人际交往中受到挫败，进而影响情绪的健康。所以，修身的目的是培养具有高尚道德水准的人格，消除不利于心灵健康成长的不良思想与言行举止。

儒学是中华传统文化中最重要的组成部分之一，儒家先哲提出的"仁、义、礼、智、信"贯穿始终，成为中华民族代代流传的道德标准和社会行为规范，也逐渐成为中华民族区别于世界其他民族的核心精神素养。《大学》提出"格物、致知、诚意、正心、修身、齐家、治国、平天下"八个修炼君子人格的步骤，修身是平衡内部世界和外部世界的重要环节，"格物、致知"是修身的外部途径，"诚意、正心"是修身的内在前提，也就是说，儒家君子需要通过不断地认知世界，用心学习，用知识提升对世界和自己的认知水平，用克己修身严格要求自己，做一个无愧于天地、学识渊博、品格高尚的人。"齐家、治国、平天下"是君子完成自我实现的立己达人的过程，也是儒家对君子提出的更高期望。修身有成之后，要睦亲齐家，以父母为核心，向外发散，夫义妇顺，父慈子孝，兄友弟恭，让"六亲"之间关系和睦，管理好家庭成员，遵守社会道德规则，不逾矩，培养家庭成员良好的道德品质，让自己和家人感受家庭的温暖和谐，这是满足归属与爱的需要、尊重的需要的重要内容。穷则独善其身，达则兼济天下，当君子自身的基本需要得到满足后，就要去帮助其他人，去为国家奉献，帮助君主将国家治理得井井有条，最终实现人民安居乐业、天下大同的宏大理想，在辅助君主、兼济他人的过程中，实现君子的理想抱负，达到自我实现。儒家思想处处蕴含着对个人心理健康的标准和要求。

虽然古代并未提出心理健康这一概念，但"中庸"之道却是切切实实地包含着心理调节、保持心理健康的方法。作为儒家思想中的重要一环，"中庸"思想流传至今，引导人们认真审慎地对待自己的本心，也就是让人们看到探索、塑造自我意识和自我认知的重要性，诚恳地认识自己，既不自视其高也不妄自菲薄，时刻注意自己的情绪变化，保持情绪的稳定与积极，在行为方面，有意识地进行控制，掌握言行的分寸，主动维护自我意识的发展，接纳自我的不足，合理地分析、评价自己与周围环境的关系，从而做到立己达人，与人和善，保持良好的社会适应和人际交往。"中庸"思想对中华民族追求与人为善的民族性格发挥了重要的作用，它既成为一种文化特征，也成为一种智慧的象征。"中庸"在传承过程中，逐渐发展为在极端的对立中寻找中立平衡点的思想方法，被广泛地运用到学生思想工作和心理健康调节当中，通过改变人们固有的自我认知和归因方式，使其学会情绪调控，化解矛盾冲突，从而达到提升自我意识水平、推动人格成长的目的，进而实现个体的心理健康发展。

对中国传统社会影响最深远的是儒家思想和道家思想，林语堂说："道家及儒家是中国人灵魂的两面。"道家思想与儒家思想相辅相成，共同推动着中华文化的发展。道家思想中的"和合"理念对儒家思想也产生了深远的影响。老子认为天道均平，人道不公，因此，以天之道为最高的价值判断，人要合天、地之道，这是让自身与自然、社会实现和谐的基础。儒家和道家的和谐理念在诸多方面是相通的，"和"的思想是儒家最早推崇的思想，体现了"仁"的基本理念，分为"人与己和""人与他和"。"人与己和"讲究的是修己，对自己保持清晰的认识，发现自己的优点并将其发扬，觉察自己的缺点并将其改正，能尽量觉察自己的情绪、意识、欲望的变化，并不断调整，以达到身心合一；"人与他和"讲究的是自我与外界相和谐的状态，通过与人为善、与物为真的处世方式，既不过度讨好，也不捧高踩低，追求健康高尚人格的发展以及人际交往关系的融洽和顺。"人和"理念是儒道两家追求精神与物质世界和谐的重要途径。"和"并非一味地追求同质性，"和"有多重含义，具有协调、温和的意思，也就是说，自我与环境处于一个动态变化的过程中，影响自我发展和环境变化的因素非常多，儒家通过"和"的理念让这些复杂的因素相互协调，尽量让彼此处于相对平和的状态，从而达到一种新的平衡，"和而不同""求同存异"便是对这种多因素不平衡状态进行调和的重要理念。"和而不同"是基于尊重的前提，实现差异性和多样性和谐共存的哲学思想。与"零和"的博弈或消灭差异性的"统一"不同，它承认彼此不同，从而奠定了尊重的基础。在社会生活中，人们会遇到志同道合的人，也会遇到与自己意见不同的人；会认同当下的社会秩序，也会对某些社会秩序感到不可理解；会接受新环境的某些风俗习惯，也会难以适应某些风俗。基于"和而不同"的思想，个体才能更好地接纳他人，更好地适应环境，人人有这样的理念，社会才能成为一个包容性强的和谐社会。

在"和合"的思想中，"和"具有的协调、调和、中和等意思本身表示两种或多种元素的不相融、不稳定或冲突的状态，所以需要去顺应、顺从或平衡，进而使这些元素达到相对和谐的状态。"合"是两种或多种元素的交融，达到你中有我、我中有你的不可分割的整合状态，也就是阴阳太极图所展示的含义。"和合"所体现的是各种要素的有机结合、和谐共生、相互促进，最终融合成为一个新的统一体，或融合后达到新的境界。"和合"的思想蕴含着知、情、意、行相统一的身心和谐观，具有重要的心理健康教育意义和价值内涵。

第三节 《大学》对当代大学生心理健康教育的启示

中国传统文化理论体系中没有明确地提出"心理健康"的概念，更没有独立论述心理健康的理论体系，但中国各家经书典籍中却从来不缺少对"心"的关注，而且"心"是每个希望成为君子的人都必须认真对待的重要内容，因为如果要达到"仁"的道德人格境界，就需要时刻关注自己的起心动念，心若不诚，意若不正便会带来认知与行为的偏差。所以，中国传统文化理论中虽然没有直接论述"心理健康"，却处处体现出"心理健康教育"的思想。"仁"是人格追求的最高标准，"和合"是自身与环境和谐、知行统一的身心健康状态，"修、齐、治、平"是达到身心、人格健康的不同程度的方式和途径等。"心理健康"是君子追求至善道德过程中的内容和结果。

《大学》相传为春秋末期儒家学派重要代表人物曾子所撰，是中国古代儒家系统论述"修、齐、治、平"思想的重要著作，概括总结了儒家道德修养的原则和方法，到宋代时，被确立为"四书之首"。儒家思想影响了中华民族两千年，深刻地形塑了中国的社会规范和个人的道德素养，人是社会的人，也是群体的人，人的心理不断地受到环境的影响，因此，本书以《大学》的道德修养理论为切入点，希望能一窥儒家君子保持身心健康的思想和方法，试图从中梳理出对大学生心理健康教育有价值的当代儒家心理健康指导思想和方法路径，为当代大学生的心理健康调节、保持和发展提供来自儒家先贤的智慧。

一　心理健康的最高标准是道德人格的养成

《大学》开宗明义讲道："大学之道，在明明德，在亲民，在止于至善。"这是《大学》中心思想的集中体现，也是君子学习过程中的三个境界、三个纲领。"明德"字面意思就是明白道德，"明明德"是使明白道德或使道德更清晰。朱熹解释"明明德"是明亮光明的德行，也就是说，所有人都有至善的德行，强调在道德修养中人本身的主动性，人要将这种至善的德行显现出来，就需要去觉察和修养。"亲民"与"明明德"一脉相承，"亲民"是将"明明德"落实于人我互动的过程中，也是对"明明德"的实际践行，具体指向亲亲、仁民和爱物等，通过修己以安人，也就是说，是君子通过修己成为一种道德标准，成为他人的榜样来引领他人，带动大家向这样的道德标准靠拢的过程。"亲"所体现的君子待人之道就像人对待自己的五官一样，要保养爱护，也像父母对待子女要呵护教养一样，通过修己爱人，实现人际关系、社会关系和谐的目的。"止于至善"，是儒家君子所追求的理想人格状态。"知止"是对君子提出的道德规范，也是对君子自我修养提出的高要求。"于止，知其所止，可以人而不如鸟乎？"君子只有对自己和周围的关系有清晰的认识，明白自己可以从哪个方向去努力，追求到什么程度就停止是最佳状态，才能获得一种中正、平和的心境，既让自己感到舒适也让周围的人感到舒适，"知止"是让君子达到心理健康最佳状态的重要指导方法。"知止"的目的是通往"至善"，"至善"并不是一个最终的结果，而是君子通过清晰地判断、持之以恒地追求和努力，让自己的道德、行为、品性、学识趋于完善，也使周围的人乃至天下的人趋于完善。"至善"是积极人格的最高修养境界，也是个人修养目标与社会理想的有机统一，昭示着永不止息的积极进取的心态与品质，也是个人能达到的最佳心理健康状态。对当代大学生而言，知识的学习并非排在人生追求的首位，不断塑造自我的道德人格，追求成为一个品德高尚、情操高尚、理想高尚的人才是排在第一位的。在这个过程中，知识的学习、身体的锻炼就会成为与之同步的过程，这也是成为君子需要"知、情、意、行"共同发展的要求，这样君子就能向"至善"的人格状态与心理状态持续地努力。

那么如何培养道德人格？

"道德"并非一个对象，而是包含"道"与"德"两个对象。"道"不是存在于经验世界的，它是实践理性的产物，是实践理性创造的法则或规则。"德"是按照这些实践法则或规则"应该如何行动"的意志、行为方式以及由此形成的精神品质。构成道德所需的两个基本要素即道理及德行。人与人之间遵循的善与恶的行为规定即道理，个人遵照这些规定以修养自身而达到的精神结构状态就是德行。"道德"是社会与个体遵循实践的法则或规则而形成的行动意志、行为方式和精神品质等。"道德"具有关于"善"（也就是遵循实践法则）以及"恶"（也就是违背实践法则）的基本判断，基于此，人类社会与个人、人类与自然之间就有了边界。遵循道德的"善"行事，个体就能获得"和"的助力，与己和，与人和，与自然和。

从 20 世纪 90 年代开始，西方心理学研究者明确提出道德人格的概念，目的是更好地理解个体的道德心理和道德行为，同时更好地理解个体的知行关系以及由此引发的身心健康问题。与此异曲同工的儒家道德思想，就是不断磨炼君子的道德认知、道德行为、道德情感和道德意志，这个过程是从理解"道"开始，即"格物致知""诚意正心"，认知和体悟实践理性所创造的法则与规则，再遵循这些法则与规则去磨炼自己，让自己的行为、情感和意志符合这些法则与规则，通过"修身"

"齐家""治国""平天下"，逐渐提升自己"德"的层次与境界，从而建立、发展、完善自我的道德人格。

对于当代大学生来说，要遵循的"道"是《大学》开篇所述的"大学之道，在明明德，在亲民，在止于至善"。为了遵循和实现这个"道"，跟随自然的昼夜节律规划自己的饮食起居，按照课表安排认真学习，尊师重道，帮助同学，尊重异性朋友等，这些就是自然而然践行大学之道的"德"。大学生树立起儒家传统的"道""德"观念，从小事做起，从约束和觉察自己的心理和行为的偏差开始，自觉去理解作为一名大学生应该领悟的道理，自觉去修养作为一名大学生应该具有的德行。大学生要形成"道""德"的意识并不断地去实践，逐渐做到"知行合一"，建立起自己的道德人格，并使之不断调整和优化，从而感受"至善"的心理健康状态。

二 "正心修身"是君子通往身心健康的必经路径

"所谓修身在正其心者，身有所忿懥，则不得其正；有所恐惧，则不得其正；有所好乐，则不得其正；有所忧患，则不得其正。心不在焉，视而不见，听而不闻，食而不知其味。此谓修身在正其心。"这是《大学》中对"正心"与"修身"关系的论述。"正心"一语难点在于对"心"的理解上，对"心"有什么样的体会便会有什么样的"正心"方法。在中国传统哲学的语境中，首先"心"不是指人体器官意义上的"心脏"，而是指主宰人的行为的意识功能，是统摄身体和心灵的中心，这是一个预设的概念，因此，与今日所谓的"大脑"器官及其功能不能完全等同。理学家认为"心"的构造包括了"理"和"气"，其义难以简单概括，大致而言，"理"类似法则或规定，"气"是纯粹的物质，"理""气"杂合便有了既有灵明又有形体的"心"，灵明源自"理"，形体得自"气"，有灵明故有心的种种妙用，有形体故有心的实存。当"理"落入"心"时，又称作"性"。"性"者，固有之义。心乃身之主宰，因此，"心"不正，则无法"修身"。意念真诚，善恶问题才能得到解决，人才能约束自己的言行举止，但同时也要警惕，如果这种善恶的意念不能被明明白白地体察到，不能真切地落实在心里，也就是说不能成为自己的信念，就不利于行为，反而会让心左右摆动。朱熹和王阳明都认为忿懥、恐惧、好乐、忧患是人之常情，该欢喜的时候就欢喜，该愤怒的时候就愤怒，有瑕疵也是正常的，因为这些本身就是人生的一部分，也是每个人必须经历的考验，但关键的问题在于端正起来觉察自己意念和心的变化，而不是放任其发展，只有端正起来并不断觉察，心灵才会产生越来越多的正能量。

当代大学生"正心修身"需要怎么做？

从思想根源上出发，正视自己的内心及行为，保持心灵向善。在起心动念之时就要保持觉察，一旦自己产生了目前满足不了却又急切需求的欲望，就容易动歪脑筋，我们要时刻警惕不正的念头和欲望，其一旦生发出来就要赶紧调整。作为当代大学生，树立正确的道德观念是让自己心正身正的基础，能辨识"善""恶"，当自己遇到"不善"的思想和行为时能够正确应对，避免日后因为"不正"的思想和行为而带来自己无法接受的恶性情绪和精神冲突，以及由此导致的人际交往障碍和社会适应障碍。正心之后，"克己修身"，学会约束自己的言行举止。人是行为的主体，在做出某些行为决定时，要考虑是否可以、是否应当、是否合适。我们学再多的科学知识，看再多的书，如果没有办法约束自己的言行举止以符合道德的规范，都是失德，失德所带来的后果是知行失调引发的心理冲突、心理矛盾和人际交往障碍等。所以，"正心修身"是一个长期与我们自己薄弱的意志和无尽的欲望做斗争的过程，"吾日三省吾身"就是省察自己的念头与言行是否符合"仁"，并不断地做出调整，向着理想的道德人格不断努力。

第二章　大学生心理健康教育

第一节　心理健康的概念

在《心理学百科全书》中，心理健康有如下两个方面的定义：①保持和维持心理健康的状况，并且社会适应和自我状况比较好；②健康的心理会使不良的社会行为发生的频率下降，人们更容易实现自我调控，患精神类疾病的可能性将会降低。

关于心理健康内涵结构的研究，最早是病理学取向的。在这一阶段，人们认为心理健康是心理疾病的消除，主要关注的是病理学的指标，例如焦虑、抑郁、各类行为障碍等，但是这一阶段的研究者忽视了心理健康的积极面，例如个体的积极能力和特征。经过一段时间的讨论与研究后，心理健康的双因素模型获得普遍共识，即心理健康同时包括了消极和积极两种因素，这个模型更符合实际，也相对全面、客观地描述了个体的心理健康水平，并得到了实证研究的支持。随着积极心理学的蓬勃发展，个体心理层面上更为正向积极的内容收获了越来越高的关注度，心理健康的内涵也逐渐被个体积极特征的描述充实。我国研究者也对心理健康进行了概括，将心理健康描述为没有心理疾病的个体释放积极的自我心理情感的最佳状态。同时，给出了心理健康水平高低的衡量依据，即个体体验到的积极与消极情感的比例，个体的心理健康水平与个体体验到的积极情感成正比。基于此，心理健康不仅是没有心理疾病的状态，更是一种幸福的状态，也就是个体的心理活动处于正常状态，具备一般心理能力和较多积极的心理情感体验的状态。在本书中，心理健康是指个体心理处于正常状态，不受环境变化的影响，自我认知清晰，情绪反应稳定，意志力坚定，行为举止得体，在遇到问题时能够进行自我调节，在社会生活中，有主动学习的意愿和能力，以积极的心态面对生活，人格完整。

心理健康的基本内容如下。

一　智力健全，自知力完整

智力是心理健康的重要内容和主要指标。心理健康的人能对环境进行客观的观察和判断，适应环境，而不是逃避或产生歪曲的认知。智力不是单一能力的象征，而是由思维、观察、记忆、想象、创造以及学习反思等能力组合而成，在诸多能力之中以思维为主，而智力的核心就是抽象的逻辑思维能力，即抽取事物本质特征形成概念，抽象思维深刻地反映着外部世界。智力具有潜在的发展能量，存在进一步提升的空间，并且可以通过观察推测智力的发展高度，个人的内在智力可以通过外部的展现转化为显性智力行为。在学习过程中，智力因素也是不可或缺的部分。正常的智力是大学生进行学习的基本条件，也是大学生保证心理健康的重要基石。大学生通过了层层的教育选拔，具备健全的智力。在此基础上，大学生对自身的精神状态需要具备认知能力，也就是觉察或辨识自己的情绪状态、精神状态和人际交往状态是否处于正常的水平。自知力的完整程度也是评价心理健康状态的重要内容，缺乏自知力是精神疾病的重要表现。

二　良好的情绪调节能力

情绪反应是心理状态的直观表现。心理健康的人能够恰当、及时、有效地调整自己的情绪，心理健康的个体也会有情绪低落的时候，但是能够在合理的范围内排解和宣泄，不会过度沉溺于悲伤的情绪中无法自拔。大学生情绪健康表现为能够基本保持情绪稳定，接纳自己的情绪变化，面对压力事件能够自主调节情绪，保持乐观的心态，心情平静愉悦。

较好的情绪稳定性需要良好的情绪调节能力，在遇到突发情况引发剧烈情绪波动时，能够运用心理调节的方法及时疏导强烈的情绪反应，不过度压抑产生的情绪，能通过合适的方式宣泄内心的悲伤或不满。每一种情绪的产生都是有原因的，反应过度容易产生过激行为，危害自己和他人的身心健康，反应淡漠容易对情绪变化无感，面对问题无法做出有效回应，影响个体的人际交往。所以，想要获得情绪的稳定还需要具备适度表达自己情绪的能力。

三 健全的意志力

意志力是个人在确定目的后，无论面对何种困难都坚持不懈，根据目的支配并调节自己的行动，从而实现目的的心理品质。意志力健全的个体在行动上迅速而果断，在思想上坚定而果敢，在自我约束方面严格而富有成效。意志力健全的大学生，在学习方面能够顺利地完成学习任务，在生活方面不会长期陷入无事可做的松散状态。在面对难题和阻碍时，能够运用自身所学及能力找出应对困难的方法，在行动中，言行举止合理有度，能克服困难完成各项任务。

四 和谐包容的人际关系

人际关系是人与人交流和交往过程中在认知和情感上建立起来的不同程度的联系，行为表现出吸引与排斥、合作与竞争、领导与服从等互动关系。人际关系是衡量个体心理健康水平的重要标志之一，包括亲子关系、伴侣关系、同伴关系、工作关系等，越亲密的关系对个体的心理健康状态影响越大。当个体无法应对周围的人际关系时，其自我认同感和尊重感会受到影响。心理健康的人能悦纳他人，认可他人，拥有良好和谐的人际关系。和谐的人际关系反映出一个人"宜人性"的特质，能够适应社会的道德规则，了解他人的需要，也能让自己的言行举止适度不逾矩。

五　健康完整的人格

人格是个人的性格、态度和行为习惯的有机结合，人格是个体区别于他人的独特而稳定的思维方式和行为风格，是各种心理特征的总和。人格完整是指人格构成的各种要素平衡发展，不存在明显的缺陷与偏差，具有正确的自我意识和良好的自我同一性，有积极进取的人生观，能够将自己的需求、目标与行动统一起来。

认知人格理论认为，人格是由一组特质构成，特质构成人格并决定着个体的具体行为。人格特质在时间维度上具有一定的稳定性，在空间维度上具有普遍性。从一般意义上说，人格的基本构成包括认知、情感和意志三种基本心理成分和行为成分，高水平的人格发展是在"知、情、意、行"方面能够均衡协调地发展，具有较为稳定的内在心理特征和行为特征。大学生塑造健康完整的人格，能够提升自我意识和自我修养，养成积极正向的人生观和价值观，能够形成稳定健康的情绪表达方式，建立和谐的人际关系，能够勇敢地面对生活中的困难与挑战，努力达到自我实现。

第二节　大学是心理成熟的关键期

大学生绝大部分属于刚刚成年，在心理学中，这部分群体被定义为成年初期。步入大学，大学生能明显感受到自己的身心变化。有的同学发现自己好像长高了、骨骼变得更强壮了；有的同学可能发现自己身体和心理都更加成熟了；有的同学上大学之后突然开始主动帮父母减轻负担，开始理解和心疼父母；也有很多同学发现自己突然开始对人生的很多问题产生困惑，感到迷茫惶惑。在大学阶段，个体的生理发育已经基本完成，生理机能基本成熟，但心理却在急剧地变化和发展，很多关键的心理机能在这个时期奠定基础。因此，正确认识大学生在成年初期的心理发展特点对促进其身心健康具有重要意义。

一　智力发展到高峰但未完全成熟

大学生处于少年晚期和成年初期，普遍思想灵活，认知功能逐渐成熟，抽象思维水平获得全面的提高，形式逻辑思维与辩证逻辑思维发展渐趋成熟，思维的广度和深度有进一步的发展，能够相对全面地理解和分析事物。形成和检验命题的能力提高，能够对学科领域内的问题进行更为抽象和复杂的思考，记忆力发展达到高峰，智能层次明显提高，分析问题解决问题的能力提高，智力的内涵发展获得较大程度的充实。但大学生迅速发展的智力背后仍存在一些问题，如看待问题不全面，批判思维有一定发展，但仍会受到主观性、盲目性、狭隘性的影响，虽然思维灵活、创造力强，却容易思维偏激，走极端。

二　自我意识逐渐成熟但不稳定

自我意识是指个体对自己身心活动的觉察，是对自己的认识，包括对自己生理状态的意识，对自己心理活动和心理状态的意识，对自己与他人关系的意识。自我意识的发展也是个体社会化的过程，是促进个性特征形成的重要因素。自我意识具有目标性、自我控制与内省调节等功能。詹姆斯（James）认为自我意识分为"主我"和"宾我"，"主我"是个体对自己正在思考或知觉的意识，是个体纯粹的经验，而不是心理过程。"宾我"是对自己是谁以及自己是怎样的人的认识，也称为"经验自我"，他认为经验自我分为物质自我、社会自我和精神自我。罗杰斯（Rogers）也对自我意识进行了现象学解释，他也同意詹姆斯的观点，认为自我包括主我和宾我，同时还提出了理想自我的概念。理想自我与现实自我相对应，是个体为满足内心需要而在意识层面建立起来的希望自己拥有的个性特征等。临床研究中，当个体的现实自我与理想自我相违背时，个体的幸福感和满足感就会降低，心理健康水平也会受到剧烈影响。

自我意识的发展不但与年龄相关，也与个体的社会化水平相关。米德（Mead）认为个体自我意识的产生是在与他人互动的过程中，从他人对自己的行为反应中形成关于自我的概念，自我意识的产生和发展是一种动态的社会关系的产物。随着社会化水平的提高，大学生自我意识高速发展，开始对"主观我"、"客观我"和"理想我"进行思考和探索，在自我认识的过程中，不断产生"我是什么样的人""我这个人怎么样""我想要成为什么样的人"……在自我认识与分化的过程中，很多大学生的三个自我逐渐整合统一，产生成熟的自我意识，悦纳自己的优点和缺点，能切实地根据自己的能力和条件规划自己的人生，坦然地面对自己的成败得失。但如果整合失败，会产生自我的矛盾与冲突，自我意识会发生不稳定的震荡，"主我"与"宾我"之间发生难以协调的矛盾时，大学生就会难以明确地认识自己和评价自己，容易对自己产生过于消极的评价，导致自我排斥，自我否定，自我效能感低下，自我同一性混乱等。如果"客观我"与"理想我"之间产生不可调和的矛盾，大学生就会对自己的形象、能力产生错误的评价，容易在自傲与自卑之间左右摇摆，在兴奋与低落的情绪间上下波动，最后影响大学生的人际关系和心理健康。

三　情感丰富但情绪波动大

大学阶段是一个充满青春活力的时期，大学生学习和生活的环境更加宽松自由，情感体验也更丰富，在集体生活中形成多样化的友谊和感情，参与社会实践与实习，对社会生活进行了初体验。大学生在逐渐独立的过程中形成关于自我、他人和社会的独特情感。随着大学生学习的深入和生活空间的扩大，其思想空间也急剧扩展，产生的情感更加丰富而深沉。

虽然情感体验更加丰富了，但是表现得强烈而不稳定，大学生随时可能会产生较大的情绪波动。这与大学生的心灵成长滞后于人格成长有关，他们的情感发展是不平衡的，所以容易产生强烈的情感体验，在强烈情感的带动下，情绪波动明显，如果环境稍有变化，大学生的情绪波动就会很大。学习、生活、人际交往等的变化容易导致心态的变化，大学生易偏激、冲动，情感矛盾也较多。例如，很多学生如果遇到亲密关系、学业成就、生活适应、就业等问题，他们的情绪可能会表现出两极性，这种两极性往往会让他们陷入理智与情绪的纠结和矛盾中。虽然大部分学生的情绪波动处于能够自我调节的范围内，但是也有一部分学生会感到非常痛苦，严重影响到其正常的人际交往和学习生活，这时候需要寻求专业的心理健康咨询人员进行调节。

四　人际交往意愿强烈却被孤独感困扰

进入大学后，大学生逐渐形成自己的人生观、世界观和价值观，在问题的应对中逐渐表现出自己独特的观点，人际交往的范围扩大，社交圈不再局限于本班，而是延伸到其他年级、其他专业或其他学校，有些社交活跃的同学还会积极参与各类社会实践，社交范围由校内拓展到校外，借助网络社交手段，很多同学在线上和五湖四海的个体或团体接触，甚至与虚拟人物展开交往。

大学生的交往意愿和交往需求很强烈，这与大学生所处的成年初期个体任务有关。根据埃里克森（Erikson）提出的人格发展阶段理论，成年初期（18～25岁）的个体任务是建立亲密感以对抗孤独感。建立了稳定的自我同一性的青年人才敢于与他人建立亲密关系，也只有建立了稳定的自我同一性，青年人在建立亲密关系时才能与他人的自我同一性进行整合，顺利建立亲密人际关系会形成"爱"的品质，否则就会产生孤独感。所以，在大学生的人际交往中，很重要的一部分是与异性交往，建立情侣关系或建立亲密的伙伴关系，但这个过程通常都不太顺利，会有很多困难和阻碍。在这个过程中，害怕受挫的大学生会产生担忧、惶恐、害怕孤独的心理，有的同学为了让自己看起来不是一个人，往往会勉强自己加入到某个小群体中，让自己看起来很"合群"，与大家关系很亲密，这反而又引出了大学生的"群体性孤独"。表面上看大家的身体是紧密地连接在一起，而彼此之间心灵的距离却很大，这是由社会心理连接断裂所导致的个人体验感虚化。

人际关系的和谐有助于大学生建立成熟稳定的自我意识，利于大学生顺利地完成社会化的转变，是大学生保持心理健康的重要基石。

五 性生理成熟而健康性心理匮乏

进入青春期后，个体的第二性征出现，青少年的身心产生急剧变化。进入大学后，男女生性生理已经完全成熟，开始有性的冲动，渴望了解自己与异性身体的奥秘，期待与异性交往，这是很正常的现象。但与性生理发展速度不相匹配的是大学生性意识的发展滞后。性机能的成熟会让大学生的生物性需求变得迫切而强烈，有时会做性梦，有性幻想，还有性自慰等行为，大学生对发生于自己和异性身上的很多性现象的认识有限，认知评价体系不完善，健康的性心理还未形成，尤其是没有形成正确的性道德观，容易引发一系列的性行为混乱、性行为随意等。健康性意识的缺乏，造成性心理问题、性倒错等；对性后果无知，造成性疾病的传播、性伤害等；性法律知识的缺失，造成由性引发的民事问题，甚至刑事问题等。

六 人格发展逐渐完善但不稳定

人格是个体在思想、情感和行为上表现出来的较为稳定、持久和独特的模式，影响个体与环境的互动模式与行为风格，具有倾向性、动力性和稳定性特征。健全人格是心理健康的重要预测因素，健全人格是各种人格特征的完备整合，需要个体言行一致、心理各项机能发展协调统一、意志力坚强、生活态度积极向上、情绪稳定，人际关系和谐等，个体的心理与行为品质达到一种理想的状态。人本主义心理学家罗杰斯认为，个体心理健康的最高水平是自我实现，黄希庭也认为健全人格的建立属于高层次的心理健康。

大学生刚脱离青少年时期，进入成人期，渴望独立地探索世界，但心理上和现实上却对父母仍有依赖，还未割断与父母的心理脐带，还未建立起稳定的自我意识，还未完全确立自我同一性，在社会实践中会体验到"理想我"与"现实我"的矛盾与冲突，意志力还不够坚定。大学阶段对大学生来说是建立健全人格、培养成熟心理的关键时期，挑战与机遇并存，如果遭遇了挫折而导致自我同一性混乱，或遇到其他打击而导致人格失调，未来的人生会受到更多心理、精神问题的困扰。因此，培养大学生健全的人格是让他们在未来生活中获得更多积极体验和幸福感的重要途径。

第三节　大学生心理健康的影响因素

了解大学生心理健康的影响因素有助于预防大学生心理问题的发生与发展，也有利于提升大学生的心理健康教育水平。大学生的心理健康受到多种因素的影响，有的研究认为主要受到三方面因素影响，包括情景性因素、人口学变量、特质性因素，也有的研究直接分为两方面的因素，即客观因素和主观因素。本书采用较为直观的两因素论进行分析。

一　客观因素

（一）生活环境的变化

从高中走向大学，对每个大学生来说都是生命的一次重要转变。大学生从跨入高校的校门起，就进入了新奇又生疏、兴奋又担忧的生活环境。这些生活环境的变化，让每个大学生都需要经历一段时间的适应与调整。

大学生入校之前生活在自己所熟识的朋友周围，关系比较单纯而稳固。孤身离家进入高校后，需要重新建立人际关系，有的学生第一次住多人宿舍，与陌生的同学每天一起衣食住行，迥异的生活习惯在细碎的日常生活中往往容易放大彼此生活行为差异的矛盾。大学的学习方式和老师与同学的相处模式也发生了很大的变化，过去需要老师追着学、盯着学、管着学的方式突然消失了，再也没有老师来监督学生，而且每堂课讲授的知识量非常大，如果课前不做好预习和准备工作，往往课堂上就无法适应老师的讲课节奏，缺乏准备的同学就容易听不懂，然后不感兴趣，最后放弃学习。

过去在高中里是学习尖子，有很大的心理优越性，但是进入高校后，有的同学发现比自己优秀的人很多，自己变得没有过去那么特别和出众了，甚至有的还产生了自卑的心理。在适应的过程中，如果调整不好心态和学习的方式，很容易就此一蹶不振，放弃了学业。大学环境的变化是影响大学生心理健康的重要因素，不少大学生在适应环境的过程中产生了各种各样的心理问题和烦恼，处理不好它们会不同程度地影响到大学生今后的社会适应和身心健康水平。

（二）社会发展的加速

我国正处于社会经济转型与快速成长阶段，各种思想观念大量涌入，叠加互联网技术高速发展，每天有海量的信息出现在大学生的生活中。这些信息未经过筛选，而大学生正处于三观逐渐稳定的重要时间节点，思想还不成熟，当多而杂乱的信息袭来的时候，他们难免会缺乏客观独立的思考能力和判断力。尤其是某些别有用心的负面网络信息的引导一定程度上加深了中国大学生的价值感困惑，加剧了他们心灵的动荡不安。大量的信息碰撞造成的观念冲突破坏了大学生内心世界的宁静，让一些学生陷入无休止的精神痛苦之中。有的学生在不良信息的冲击下，迷失了自我，丧失了生活的意义感，甚至可能颓丧与轻生。

（三）原生家庭

大学生的不适应，还体现在离开家里，并在家人之外形成了亲密的情感链接。对一个人而言，家庭关系和家庭结构对个体的人格建立起着尤为关键的作用，家庭是每个人成长的"底色"。家长的言行举止、身心健康水平、教养方式深刻地塑造着子女的认知模式、情感模式和行为模式。父母人格的健全程度以及父母关系的健康程度决定着家庭的基本氛围。

父母的处事态度如果较为积极，孩子也比较容易抱有积极的态度去面对事物；父母如果是消极厌世的，这种情绪也会传染给孩子，孩子在遇到挫折时更容易产生消极的想法甚至出现极端的行为。如果父母之间关系是和谐的，积极沟通、互相理解，会在一定程度上鼓励亲子之间进行积极沟通，孩子更易获得"安全感"，能够较好地建立起爱的品质，体验较高水平的幸福感，较为顺利地建立亲密关系；而父母如果关系不畅、经常争吵或冷战，会给孩子带来负面影响，甚至可能成为孩子处理自己亲密关系时的负面"样板"。父母对孩子的过度溺爱或关爱的缺失都会对孩子的人格产生重大影响，此外，家庭经济状况也是部分大学生心理健康的影响因素，甚至由于这些现实问题出现抑郁、焦虑、失眠等症状。

（四）遗传与躯体疾病

心理发展的前提是生物遗传。研究表明，某些严重的心理障碍与遗传因素有关。由于大学生人格发展尚未定型，遗传因素和环境变化都会对大学生的心理健康产生影响。其中，心理咨询的实践也表明，遗传因素与大学生的心理健康水平息息相关。

生理健康是心理健康的物质基础，评估个体心理异常的前提条件是诊断其身体是否存在器质性病变。按照身心一体观，躯体的疾病会影响个体的心理体验和心理健康水平，心理健康的程度也会影响躯体的症状。大学生如果长期患有某种躯体疾病，受到疾患的长期折磨，面临求医的痛苦，他们的心理和精神会形成巨大的压力，产生很多消极负面的想法，从而出现心理健康问题。

二　主观因素

（一）人格因素

人格与心理健康的关系是十分密切的，某些特殊的人格特质容易引发某类身心障碍，这些人格特质会成为心理障碍的发病基础。如强迫症的发病与适应不良的人格特质之间存在密切关系。2018 年一项对广州大学生的调查研究发现，大学生人格因素中的稳定性、乐群性、自律性、有恒性、聪慧性、兴奋性越高，心理健康问题发生率越低；而忧虑性、怀疑性越高，心理健康问题发生率越高。湖北青少年心理研究会心理咨询部对部分具有心理障碍的大学生进行了性格剖析，发现他们中大多数个性属于内向不稳定类型，即他们自身的心灵更容易受伤，对生活事件的体验感更强，表现得更为敏感，其人格的主要缺陷表现为：内向、心胸狭隘、抑郁、神经紧张、焦虑、多愁善感而难以表达、自卑心理严重、个人责任感不强、无法适应社会现实和所处环境、社会活动范围狭窄等。

（二）心理冲突

在现实生活中，大学生会产生很多需求，有人际交往的需求、尊重的需求、自我成长的需求等，一旦需求得不到满足，就容易引发学生的挫败感。大学生理想的生活状态与现实的生活状态常常发生冲突，所学的专业领域与自身兴趣爱好的矛盾、理想的恋情与现实的恋爱矛盾、获得的专业学位与求职岗位的矛盾等，容易使学生产生心理落差，引起心理冲突。学生产生挫败感和心理冲突一定程度上与他们的归因方式相关，归因方式的差异会影响学生看待问题的视角和处理问题的方式，如果学生面对挫折总是采取内归因，将错误都归于自身，或者总是采取外归因，将原因都归于外界，会导致学生看待问题片面化和极端化，产生不合理的信念，导致心理失调。

第四节　大学生常见的心理健康困扰

大学生处于人生的新发展阶段，学业的压力、自我成长的压力、人际交往的压力、生活的压力、就业的压力、家庭的压力等会交织叠加，让大学生产生心理困扰。学生在成长的过程中，自身能力以及阅历有所增长，对心理困扰的调节能力也会随之增长，但是部分学生因为自我调适能力不足，或是经历了较大的刺激，心理困扰不能在短期内解决，最后逐渐发展成心理障碍。

大学生虽然身心发展已经有了质的变化，但仍然没有脱离学生的身份，大学生的心理健康困扰与其他类型的学生和成年人之间有共性，也有区别。

一　学习心理困扰

大学生的学习心理较为复杂，学习心理的困扰与很多因素密切相关，如学习态度、意志力水平、迁移水平、社会心理因素等，但对大学生来说，往往不是由单一因素所致，而是多种因素叠加影响的结果。

大学生的学习心理困扰主要体现在以下几个方面。

第一，学习目标不明确，学习动机不足，导致学习兴趣减退。大学不像高中那样，有统一的目标——高考，因此很多学生在进入大学后，突然失去了学习目标，不知道自己学习是为了什么，有时候更不知道学习有何用，更有甚者，认为学习无用，彻底放弃了学习。同时，丰富多彩的校园生活让很多大学生沉浸其中，对学习的兴趣下降，但又因为学生有学业考核的要求，缺乏学习动机和学习兴趣与现实的考核和评估相冲突，进而产生心理困扰。

第二，学习方法不当，学习意志不坚定，导致学业成就感低。高中阶段的学习是老师手把手地教授，老师一整天都在办公室，可以给学生答疑解惑，而且大学之前学习的都是通识课程，专业性和综合性较弱。但进入大学后，很多同学发现，老师每节课讲授的内容信息量巨大，课前自己不做好充分的准备就会不知所云，如果沿用高中阶段等待教授的学习方法，缺乏自主学习，就容易跟不上专业课程的进度。有的同学在专业学习中碰到困难，容易退缩，而专业学习是个逻辑完整的链条，落下几个环节会导致后续学习的失利，学生会感到学习效率低下，学习成就感低。

第三，学习缺乏规划，学习抗挫力差，导致考试焦虑。很多大学生缺乏学习规划，学习生活的时间管理零散混乱，容易出现学生想学习但学习效果不理想的情况。在想要获得成绩的心理驱使下，有的学生会选择考试作弊的方式来满足这种心理需要。有的学生又因为自己的抗挫能力、个性、复习程度等，而出现担忧考试成绩、情绪紧张等问题，产生考试焦虑。

第四，对学习内容不感兴趣，学业效能感不足，导致学习心理冲突。大学学习的专业性很强，学科边界较为明显，有的学生因为高考分数不足被调剂专业，或进行一段时间专业学习后，发现自己对目前所学专业不感兴趣，对自己能够完成专业课程的信心不足，有的选择转专业来缓解这种心理冲突，但有的因为各种原因无法选择到自己所喜欢的专业，从而导致逃课、挂科，甚至是退学。

二 人际关系困扰

很多大学生从未离开过父母的照顾，而且大学的同学来自五湖四海，风俗习惯差异很大，很多同学难以适应变化的人际关系，很难迅速融入新的班集体，形成新的伙伴关系。

建立良好的人际关系成为大学生面临的重要课题，大多数学生渴望交往，渴望被理解，渴望被认可，与初高中阶段不同的是，除学习之外，各种类型的人际交往成为他们最重要的活动内容。对大学生来说，人际交往包括亲子交往、师生交往、同学交往、宿舍交往、恋人交往等。社交对大部分学生来说能够正常进行，但一部分学生却表现出"退缩"的状态：面对校园中新鲜的事物感到好奇，却不敢参与；对诸多社团活动感兴趣，却不敢主动报名；看到积极乐观的同学想与之交往，却不敢主动。因此错过了很多展示自己能力、表达自己思想的机会，也错过了很多想交往的人。在各种类型的人际交往中，会发生一些让大学生陷入心理困境的事件，也有些时候，因为缺乏社交的技巧，大学生面对类型多样的人际交往时陷入自我否定、闷闷不乐的负面情绪之中。

（一）亲子关系的困惑

大学生通常承载着父母的殷切希望来到了大学校园，父母将自己的梦想和期望都寄托在孩子身上。在物质生活上，父母从来都是不遗余力地向孩子倾斜，只盼望孩子能够通过大学专业系统的学习做到"鲤鱼跃龙门"。绝大部分中国大学生和家长一同走过了基础教育，很多学生家长精心呵护孩子，确保他们能够全身心地投入到学习中，家长包揽了孩子的衣食住行，让孩子不用为了学习以外的事情分心，导致多数父母在关注孩子学习时，忽略了对孩子心灵成长的辅导与心理健康的关怀。

很多时候，父母会"想当然"地以为孩子成年了，自然就什么都会，也能独立地应对学习生活中的困难了，只需要关心其物质生活是否得到满足，就业前景是否良好，对大学生的生活能力和心理素养不会有太多过问。同时大学生也以为自己终于成年了，有自己独立的生活空间，父母再也不会管自己了，自己可以独立自主地处理问题了。然而事实却是，很多大学生进入大学是自己真正意义上第一次离开父母独立生活，要自己洗衣、打饭、出行、交友，没有了父母的保护与呵护，没有了父母的包容与忍让，没有了过去学习成绩的"优越感"，有的大学生在心理上更加依赖父母，无法独自面对大学中的各种生活难题。其中一部分慢慢适应，另一部分则存在严重的适应不良问题，没有从精神上"断奶"，有的父母只能辞去工作来学校陪读。过度依赖父母、无法精神独立的大学生与父母之间的关系逐渐变得扭曲、不自然，由此产生亲子关系困惑。

还有的大学生因为与父母之间没有边界，父母过度地干涉孩子的思想、行为、学习和生活，生怕孩子上大学后完全脱离自己的掌控，而发生父母不期望看到的事情，大学生又偏偏希望能够自由地"呼吸"，感受探索自我的成长感。父母的失控感与孩子的成长感发生矛盾，往往容易导致亲子关系的剧烈冲突，大学生有逃避感和失望感，还会引发自我同一性的混乱。

此外，还有由父母婚姻状态不稳定、离异、重组婚姻等引发的大学生亲子关系困扰。亲子关系是大学生人际关系中的基础，因为孩子与父母的依恋模式是其未来人际互动模式的底板，深刻地影响着由此延伸出来的其他各种类型的人际交往。

（二）朋友关系的困扰

来到新的环境，自然会结识新的同学，结交新的朋友。很多大学生是首次离开家乡，与来自五湖四海的学生做同学，也可能是第一次要与陌生人住在同一个宿舍里，每天都有大量的时间一起学习和生活，不再像过去，放学后就各自回到家中，关起门来在自己的小天地自由自在。在宿舍里，来自五湖四海的同学往往有着迥异的生活习惯和生活风俗，而且每个个体的差异也很明显，有的喜欢晚睡，有的喜欢早起，有的晚上磨牙，有的彻夜翻身……先不说能不能交上朋友，对有的大学生来说，仅仅适应彼此就是一件不容易的事情。如果想要交到知心的朋友，就更是一件不容易的事情了，因为有的大学生认为大学里面的同学功利心比较重，"勾心斗角""争权夺利"的现象比较多，所以这部分大学生就担心在大学交朋友会受到伤害。但是处于成年初期的大学生，既渴望获得友谊，渴望获得与自己有共同话题和共同兴趣的小团体的认可，又害怕受到他人的伤害，不知所措。

男同学想要"死党型"的友谊，女同学想要"闺蜜式"的友谊，大学生还渴望在异性同学间建立"纯粹"的友谊，但往往很难把握好尺度。有时候与朋友之间偶尔的疏远或者联系频率下降，就会彼此心生芥蒂，彼此猜测，友情逐渐淡化；有时候与朋友之间相处过于亲密，又会导致彼此间边界的模糊，进而产生矛盾与冲突；有时候与异性朋友相处，看似朋友，又胜似情侣，其中一方打破界限，最后却失去友谊，增添苦恼。

（三）师生关系的困扰

在大学阶段，老师和学生的连接不再像初高中那样紧密，但大学老师的身份会变得更加多元，大部分老师回归了传道解惑的"师"，对大学生的生活和学习怎样开展，获得何种结果不再"手把手"地管教，"师"与"生"的关系更加纯粹，但因为大学生的校园生活更加丰富，不同的老师会被分配到不同的校园活动中，所以老师与学生会在不同的领域相遇。有的老师掌握着学生社团活动、课外活动的评奖评优等权力；有的老师还因为社会活动丰富，会带领学生体验各种社会实践；也有的学生因为经济困难，参与到不同类型老师的助理活动中，与老师的活动产生了直接的经济接触等。但因为老师与学生的关系变化，有的大学生在与大学教师相处的过程中，容易发生多种类型的冲突，进而产生对师生关系的困惑。

（四）亲密关系与性的困扰

大学充满青春的校园氛围和自由的生活环境，让大学生对建立亲密关系的渴望上升，对恋爱的甜蜜充满好奇，希望能在大学阶段寻觅到亲亲爱人。在寻找恋人或恋爱的过程中，对爱情抱有极其美好的愿景，但爱情之路并非一帆风顺，有的大学生恋爱经验不足，人际交往技巧缺乏，在恋爱初期的激情退却后，双方由于各种小摩擦，不断出现感情冲突，对心理承受能力较弱的学生而言，分手、失恋等都意味着灾难的来临。有的同学因此一蹶不振、郁郁寡欢，采取过激的行为，伤害自己和他人，厌恶俗世，报复社会等。

有的大学生为了追求浪漫的感情，与交往的对象"黏"在一起，上课同行，下课同在，处于感情的兴奋状态，忽略与其他同学的交往，注意力全部集中在另一半的身上，导致社交范围狭窄，两个人稍微发生点摩擦，就容易走极端。还有的大学生为了用更多的时间体验在一起的浪漫，不惜迟到、早退、逃课，双方无心学习，成绩直线下滑，导致挂科、处分、留级甚至退学等，荒废了彼此的大好时光。

此外，大学生的生理已经完全成熟，随着生理的性冲动，在建立亲密关系时，会产生性幻想、性冲动等，常常伴随着与性有关的一系列困扰。

青春期开始后，生理的变化给男生女生带来巨大的心理影响。女生第一次来月经，男生第一次梦遗，男女生的体貌变化越来越大，让他们的心理变得非常敏感，但是又不知怎样应对这种身体的改变。有的学生开始感到胆怯、害羞，他们开始特别在意自己的外貌，在意自身的形象，在意他人对自己的言行等，当他们对自己的认识和他人给他们的反馈不一致，甚至严重冲突时，就会出现严重的自我否定，从而感到自卑。如果这种负面认识没有得到合理的引导，在他们进入高校后将威胁到他们的自我同一性发展。

学生从高中开始关注异性，并期待受到异性的青睐，期望和异性交流，给异性留下正面的印象。但高中阶段的学生通常将自己懵懂的感情藏在心里。加上父母、学校以及社会等都对高中时代男女学生之间的交往异常敏感，沉重的学业压力也让学生们不能有些许的分心，所以刚刚萌发的对异性的感情逐渐被压抑下来。但步入高校之后，大学生开始审视自己的男性或女性性别身份和性别偏好，对自己的性冲动产生好奇，寻求建立恋爱关系，尽管这一过程受生理作用的驱动，但表达的过程却深刻地受到文化和道德感的影响。而当心理和性的需求得不到满足或受到阻碍，被拒绝时，容易引发大学生的多种心理问题。

在大学生群体中，性心理是否成熟是一个分界点，决定了他们处理爱与性关系的方式与态度。一部分大学生认为，此刻的恋爱未必是确定了未来的婚姻关系，那么选择发生性行为就是一种不道德的行为，同时为彼此的心理增添了一份难以承受的责任。另一部分大学生认为，爱与性是相辅相成的，有了爱才会发生性行为，而性行为的发生恰恰证明了爱的存在，而且现在是性解放的时代，身体属于自己，只要有爱就能在一起。事实上，大部分大学生对性的好奇程度远远高于其对性的认知程度，对性本身以及性行为产生的后果往往没有清晰的认知。大多数家庭或学校对学生的性教育思想基于传统的道德思想，未能从根源上对学生的性好奇和性心理进行引导和教育，这使得许多大学生在对待"性"这件事上很矛盾。有的学生会认为自己产生关于性的想法和做法是羞耻的，甚至认为性本身就是一种不洁的象征，可是又抑制不住自己生理的冲动，进而产生一系列矛盾的想法和冲突的行为，有的行为甚至影响其终身。

三 情绪困扰

中国科学院心理研究所《2022 年大学生心理健康状况调查报告》

显示，约有21.48%的大学生可能存在抑郁风险，45.28%的大学生可能存在焦虑风险，并且睡眠质量与情绪之间存在密切关系，抑郁和焦虑得分较低的学生睡眠质量也低。我国大学生深受情绪问题困扰。

在日常的大学生心理健康咨询中，绝大部分学生都会在自己希望解决的问题选项中勾选"情绪问题"。在实际咨询中，各种情绪问题全方位地困扰着大学生，不论是人际交往、学习生活，还是职业生涯规划，都交织着复杂的情绪管理和情绪调节问题，也有很多不良生活方式是由学生失控的情绪管理所导致。

（一）焦虑情绪

焦虑本身是一种情绪反应，是当个体处于心理压力状态，或受到刺激时的一种本能反应，通常会表现为紧张不安、恐惧害怕、担心忧虑、心神不宁，焦虑情绪还会引起自主神经功能的紊乱，让身体处于应激状态，出现头晕、头痛、心慌、心悸、恶心、胸闷憋气、腹痛腹胀、血压不稳、身体发热等躯体症状，行为上会出现失眠、坐卧不宁、搓手咬指、攻击性言语和行为、激动等。

情绪本身并没有好坏，由情绪所引发的行为后果才产生积极和消极的区别。焦虑和恐惧一样，在人类进化的过程中起到了十分重要的作用。焦虑和恐惧都能迅速改变交感神经系统的状态，当我们遭遇危险或意识到可能存在的危险时，随时让我们准备好搏斗或逃生，这也是一种生物的自我防御机制。所以，适度的焦虑是人之常情，能时刻提醒自己保持警醒，并保持一定程度的专注力。但是如果长期处于焦虑状态，而不能通过自主调节实现改善，那么焦虑情绪就会使得个体产生持续的痛苦感受，引发一系列不良的行为，成为影响个体正常生活与社交的负面情绪，如果焦虑的时间和程度持续加深，个体会对不固定的事物或事件产生焦虑感，那么可能滑向焦虑症的一端。

焦虑情绪已经困扰着绝大多数的大学生，有的是为了追求完美，有的是因为没有安全感，有的是对未知的恐惧，还有的是因为各种各样的现实刺激，比如面对考试时会焦躁不安，在恋爱时会患得患失，在择业时会迷茫……有的学生没有及时调节或得到正确引导，这严重影响了其生活质量，危害到自己的身心健康。

（二）抑郁情绪

大学生常常挂在口头上的"郁闷""烦躁""苦恼"是表达抑郁情绪的代名词。遇到不如意的事情，例如有压力的事件、生活的挫折、痛苦的境遇、生老病死、天灾人祸时，都会让人们感受到低落、难过、痛苦的情绪。抑郁情绪与抑郁症不一样，是因为抑郁情绪的产生是基于一定的现实事件，也就是事出有因，通常情况下自我调整一段时间以后，能恢复心理平衡。抑郁症通常会表现出心境低落（对各种事物难以提起兴趣，对生活抱悲观的态度）、思维迟缓（反应迟钝，与人言语交流减少，甚至产生妄想）、内心的意志活动减退（从生活上开始变得懒惰，闭门不出，不愿融入朋友圈）、认知功能损坏（呈现记忆力下降、学习困难的状态）、身体障碍（食欲不振，神经失调，睡眠障碍）等。

抑郁情绪是大学生群体中最常见的一种情绪反应，大部分学生都能通过一段时间的自我调节恢复平衡，但如果长时间处于抑郁情绪中，且无法自我调节，也没有通过师长、亲友等获得有效支持和帮助，可能逐渐转变为情况更为严重的抑郁症。抑郁是导致大学生自杀的主要原因之一，因此，要积极应对大学生的抑郁情绪。

（三）双相情感障碍

双相情感障碍又称躁郁症，"双相"是指躁狂和抑郁两种极端的症状表现，时而躁狂，时而抑郁，情绪就像坐过山车一样，在激动和低落的两端交替摆动。在躁狂周期时，个体会表现出情绪高涨，兴趣与活动增多，精力充沛，交往积极，自我评价高，睡眠减少；在抑郁周期时，个体会表现出情绪低落，兴趣减退，愉悦感丧失，精力减退，自我评价低，有自伤或自杀等危机状况发生。与焦虑情绪和抑郁情绪不同，在CCMD-3［《中国精神障碍分类及诊断标准》（第3版）］的分类中，双相情感障碍属于一种常见的心境障碍，属于精神病学范畴。双相情感障碍容易与抑郁发作或焦虑发作相混淆，不易发觉，所以误诊率和漏诊率高。在大学生群体中，双相情感障碍的患病率较高，并且严重影响学生的生活质量，对其身心造成极大的影响，也对其日常的学习和生活造成极大的影响。

四　生活适应问题

（一）适应能力不足

独生子女在大学生中占有非常高的比例。很多独生子女缺乏独立自主生活的能力，长期习惯于"衣来伸手、饭来张口"的状态，从未认真参与过学习以外的生活劳动，到了大学之后，对洗衣、洗鞋、洗碗、换被、收拾整理等基本事务无所适从，在宿舍生活中，往往因为卫生问题、个人生活习惯问题等发生人际冲突。很多独生子女在家受到祖辈父辈的细心呵护，做人处事容易以自我为中心，进而导致人际矛盾。另外，大学生容易受到各类社会风气的影响，对生活环境以及物质资源的要求较高，喜欢追求新颖、流行的事物，想要突出自我与他人的不同，但是个人又没有经济能力，在心理上和生活上仍然对父母有较强的依赖性。此外，还有一部分大学生因为家庭经济压力大，既要承受专业学习的压力，又要承受经济拮据，一名女大学生说："因为女生的面子，我不愿填写困难补助申请，但是拮据的经济又始终困扰着我，我不愿走在校园里像被贴上标签一样，让同学用特别的目光注视我。"

（二）抗挫能力差

对一部分考上大学的学生来说，他们因为高中时期优秀的成绩表现，一直是家里"父母捧着"、学校"老师宠着"、班里"同学羡慕着"的对象，甚至是全村唯一的骄傲，一路骄傲着进入了大学。但进入大学后，发现要学习的专业知识和技能太多，自己在知识的海洋面前感受到渺小，而且周围的同学中比自己成绩好的人太多了，比自己才华出众的人太多了，比自己才艺丰富的人太多了……自己不再像过去一样耀眼了。面对各种学习和生活的压力，他们显得无所适从，有的甚至自怨自艾。因学习成绩不佳而感到紧张，产生厌学的情绪；因人际关系不和谐，产生自卑、羞怯、孤独的情绪；因情感问题处理不当，产生绝望、自弃的情绪……在多种挫折叠加的情况下，很多学生表现得易受挫、易放弃、易焦虑、易痛苦等。

五　就业心理问题

经过四五年的学习，大学生就业的过程是一个复杂的心理变化过程。就业应聘是大学生展示几年学习所得的时候，对大部分毕业生来说非常重要，这是他们迈向社会的第一步，不仅关系到他们个人，还关系到他们的家人。但是在就业过程中会遇到很多挫折和问题，由此产生的消极心理会影响求职的效果。

（一）　自卑和自负心理

有的大学生由于自身不足或家庭原因等，会产生自卑的心理。这些学生更容易看到自身的缺点，忽视自身的优点。在就业竞争中，会出现"我不如别人"的想法。同时，也不善于向用人单位推荐自己的优势，因此容易受到忽视、遭到挫败。有的大学生未接触过就业竞争环境，对自己的定位与实际不相符。有些学生认为自己很优秀，比较自负，在面对就业竞争挫折时，自信心遭到打击，会产生负面的情绪和感受。

（二）　依赖心理严重

很多大学生过分依赖家庭，常常通过家里的关系免于面试，进入用人单位；还有的学生依赖家里生活，不就业或择业。这种依赖心理使得大学生无法走向社会，进入人生的下一个奋斗阶段。

（三）　盲目追求和焦虑心理

大学生在求职的过程中，很多时候自身对目标的定位不准确，倾向于盲从亲友的建议。从当下形势来看，大学生倾向于考公务员和事业编等，但是很多学生对自己没有客观的认识，只是盲目跟从，以至于很有可能产生焦虑的情绪。一部分学生因为无法做选择或暂时还没有找到合适的工作，产生了焦虑的情绪。

第五节　大学生心理健康教育的特殊性

心理健康教育是以心理学为基础，根据大学生的心理发展规律和特点进行的教学；教育的目的是培养学生良好的心理品质，提升学生的心理健康水平，促进学生的全面发展；在教育实践中以体验式教学为主，理论性教学为辅，让大学生通过学习体验达到对自我和他人心理健康状况的觉察。

心理健康教育已经逐渐成为我国素质教育体系中重要的一环，对培养新时代德才兼备的"君子"人才有着特殊和不可替代的价值。心理健康教育在全国各大高校已经遍地开花，取得了很多重要成果，为心理健康教育的研究与教学拓展了丰富的领域，但仍需教育者和研究者继续探索，不断探索教育形式，丰富教育内容，为学生提供更好的心理服务。

一　当前大学生心理健康教育存在的问题

（一）心理健康教育途径较为单一

在大学生心理健康教育工作中，虽然学校承担着主要教育责任，但是只依靠高校开展学生的心理健康工作是远远不够的。家庭和社会对大学生的心理健康教育仍然十分重要，不可或缺。如果只由学校单方面负责学生的心理健康教育，家庭在孩子进入学校后，就不再对其进行教育，甚至是灌输不良思想，这对于学生的心理健康教育是极具阻碍的；社会对大学生心理健康教育的责任意识还较为薄弱，尤其是某些不良的社会风气和舆论导向对建设大学生积极心理产生了负面的影响，这是需要引起警惕和重视的。

仅就学校心理健康教育而言，仍然存在以下问题。

1. 大学生对心理健康的认识不足

很多大学生没有正确的心理健康观念，甚至害怕进行心理求助，部分学生因为担心别人戴有色眼镜看自己，会忽视或隐藏自己的心理问题，然而，掩饰和隐藏并不代表心理困扰自动就好了，或者能顺利恢复心理平衡。还有一部分有心理疾病史的学生，对周围的老师和同学抱持不信任的态度，不愿袒露内心，最后任由自己的心理问题或心理疾病伤害自己和他人。

2. 心理健康教育理论薄弱

精神病学和心理学领域很早就开始关注大学生群体的心理健康问题，早在20世纪初美国就出现了学校心理辅导，20世纪60年代美国的学校心理辅导由专职人员负责。学校心理辅导是大学生心理健康教育的雏形，早期的大学生心理健康教育以医学模式为主，认为学生的心理健康问题主要与精神疾病有关，提出青少年的心理健康问题两分法，将心理健康问题界定为"抑制过度"的内化问题（如焦虑、抑郁和睡眠等问题）和"抑制不足"的外化问题（如攻击行为、自我伤害和自杀等问题）两大类。20世纪90年代，随着积极心理学在美国的兴起，医学模式逐渐转变为教育和服务模式，认为学生的心理问题是由个体自身不能形成正确的自我认知和个体与环境不能协调一致所产生的困惑引起。服务对象扩展至全体大学生，以预防心理健康问题和促进心理发展为导向。虽然国内开展了很多心理健康教育方面的课程，但很多课程使用的是西方心理学理论，与中国大学生的心理认知、情感和社会文化传统不相适应，在具体指导心理健康教育的实践中，要么教育内容流于表面，要么生搬硬套心理学理论，难以将其真正内化为大学生的积极情感，培养出真正健康的现代君子。

（二）心理健康教育的专项研究有待进一步深入

心理健康教育既是一门育心的学科，也是一门育德的学科，这是由心理健康教育的自身功能所决定的。作为心理成分的优秀品德，存在于心理结构或者心理系统中的积极心理品质显然是需要通过心理健康教育培养的。心理健康具有层次性，人格健全属于高层次的心理健康。在道德教育领域有对大学生道德人格培育的相关研究，但从心理健康教育领域来探讨道德人格建立的研究却较为缺乏，大学生道德人格的培育也未能在我国学校的心理健康教育体系中受到应有的重视。人格发展会伴随个体社会角色的变化而变化，扎根中国文化的研究范式仍在探索阶段。系统而符合中国学生文化与社会角色特点的道德人格发展理论和心理健康教育理论仍有待进一步研究。

二　大学生心理健康教育目标的特殊性

大学心理素质教育，以养成大学生优秀的心态素质和健康性格为主要目的。既要注重开发大学生的潜在能力和塑造强大的心理韧性，从而实现大学生自我的良好发展，也要注重引导大学生了解自己的潜能和特长，确立明确的高品质的生活目标，担负起人生的责任，拓宽人生的视野，使自己的生活拥有满满的幸福感。此外，要注重预防大学生各种心理问题的产生与发展，针对各种适应性情况做出恰当合理的指导，帮助大学生学会调适心理。教育者需要注意指导他们逐渐修正不适当的行为，调整不合理的信念和意识，使其心理和行为与自然规律、社会规范相适应，从而实现高质量的心理健康。

与此同时，需要引导大学生认识自我、悦纳自我，建立良好的自我同一性，逐一调整各种冲突引起的消极情绪，确立适合自己的生涯规划，保持心态的稳定和谐。大学生心理健康教育更重视大学生自身的主体性，把大学生道德人格的发展作为整个教育的支撑点，认为大学生全面、充分地自我发展是挖掘其无限潜能与实现其人生价值的重要基石。通过大学生心理健康教育增强大学生对自我的认知和自信自立，增强大学生面对困境始终能跌倒了再爬起来的心理韧性，增强大学生立足实践解决困难的心理能力，以及掌握不同场景展现不同风采的心理灵活性，使其最终成长为拥有自主自立能力、积极向上的个体。

三　大学生心理健康教育原则与方法的特殊性

大学生心理健康教育是运用心理学和教育学的理论知识和方法技术，探讨大学生心理健康教育基本原理与大学生阶段的特点、规律及教育效益的一门学科。其基本内容主要融合了普通心理学、社会心理学、发展心理学、变态心理学、社会心理学、教育心理学、心理测量学、生理卫生学、精神病学等的理论，这些理论奠定了大学生心理健康教育的基本内容。但与心理学或教育学学科教育不同的是，大学生心理健康教育并非以知识性教学为主，而是以体验式教学为主。

心理健康教育的基本原则包括四点。一是在教学原则上，教育者要秉持"价值中立"的态度，引导大学生分清理想与现实，正确认识自己，尤其是要树立学生身份的认同感，自觉地理解和实践作为大学生需要去遵循的道德规范和行为规范。当大学生理解自身要遵循的大学之"道"与大学生做出与之相符的"德"行时，大学生的身心失调和行为失范的状况就会得到改善，这在心理咨询实践中得到了印证。

二是在教育逻辑上，坚持唯物辩证统一的思想，引导大学生正视人生中的挫折和困境，当学生遇到挫折时，要不断地调整学生的认识，将困难视为促进个人成长和发展的有利契机，辩证地对待自身遇到的问题和挫折，在困境中发现生机，在应对问题的过程中实现成长。

三是要根据大学生这个阶段的身心特征和心理活动规律，来开展心理健康教育活动，这是教学的前提，重视并综合运用心理学、教育学的理论知识和相关方法，来分析和解决大学生日常学习生活中常见的心理、行为问题，并通过学习让大学生实现对自我和他人心理健康问题的觉察，这是教育的重要原则。

四是要围绕心理健康教育的基本原理，对大学生阶段的学习生活特点、身心健康的影响因素和发展规律、心理和行为健康程度进行综合教育。高度关注心理健康教育的效益和结果，提高受教育者心理素质、心理潜能和心理和谐水平。

基于大学生心理健康教育的基本原则，大学生心理健康教育的方法存在一定的特殊性。

第一，教育方法丰富且多元。大学生心理健康教育不仅限于心理卫生知识的普及，而是强调学生对自身心理状态的觉察和调整，以及对他人心理健康状态的觉察与帮助，注重的是感受和体验，引导学生适当地宣泄，以疏导和预防为主要导向。教育方法中倾听与沟通是一种重要的形式，通过充分调动学生自身的经历和感悟，培养他们自我认识、自我调控的能力，提升心理弹性。教育的方式除了开设专门的课程外，还包括组织和开展各类团体心理辅导活动、心理提升工作坊、心理健康讲座、心理文化沉浸式体验、心理素质拓展训练等，对大学生进行全方位的健康心理意识培养和健康价值观引导。

第二，在具体教学活动中，大学生心理健康教育注重学生心理的发展、调适和预防，教师通过课堂活动体验、心理情景剧表演、心理故事讲述、现实案例分析等方式，让学生充分感受心理健康的力量，并让自己成为心理健康的第一责任人。

四 大学生心理健康教育组成的特殊性

（一）心理健康教育课程普及化

《普通高等学校学生心理健康教育工作基本建设标准（试行）》中明确指出各高校要根据学生自身心理健康教育的需求，组织实施相应的教育教学活动，保证学生在校期间普遍接受心理健康教育课程。因此高校在进行心理健康教育的过程中，要注重学生的心理需求，根据大学生的特点，有针对性地开展心理健康课程，帮助学生丰富心理健康知识、培养良好的心理素质、提升心理健康水平和适应能力。大力宣传普及心理科学基础知识，增强心理调适能力和社会生活适应能力。各高校应该让学生系统地学习心理知识，提升自身的客观认知，促进心理健康教育工作的科学化。

（二）丰富多彩的高校心理健康教育体系

全国各大高校对大学生开展了各种各样的心理健康教育，逐渐完善心理健康教育体系，丰富心理健康教育的方式。从活动覆盖类型上来说，除了心理健康教育课程，还开设了各类关于大学生心理健康的讲座、培训和活动，提高了大学生对心理健康的学习意识。很多学校还创办了学生的心理健康社团，在社团中组织学生自发举办各类心理健康活动，实现了教师与学生互动、学生自主行动之间的协调发展。大学生心理健康教育体系正呈现规模化、系统化和多样化的发展特点。

（三）良好的校园氛围

良好的环境能够让学生拥有一个良好的成长氛围。优良学风和优良环境潜移默化地影响着大学生，能够促进健康情绪的养成、积极生活态度的塑造。很多高校将积极建设优良校风当作学校建设的基本方针，形成了良好的校园氛围。这有利于学生形成良好的自我意识和身份认同，在潜移默化中形成自律和道德感，在互相学习和模仿中，形成良好的道德人格。很多学校也举办了丰富多样的心理健康宣传活动，调动学生参与的积极性，让学生在"玩"中提高心理健康水平。

第六节　中华优秀传统文化对大学生心理健康的影响

根据前人的研究可知，对个体的心理健康状态造成影响的因素主要可分为内部个体因素和外部环境因素两大类。内部个体因素主要是指由遗传、基因等控制的情绪智力、人格特质等先天性因素，也指自我效能感等后天个体因素。外部环境因素多指家庭、学校等多种重要生活场所，也指个体在学习、生活中遇到的各种生活压力和他人行为等。

大学生处于人生的特殊阶段，陌生的成年初期和崭新的大学生活环境兼具了对个体心理健康具有重要影响的内外因素，因此大学生的心理健康和心理健康教育一直都是高等教育高度关注的研究领域，国内外的研究者都提出了相当丰富的知识理论。

国外针对大学生心理健康的研究经历了三个发展阶段，分别是最初的成长阶段，以筛查存在心理障碍的学生为主要导向；到20世纪20年代后期的发展阶段，在原本的体系里面纳入了青少年的成长问题，重心也迁移到了关注学生自我价值的实现；随着积极心理学的兴起，研究者更加注重培养大学生心理健康的积极方面。国内的研究大致也经历了三个不同的阶段，正不断向着有组织、有规模、专业化的方向前进。

国外现有的大学生心理健康研究发现，心理问题首次出现的时间呈现年轻化的趋势，性取向、社会支持、家庭经济、课业成绩、所处环境、学校重视程度等都对大学生的心理健康具有显著影响。国内学者也针对中国大学生的心理健康开展了不少研究，如：吴霞发现在校大学生心理问题的发生率在30%左右，而较严重的心理障碍患者约占大学生总人数的10%；辛自强利用元分析技术对自1986年起25年内使用SCL-90的文献进行的研究发现：大学生的心理健康水平整体呈上升趋势，诸如抑郁或偏执等消极维度分数逐年下降，大学生的心理健康水平在学校水平、年级、性别、生源地等变量上呈现较大差异。

大学生的心理健康是高校教育工作者的重要议题，也是搭建和完善高校心理健康培育体系的目标导向，国内外针对大学生的心理健康工作主要通过教学管理、关注重点对象和危机干预等方式开展。随着网络的普及，新时代对高校心理健康教育工作者的工作方法、工作形式、工作思想都提出了更高的要求。因此，目前我国的心理健康教育也呈现以积极心理学为基础，多种形式（如团体辅导、心理咨询等活动）共同开展，以及多学科（如社会学、文化学等相关学科）融合的趋势。

中华民族五千年的悠久文化为高校心理健康教育提供了营养丰富的土壤。中国儒家文化一贯倡导的是"修身为本"的思想，正如《大学》中所言："自天子以至于庶人，壹是皆以修身为本。其本乱而末治者，否矣。"因此，上至治国理政，下至家庭族群，想要繁荣昌盛就离不开其中个体德行的修养。

文化是民族精神和国家精神的体现，其中包含着一些深远的文化脉络，蕴含着一个民族深沉的思维方式、生存智慧和精神追求。文化深刻地建构着一个国家和民族的精神家园和世界，文化的高度发展是人类与其他的生物形成鲜明区别的根本特征。文化能够使群体凝聚在一起，成为一个具有高度认同感的集体和整体，其中的每个个体能从文化中寻到依靠，获得安全感和归属感。我们每个生活在某种文化氛围中的个体都受到文化传统的影响，都从民族的传统文化中不断汲取精神的养分。

同时，文化是个体进行心理活动的重要背景，它既是滋养我们心灵的土壤，也会成为限制我们心灵的藩篱。有必要思考一下，我们的传统文化中哪些部分是限定我们的，而哪些部分是滋养我们的。限定的、不符合时代需求的那些部分，在这里我们就不过多论述了，我们主要讨论对当代具有重要参考和借鉴价值的部分。把中华优秀传统文化的精义应用于当代大学生的心理健康教育，启发大学生主动链接、悦纳中华文化的精髓，形成强烈的文化认同和文化自信，这对大学生的自我意识完善、价值观念形成、行为模式健全都有着极为积极的影响。

中华文化源远流长，从未间断地塑造着中国人的集体潜意识，已经成为中华民族代代传承的心理基因，成为独特意志品质以及民族精神，深远地影响着中国人的思维方式和行为。从中国传统文化中寻找源头活水，让中华优秀传统文化与当代大学生心理健康教育相适应，是大学生心理健康教育能发展得更好，走得更远的根本。无数先贤和哲人从自我心理调整的角度，鼓励人们注重内省、维护和谐的人际关系，鼓励人们积极面对挫折、乐观迎接挑战和变化，这对当代大学生心理健康教育有着十分重要的教育意义。从中华优秀传统文化中挖掘塑造大学生道德人格和品格的内容和方法，使大学生拥有高尚情怀，获得智慧的提升，培育积极的心理品质是题中应有之义，同时又能推动优秀传统文化在新时代焕发强大生机。因此，在进行我国大学生心理健康教育的时候，汲取中华优秀传统文化中的优势资源，以古鉴今，形成极具中国特色的大学生心理健康教育理论、内容和方法，使其更好地适用于我国的大学生。

一　中华优秀传统文化对大学生心理健康教育的当代价值

（一）提供理论支持

以前大学生心理健康教育很多是基于西方心理学理论，但西方文化思想和中国大学生的生活环境、道德观念和行为模式不能完全匹配，甚至很多时候会出现矛盾的现象。社会的集体人格会对生活在这个社会中的成员产生深远而持久的影响，这种影响往往是潜移默化的，让社会个体自觉遵守社会规则，个体的心理特征受到整体心理特征的影响。不同的文化传统塑造和形成不同的集体心理结构，从而影响着个体的思维和行为模式，使他们的行为和思维带有深刻的文化印记。因此，在我国的大学生心理健康教育中，不能秉持对西方心理学的拿来主义，而是要因地制宜，与我国的文化环境、文化传统相结合，遵从我国的社会规范，以中华优秀传统文化为主体，运用西方心理学，形成具有本土化特色的心理健康教育理论体系。通过妥善继承并弘扬中国传统儒家文化蕴含的"修、齐、治、平"的思想精义，建构具有原创性的、体现中国文化特点的心理健康教育理论，不仅可以提升中国大学生心理健康教育理论的水平，还可以有效应对我国大学生常见的心理冲突。

（二）提供资源支持

中华优秀传统文化是中国人民和中华民族在长期的社会实践中不断积累的中华民族代代相传的珍贵精神食粮。中华优秀传统文化注重个人的修养，教我们做人做事的道理、经验和方法。将中华优秀传统文化和新时代对大学生人才的需求结合，中华优秀传统文化是取之不尽用之不竭的文化资源，寻求适合当代大学生心理健康教育的内容和方法，不仅能让教育者在实践心理健康教育时拥有丰富的教育资源，还能够让受教育者将文化传统和自身发展紧密地关联起来，形成强大的文化自信。

中华优秀传统文化具有庞大的体系，知识谱系丰富。儒家文化、道家文化和释家文化作为中华优秀传统文化知识谱系的代表，蕴含着大量的心理健康教育资源，对当代心理健康教育工作的开展起到了积极的作用。不仅提供了丰富的正面与反面的历史典故，还提供了严谨而不间断的理论传承脉络，能为教与学的主体双方提供丰富的理论素材。

二　中华优秀传统文化中的积极精神对于大学生心理健康的影响

（一）乐观、自强的精神

中国古代文人受到儒家思想的影响，他们的很多优秀的作品和规范自身的行为、经历，充分地体现了中国历代先贤的进取精神。孔子在宣传自己的思想时，多次受挫，但他仍然坚定信念，坚持不懈，周游列国奋力宣讲。苏轼多次被贬，颠沛流离，但他依然心怀天下，遵从为民之心，作品中更是充满乐观、旷达精神，如"竹杖芒鞋轻胜马，谁怕？一蓑烟雨任平生"。

（二）修己安人，学会反思和调节

"修己以安人"是孔子提出的修身名句，能够帮助学生培养合适的自我调节方式。"修己"告诉我们要不断提高自身，不断丰富自己的知识和人生阅历。"安人"就是让别人安心快乐，通过自身的提升，不仅让自己获益也能够让别人感到开心快乐。现在很多学生遇到挫折和不顺会下意识地责怪他人，进行外归因。在别人不能满足他的需求时，又产生负面情绪不能排解。学习中华优秀传统文化，能够让大学生思考自己的调节方式、归因方式，再加上教师的积极引导，便能够培养良好的心理素质。

（三）中和守静的境界

儒家强调"中庸"，这是一种智慧，不代表凡事都要中立，这是一种进取、和谐的哲学。"中"是指不极端、不偏执。大学生做事容易冲动，有的大学生心态不平衡还会走极端，甚至引发心理危机，学习"中庸之道"对于他们的思维方式的调节有着很好的作用。道家强调"不争"，遵从事物本身，顺其自然。这让学生在面对自身或者他人过高的要求时，思考是否违背了事物的规律，急于求成，反而给自己过大的压力，造成心理负担。释家强调"明心见性"，帮助人们适当地看淡名利，这对于利益化过重而导致忽视长远发展的学生有着不可替代的积极作用，有助于大学生培养积极乐观心态，接纳学习生活中的不如意。

我国大学生的心理健康教育希望培养在校大学生积极的价值观念，从而端正己身，拥有良好的道德规范。"所谓修身在正其心者，身有所忿懥，则不得其正；有所恐惧，则不得其正；有所好乐，则不得其正；有所忧患，则不得其正。"中国传统文化中的"文化"二字，指的不仅是狭义上的中华文化知识，更是更加广泛的中华民族千百年来积淀的精神文明精华。因此，大学生心理健康文化教育，需要以中华民族最伟大而文明的传统文化作支撑。

《大学》中开宗明义写道的"大学之道，在明明德，在亲民，在止于至善"指的正是成为"大人之学"的目标，用现在的话说就是培养国家栋梁以及德才兼备的人才的三个目标。对于大学生的人生发展具有深远的指导意义。又如"知止而后有定，定而后能静，静而后能安，安而后能虑，虑而后能得"，就是告诉我们大学生知道所要达到的目标，才有确定的志向，有了确定的志向，才能实现心灵安宁，心中平静，才能泰然自若，泰然自若，才能思维缜密，思考严密，才能到达至善的境地，老祖宗文化中蕴含的智慧至今吟来，亦是心有戚戚焉。随着人生列车的前行，越走越觉得简单深刻又那么有实践意义，越走越觉得文化的天籁就是夜空中最亮的那颗星，指引着我们前行。因此，我们非常有必要把我国的优秀传统文化融入心理健康教育理论研究与实践应用中去。在这里，我们也期待此书可以引起高校心理教育者、在校大学生、相关研究者对我国优秀传统文化的关注，从而更进一步地推动我国优秀传统文化在高校心理健康教育中的运用，让中国心理健康教育更有民族内涵。

第三章 《大学》与心理健康教育的内在逻辑

第一节 "德位相配"是心理健康教育的指导思想

一 "德位相配"思想的时代新解

在儒家学派内部，关于"德""位"的关系有众多争论，本文并不是从儒学的原理与学理上对"德""位"之辩进行深入探讨，而是希望从"德""位"对当代的启发意义上进行讨论。

从"德""位"关系的文化脉络上看，在先秦思想史中，"德"的概念是一个变化的过程。早期古人对"德"的理解得于天，基于血缘的关系。不同的部落间由于生长环境的差异而产生品性的差异，由此产生了"姓"，姓氏既是血缘的标志，也是品性的代表。这是历史早期对"德位合一"解释的来源，也就是说，"天"选的"有德"之人才会有"位"，尤其是在殷商时期，以纯正的血缘关系建立起政治秩序。打破"德位合一"，使"德"与"位"分离的是周人，导致这种分离的原因是区分"天"和"帝"。从商纣王的暴行来否定血缘与德行的相关性，斩断了血缘与德行的联系，皇族或贵族不再被相信是有德之人，人们开始相信，普通人通过个人修养可以获得成德的机会。最早尝试解决"德""位"分离问题的是孔子。孔子对"德"的解释已经不再强调血缘，首次提出"为仁由己"（《论语·颜渊》），要做到"仁"主要是个人的道德修养问题，并不依赖于血缘或外物。隐含着道德主体性的内涵，将"君子"的概念由社会等级地位的标志转变为个人不断修习磨炼而成的人格和品性的标志，也是对个人道德修养的最高评价。

孔子为以德居位定下基调，孟子从道义论立场加以证明，阐发了以德居位的敬位意识，并逐渐使之成为政治道德中的一般义务意识。孟子认为天道、人道是同样的道。"诚"是天之道；"思诚"是人之道。孟子认为，仁先天具有仁义礼智四端，是天道和人道的内容，也是天道与人道互相转化的基础。此四端正是人之为人的依据，要发展这四端必须依靠每个人自身的努力，这也构成了每个人做人的基本义务。同时，"诚"是做人的基本法则，至诚，能感动天地，连通人道与天道。基于此，儒家开启了中国知识分子的"责任"情结。

《大学》中有言"知止而后有定"，关于"定"的传统解释是做官做人要以德思位、以位思职、以职思责。儒家的敬位意识强调以德居位，"德"对于"位"来说是先决条件，而官位是没有大小的区分的，均以德来调节。《大学》："君子先慎乎德。有德此有人，有人此有土。"君子要立身必先修德，有了德行才能拥有人民与土地。随着社会的发展、时代思想的进步，传统的官位思想逐渐淡化，但其中所蕴含的"德"要配"位"的思想却至今闪耀着光辉。对于今天的人们来说，"位"的概念发生了变化，官与民不再有阶级的差异，所以，借用到今天这个时代，每个大学生都有成为时代新君子的可能性，但是首要的事情是修养自己作为大学生应有的德行，这样才会让自己获得良好的人际关系和积极的生活。

二 大学生心理健康中的"德位相配"

现代有人把"德位"中的"位"比喻成一把椅子，不同年龄的人、不同的社会角色有不同的椅子，坐在这把椅子上的人的德行要与椅子相配，否则德位不配，就会导致失衡。大学生要定"位"清晰，让自己的德行与大学生的"位"相匹配，这样才能保持心理的健康与平衡。

（一）大学阶段定"位"清晰

现代技术迅猛变革，社会环境千变万化，种种不确定的因素让每个身处其中的个体都倍感茫然，无所适从，每个生活于其中的个体也在时代和社会的洪流中寻找自己的位置。但在万花筒一样的社会中，很多人容易对自己的年龄、身份和角色认识不清晰，导致错误的或者不合适的定位。例如，大学生正是在储备基础知识、修习自身涵养的时候，有的人偏偏要一门心思去当明星，或者梦想着一夜致富，放弃学业去当"网红"。最后不仅没有实现明星、"网红"梦，还错过了求学深造的机会，错过了与同学、老师相处的时光，获得的是过早地进入社会，对社会现象和社会风气产生误解，沾染了不良的习气，浑浑噩噩度日。这是对自己定位不清晰带来的后果，在生活中，这样的问题层出不穷。

"知止而后有定，定而后能静，静而后能安，安而后能虑，虑而后能得。物有本末，事有终始。知所先后，则近道矣。"（《大学》）作为大学生，首先要知道自己进入大学学习的目标和自己未来人生要追求的目标，目标定下来了才不会迷茫，才能让自己坚定下来，有了坚定的信心才能让自己安静下来，安静下来之后才愿意安定在求学的地方，安定在求学的当下，不受周围环境的引诱和影响，然后才能好好考虑问题，好好思考所学的知识，好好应对生活中的困难，之后才会在大学阶段有所收获。天下万物都有开始和结束，作为大学生，要知道在大学阶段该先做什么后做什么，这个阶段该做哪些事，不该做哪些事，能搞清楚这些问题，就接近于掌握事物发展的规律了，能按照先后顺序度过大学阶段，很多心理和行为问题会获得良好的解答。

具体而言，大学生要对自己的身份定位清晰。大学生的"位"不同于小学生、初中生和高中生，大学生要学习的是"大人之学"，为国家各个领域的发展准备必要的专业知识和技能，适当地接触社会，为未来进入社会的各个领域做好准备。同时大学生的"位"也不同于社会职场中的个体的"位"，进入职场后，有工作岗位的"位"，有上下级关系的"位"，有进入婚姻生活后为人夫、为人妻的"位"，有原生家庭作为儿女的"位"，还有各种社会角色的"位"……因此，作为大学生来说，首先，明确自己是一名学生，作为学生，首要的责任和目标是完成专业的学习；其次，明确自己作为大学生身上肩负的使命，还有父母的期待，同时，作为中国社会主义接班人还肩负着中华民族伟大复兴的历史使命。只有每一个中国大学生都坚定这样的信念，并付出努力去实践，才能真正汇聚成一股强大的复兴之力，带领整个中华民族走向光明的未来。

（二）践行与"位"相配的大学生之"德"

明确大学生的定位后，就是引导大学生去践行与之相配的德行。中国学生发展的核心素养是让学生具备适应终身发展和社会发展需要的必备品格和关键能力，突出强调个人修养、社会关爱和家国情怀。"至善"是德行的最高目标，目标的实现取决于主体的德行，与大学生心理健康息息相关的德行围绕自我管理、情绪管理、学习意志力、待人接物、生活习惯等内容展开。

大学生第一要务仍然是学习，围绕学习的基本"德"包括明确学习目标，有规律地起居生活，按时上课，尊重老师，认真听课，按时完成作业，努力攻克学业中遇到的困难。更上一层次的德行是以攻克民族或整个人类共同的难题为使命，努力钻研，不断进取。当下有很多大学生会表现出不良学习习惯和学习态度导致的紧张、焦虑、自卑和情绪低落等，当仔细探索会发现，他们遇到学习困难就容易退缩，学习意志力薄弱，学习计划混乱等，也就是关于大学学习的基本德行都没有建立起来，导致大学生学习的"德位"失调。

此外，在大学生的人际交往中，与父母的关系仍然对其有重要影响。作为子女，与之相配的德行是尊重和理解父母，努力学习独立自主地生活和思考。既不是一味地等待父母安排、监督自己的学习和生活，也不是完全不与父母联系，更不是只在没有学费和生活费的时候需要他们，除此之外就像熟悉的陌生人一样，这是没有践行作为子女的德行。有的大学生与父母产生较大的冲突，一方面需要父母的经济支持，另一方面又嫌父母管得太多，明明是自己没有实现心理"断乳"，又迫切地想要甩开父母，这也是"德位"不配所导致的人际冲突。

与之相似的还有大学生在建立亲密关系的时候，对性产生好奇，但又对自己的学生身份定位不清晰，自以为可以为这段关系负责，但常常没有建立起关于男性或女性的基本德行的概念，造成了严重的情感创伤，甚至造成了对新生命的伤害。

《大学》中的"知所先后，则近道矣"就是要告诉大学生，一定要定位清晰，明白哪些事情要先做，哪些事情要后做，哪些事情在什么时期必须做，哪些事情却不能做。把这些关系和问题搞清楚了，作为大学生的基本德行就建立起来了，当"德位"相配之后，很多心理和行为的问题就会自然而然地化解了。

第二节 "克己修身"是心理健康教育的根本路径

一 "克己修身"思想对心理健康的重要性

《大学》对儒家君子的修养提出了"修身、齐家、治国、平天下"的理路，每一个平凡的人都能通过不断地修德而成为一位君子。学者普遍认为，真正的君子具有更少负性情感、更多积极状态，心理更和谐，这是因为君子的心理健康与克己修身有着密切的关系。系统的心理学渊源可以追溯到古代中国，从孔子和老子开始，修养道德人格被认为是心理健康的最高标准。他们认为，每一个普通的个人只要能不断修养自身，坚持"内圣"之路，就能获得较高的思想品德修养，就能胸怀广阔，宠辱不惊，面对挫折、困难、赞美和成功都能保持良好的心态，做到不以物喜，不以己悲；而良好的心态和修养又能进一步促进个人道德人格的养成。在成为君子的过程中，道德修养和心理健康相辅相成、相互佐证，就像两只翅膀助力君子的养成。

在儒家入门的道德修养教育中，《大学》为每个想要成为君子的人提供了明确的途径和方法，最重要和最基础的就是克己和修身。"克己"是一种自制力的表现，不仅表现在物质方面的克制欲望上，还表现在精神方面的自制力上。"克己"的第一层次是与自己的很多原始欲望做斗争，要与自己的不良习惯和消极思想做斗争，属于将本我和超我剥离的状态。懒惰和想要轻松是人的原始欲望，自律和勤奋总是会伴随着一定程度的身体辛劳和精神痛苦，但一味地放任本我的发展，不加以约束，并不会给人们带来愉快和幸福的感受，也不会让人们的生活变得更好。所以，需要自我和超我对本我进行调节、管理和约束。第二层次是让自己的言行举止符合自己的"位"，也就是符合自己的身份和角色，"不在其位，不谋其政"，不适合自己身份和角色的思想要排除，不恰当的话不乱说，不适宜的行为不乱做。第三层次是"自胜"，当克己成为一种习惯，不再是心理的负担，人们就能在约束和管理自我的过程中不断超越自己原来的水平，不断提升自己的认知水平、意志力和行动力，进而实现更大程度的身心自由，获得良好健康的身心状态。"克己修身"是君子内外兼修的意涵，"克己"强调内修，"修身"侧重外修，心理和行为、心理健康与身体健康相辅相成，是一体的两面。

"克己"是"修身"的基本要求，在"克己"的基础上，"修身"即要内省，时常观照自己的思想，反思自己的行为，遇事反求诸己，从与现实情境互动的过程中，"真实地"反思自己的言行举止。所谓"真实地"而非仅停留在"想"的层面的反思，是指通过反思自己的言行举止，根据现实情况切实地付诸实践去调整、改善或缓解。很多学生表示自己受到"过度自省"的困扰，这往往是因为过度地纠结于说错一句话、做错一个举动、一个不善意的眼神等引起了人际关系的不协调、矛盾和冲突，然后又在这个恶性循环里重复，但当问到他们做出哪些具体行动去解决这种矛盾时，很多学生的回复是"没有"，或者"不知道"怎么办。这里的误区在于，反思仅仅停留在"思"的层面，而"行"没有跟上，故而在意识层面陷入了"糟糕至极"的状态。因此，"修身"的第一要务是内省加行动起来。

二　"克己修身"是通往心理健康的必经途径

"克己修身"要坚持"正心"，心术不正、口是心非、居心不良会让每个人"健康"的根基发生偏移，是非之心、得失之心会影响每个人的明辨力和判断力，让我们滑向"争""抢"的极端，又求而不得、诉而无闻，最后心理失衡影响健康。"克己"是要端正心态，端正为人处事的初心，端正律己之心，不符合自己身份的事情不去做，谨慎地对待遇到的人和事，并且持之以恒，保持定力，坚守大学生的德行，正确认识大学生的身份和社会地位、影响与责任，自觉地承担起应负的各种责任，就像一个直立行走的个体，挺直腰背才会让身体的各个脏器各就各位，呼吸顺畅，身体自然就健康一样，让自己德位相配，自然心理就会健康起来。

"克己修身"是通往"齐家、治国、平天下"的必由之路，自我的修养是通往个体智慧开启、道德人格养成的必由之路，也是每个君子通往天下大同的必由之路。从微观来看，"克己修身"的目的是不断自我净化、自我更新、自我提高和自我完善，"克"和"修"的对象不是别人，而是自己，而且仅仅停留在"说""想""思"的层面不是真正的"克己修身"，必须落实到实践中和行动中，这样才能让自我成长，激发自身的积极性和自觉性。因此，让每个个体健康起来的不是别人，一定是每个个体自己。所有的外部辅助手段都只能一时地缓解或者改善个体的心理健康状态，持久的、较为稳定的心理健康状态一定是每个个体自觉、主动地运用各种方法进行调节和改变而达到的，而我们认为个体能达到的心理健康最高水平是道德人格的养成，而养成道德人格的必由之路是"克己"和"修身"。

第三节　"和谐平衡"是心理健康教育的价值追求

一　《大学》中蕴含的"和谐平衡"思想

"格物致知"、"明明德"和"亲民"，这三个词语分别出自《大学》里的"古之欲明明德于天下者，先治其国；欲治其国者，先齐其家；欲齐其家者，先修其身；欲修其身者，先正其心；欲正其心者，先诚其意；欲诚其意者，先致其知；致知在格物。格物而后知至，知至而后意诚，意诚而后心正，心正而后身修，身修而后家齐，家齐而后国治，国治而后天下平"和"大学之道，在明明德，在亲民，在止于至善"。

社会主义核心价值观，就是一种德，既是个人的德，也是国家的德、社会的德。国无德不兴，人无德不立。如果一个民族、一个国家没有共同的核心价值观，莫衷一是，行无依归，那这个民族、这个国家就无法前进。想在天下弘扬光明正大品德的人，就是新时代所需的"新君子"，君子先要学会如何治理好自己的国家，让国家变得强大，人民安居乐业；而要想治理好国家，就先要学会管理好自己的家庭，使之和睦温馨；要想管理好家庭，先要修养自身的品性，规范自己的行为；要想修养自身品性，先要端正自己的思想，直视自己的内心，不偏激不偏信；而要端正思想，先要使自己的意念真诚，发掘内心的本性、良知。最终途径是通过直视本心使之不受外界的干扰，在抵御外部侵扰和诱惑后寻得本性，得见良知。所以儒家认为，人心受到忿激、恐惧、好乐、忧患等情欲的影响会不得其正，而心必须有所诚求，才能不乱而正。所以，"欲正其心者，先诚其意"。"诚意"的关键在于"格物致知"。只有对人情物理的认识提高了，才能服膺义理，主动克制情欲。

所以我们发现向内求的"修身"是根本，保持、光大自己的良知，不要被物欲私心干扰，不要自欺欺人，提高自己客观认知事物的能力。这种"致知"不是通过获得更多知识从而达到"诚意"。知识本身是一种规则，是复杂抽象事物本质上的固定和具化，而知识并不能让我们达到"诚意""正心"的效果。所以"格物致知"也是最终的一种自我心理建设和认知觉醒的方法，通过"息心止念"，格除各种欲念对自己良知的干扰，从纷扰的外在杂念中寻找到事物的本质和自我的本性，这种本性是向善和至善的，与天道地德相融通，达到内外的和谐。

自古至今，关于"格物致知"，不同的理学家有不同的见解。"格物致知"、"明明德"和"亲民"，在现实层面对大学生完善自我、发展良好的社会功能具有指导意义。

儒家思想提倡内修与外治，自古至今许多古人先贤秉承着"修身、齐家、治国、平天下"的远大抱负。《大学》润物细无声地雕琢着华夏儿女的意识，内化成一代又一代有志者的行为要求，他们追求更加完善的人格心理状态，实现更宏大深远的人生意义。《大学》将生命的历程层层铺设在阶梯之上，进而鼓励我们追求更高更深远的人生目标。联系大学生活，从踏进校园的那一刻起，人生的画卷就在迎面缓缓铺开。大学生是胸有成竹，还是茫然无措？最主要的区别是《大学》所强调的内修和外治。内修——着力于积淀人文学识，丰富人类精神世界，奠定民族思想基石，实现人类心灵的自主发展；外治——积极参与社会实践，对社会问题有所思有所感亦有所悟，对祖国和民族的未来有"我要贡献一份力量"的自觉自知。

格物致知，首当积累。按照朱熹对格物的说法，某物中有一理，应是遍求，对一草一木、一山一水都应逐一格过，对万物之理则均当理会。格物首先是一个累积程序，不要太简便，然后，以此类推。于一事上穷尽，其余可类推。可把天下事情分类，于同类上同理，知一则足，这就是相类而推之理同。再者，是贯通，是对认识事情的一种长期累积、顿悟的过程。今日格一件，明日再格一件，积习既多，然后脱然自有相通处。《大学》中格物致知要表达的意思是学习者要通过接触和学习天下的万事万物，用自己已有的知识去探究这个世界，经过长期的积累，总有一天能把这些学习的知识豁然贯通，到那时，就能把万事万物的原理认识清楚，就能达到理解这个世界的原理或真理的程度，而自己内心的智慧就会得到增益，没有什么会被蔽塞的了。融会贯通是要掌握全部的道理，做到相通相融，但前提是积习既多。而融会与贯通既是认知过程，也是学习目的。在"格物"以"致知"的过程中，陆九渊认为不仅要"格物"，还要对周围的环境进行观察和研究，只有依靠对外界的深入了解和掌握，才能真正理解这个世界蕴含的规律和本质，更好地发挥人的智慧和能力，从而实现人与自然、人与社会的和谐平衡。

朱熹认为，通过"致良知"的过程，才能真正挖掘出人性中的优秀品质和潜力。"良知"这一概念最早是由孟子提出,原文是"人之所不学而能者,其良能也;所不虑而知者,其良知也",在这里"良知"是一种善性,是个人无须学习的与生俱来的特性。直到"格物致知"这一概念被提出,多个时期的学者对其进行了探讨研究,在王阳明"心学"理论中,他认为"知"应该译为"良知","致知"译为"致良知"时,含义应当是以良知为行事标准,从而将良知延伸到万事万物当中。此时以"心"为万物本源,"知行合一"与"致良知"是一体的。凡事要规整到心中去,没有一丝私欲和私念,纯粹自然。这样,我们才知道"良知"的本质是怎样表现出来的。我们可以将"良知"理解为:个人天生的本性是善良的,因此对万事万物都抱有宽容的态度,把坏事往好处想,把好事往更好处想,这就是"良知"。而"致良知"的最高表现形式就是做到"知行合一",先学会某些知识,明白某些道理,在面对人或物时,具体情况具体分析,将其融会贯通于实践当中,但前提都是要对得起自己的"良知"。总体而言,"致良知"与"知行合一"的概念,对个人本性做出了诠释,也为个人的行事立下了判断标准,同时加强了个人内心的道德感。心态的构成直指本心,以良知为标准,规范个人行为,此时个人就拥有了不俗的道德素质与修养。"知行合一"体现了知与行的和谐平衡发展,"知行合一"既是现代心理健康的培养要求的体现,也是大学生培养道德人格的基础。

"明明德"在儒家精神的传承中占有重要的纲领性地位,从微观上可以理解为教化人们在知行合一中修习内圣外王的学问和途径,光大人们内心本来具有的良善品性;从宏观上来理解,是向人们宣导如何处理在"天人关系"中遭遇到的无常变化。在现实生活中,那些对自身的生存和发展会带来影响的变化往往是不可见的,基于这样的事实,中国古人把人的心灵视为社会发展的根基,认为人是独立于天与地的存在,但与西方独立精神所不同的是,中国古人认为人是要在"参天地"的过程中获得与天地一样能够"自强不息""厚德载物"的德行,从而德配天地,成为顶天立地的"人"。"明"的不仅是人的良善品质,还有能与"天地"并立的德行。从以上的分析可以看到,"明明德"的过程蕴含着深刻的人与自然、人与社会、人与自我、人与他人和谐平衡的思想。

"知止"而后才能有定,定心才能静心,静心才能安心,安心才能为现在和未来思虑,思虑谋划之后才能有所得。知止第一个境界是知道自己的"定位",找准定位后能让自己的情绪和心境与周围的环境相适应,而不是一山望着一山高,自己为爬不上山而懊恼,或者为进退两难而惴惴不安。因为定位适合、清晰而感受内心的平静和平和。知止的第二个境界是知足常乐,让自己能安心于当下,对当下所拥有的一切感到满意和满足,不再对未知的未来感到恐惧和焦虑。知止的第三个境界是至善,达到内外的和谐平衡。"为人君,止于仁;为人臣,止于敬;为人子,止于孝;为人父,止于慈;与国人交,止于信。"

当代社会对人的诱惑太多了,真假信息爆炸式增长,大学生极易内心迷惘,在自我定位的波涛里浮沉,很多大学生沦为精神的"流浪者"。格物致知侧重于归止,并以"明明德"和"亲民"为根本任务。在时代和社会的洪流中,保持和谐平衡是心理健康的核心价值。

二 《大学》倡导的个体内部和谐心理系统

(一) 意识与无意识的和谐

"意识"是一种觉知,即认识,表示"观察者"觉察到了某些"状态"或"事件"。认识对整个身体的精神过程组织、理解与控制都具有高级作用,包含不同的心理层次状态,如由无意识到认知再到注意力的一个持续体的心理。具体而言,认识包含无意识行为、潜意识以及注意。第一,所谓无意识行为,就是人体血压的控制、神经系统的控制等这类行为感知了自身生理的改变而有所反映,但人自己却没有感知。在有些情况下,某些通常非认识的行动能够自觉地实现。比如通过练习有意识地控制个体呼吸的模式。第二,人们的潜意识埋藏在心底、无法接近的地方,构成了精神世界的重要部分。如本能冲动、创伤心理或影响个人身心行为的活动都被排斥于注意以外，并被抑制于潜意识之中，从而直接或间接地影响着人的心灵状态和活动方式。第三，所谓的注意，则只能当个人注意被吸收过去以后才获得意义的记忆，并在整个个人心理的背景中默默地起作用，直至某个特别需要注意的情景发生。因为自由意志会压制人本能的欲望，将它们压抑在潜意识中，而潜意识又会因此逆反意志，进而影响行为的呈现。所以两者经常产生矛盾冲突，心理疾患也因此而产生。"所谓诚其意者，毋自欺也。"使自身的意念真实，也就是不能欺骗自我。"如恶恶臭，如好好色"就像是讨厌肮脏的气味一样憎恨罪恶，也就像是喜欢漂亮一样喜欢善良。唯有如此，才可以说你的人意念很真诚，心安理得。所以道德修养高贵的人应该很小心地看待单身独处的时候，让自己规行矩步。"此之谓自谦。故君子必慎其独也。"唯有在意识和潜意识之间达到统一平衡的状态，才能在意识层面上达到和谐的状态。达到协调一致，就是让内心达到一个真实、稳定、平衡的状态，这样个体才能有好的发展。

（二）心理过程和行为的和谐

心理过程由认识过程、情感过程和意志过程组成，它们之间紧密相连、相互影响和制约。人脑中获取或使用信息的行为或处理信息的行为，是人的最基础的心智活动过程，包含了情感、认识、记忆、思考和表达等；人脑中对客观事物是否能适应自己的心灵和精神需要所形成的态度感受，是人脑中适应客观事物需要的情绪或情感表现；人有意识地设定目的或为达到目的而进行控制和调整活动的心理过程，称为意志过程。行为是个体的反映活动过程，由各种反映方式的行为构成。心态决定行动，又通过行为表征出来。意识和情感的冲突会使情感失衡产生健康心理障碍，而意识和行动之间的矛盾又会产生认知失调和混乱，所以所谓健康心理便是意识、情感、意志和行动之间的调和，故而中国古代常称君子的品德是"知行合一"，而小人的行为是"知行不同"。"小人闲居为不善，无所不至。见君子而后厌然，掩不善者，而著其善。人之视己，如见其肺肝然，则何益矣。此谓诚于中，形于外。故君子必慎其独也。"讲的是人的心灵什么样，相貌也就一定会有怎样的行为表现。所以，真正有道德修养的人可以独立地生活时，也会很小心地让自己规行矩步。儒家认为人的一生是身心一致的，之所以"德润身，心广体胖"，是因为"诚于中，形于外"，君子以"慎独"做到"知行合一"。而所说"欲正其心者，先诚其意；欲诚其意者，先致其知……知至而后意诚，意诚而后心正"，正是说明意识和情感之间的密切联系。意识与情感均处于个人心理意识的中心区域，恼怒会使人盲视而偏激，害怕则会使人懦弱而狭隘，同时过于注重自我喜好也会使人心理意识范围狭隘，正所谓"身有所忿懥，则不得其正；有所恐惧，则不得其正；有所好乐，则不得其正；有所忧患，则不得其正"，从而"心不在焉，视而不见，听而不闻，食而不知其味"。只有端正我们的情绪情感，扩大我们的意识范围，才能更加客观、科学、多角度地认知事物。人有长处就有不足，对人的认知也就需要"好而知其恶，恶而知其美"，所以《大学》强调"知行合一""君子慎独"，从而实现心理过程和行为的和谐统一。

（三）人格的和谐

人格，是构成一个人的思想、情感和行为的特有的统合模式，其中个人的需求、动机、兴趣爱好等决定了个人从事社会活动的方向性和基本动机，而个人的能力、气质和性情则反映了一个人的心灵面貌。《大学》中劝导个人要从"诚其意"和"慎其独"的修身上下功夫，尤其是生活在相对独立的环境中时，更不能以自己的个人倾向僭越现实而肆意妄为；要注意自己的起心动念，心意同一，知行合一。在克己修身上下功夫，能准确、客观地认识现实，认同和接纳自我、他人与环境，有相对的自主性和独立性，但又不脱离自然与环境，建立健康的、道德的、整合的人格。

三 《大学》提倡的个体外部和谐心理系统

心理和谐是个体的认知、情感、意志等内心活动处于平衡、协调的状态，既体现在个体内部的心理和谐，也体现在个体与外部环境的和谐，包括个体与他人关系的和谐、个体与社会关系的和谐和个体与自然关系的和谐。《大学》所表达的"齐家、治国、平天下"中的"国"也可以理解为个人的行业领域与职责范围，"天下"可以泛指所有和个人生命息息相关的一切领域。当代君子通过不断地修身修心，进而实现与家人、周围人关系的和谐，与行业领域和社会环境的和谐平衡，最后达到与自然和众生关系的和谐。

（一）个体与他人的和谐

个体和他人之间达到平衡和谐的状态，便是人际关系的和谐。人们从事各种活动的重要目的，是满足自身各类关系需求，建立和维持与他人的关系，比如亲子关系、朋友关系、同事关系、与权威的关系以及亲密关系等。人际关系的好坏对个体的心理健康有重要的影响，甚至还对我们寿命的长短有影响。我们如何评估自己与他人的关系？有的人看起来人际关系很丰富，身边总围绕着很多人，但彼此的心理距离却很远，当遇到困难的时候，没有有效的人际支持资源；有的人看起来好像人际关系很单薄，但彼此之间心理距离却很近，尤其是核心的人际关系很和谐。《秦誓》写道："若有一介臣，断断兮，无他技，其心休休焉，其如有容焉。人之有技，若己有之。人之彦圣，而心好之，不啻若自其口出。实能容之，以能保我子孙黎民，尚亦有利哉！人之有技，媢疾以恶之。人之彦圣，而违之俾不通，实不能容，以不能保我子孙黎民，亦曰殆哉！"个人和他人之间的相处基于信任和真心而不是敌意和恶意，要真心地赞美别人的优点，并介绍给更多的人认识，不是表面赞美，暗地打压、重伤，更不是遇到比自己优秀的人就去嫉妒和压制。如果是后者的话，人际关系会逐渐恶化，甚至对一个单位和国家产生严重的后果；如果是前者的话，则能与他人欣然相处，知行合一，建立良好、和谐、积极向上的人际关系，并对自己周围的人和环境产生良好的促进作用。

此外，要维持人际关系的和谐，需要认识到人与人之间存在各种情感和认知偏差，这种偏差容易造成人与人之间的矛盾和冲突，因为"人之其所亲爱而辟焉，之其所贱恶而辟焉，之其所畏敬而辟焉，之其所哀矜而辟焉，之其所敖惰而辟焉"。人们对待自己亲近的人会有所偏爱，对待自己厌恶的人会有所厌弃，对待自己畏惧的人会有所敬重，对待自己同情的人会有所祖护，对待自己轻视的人会有所轻贱。人们往往会带有个人的偏见、爱好和情感而产生人际交往的偏倚，虽然这是人之常情，但如果我们总是带着这样的偏见去与人相处，一定无益于自身修好，无法实现自我与他人的和谐相处。所以，如果我们对自己喜欢的人能发现他们的不足，对讨厌的人能发现他们的优点，"君子不以言举人，不以人废言"，即便不能做到"不偏不倚"，但能做到慎独守正，这样个人与他人的关系就能基本和谐。"君子有诸己而后求诸人，无诸己而后非诸人。所藏乎身不恕，而能喻诸人者，未之有也。"品德高尚的君子总是自己先做到，然后才要求别人做到；自己先不这样做，之后才要求别人不这样做。儒家君子的和谐人际关系是采取这种推己及人的方式，一切反求诸己，人际和谐的核心也在于"克己修身"。

（二）个体与社会的和谐

人的个体性和社会性辩证统一、相辅相成。社会是由人和环境形成的关系的总和，社会是人和人存在的形式，离开了人就无法组成社会；人是社会的人，离开了社会，人也难以生活。社会需要是个人需要的集中体现，个人需要又必须在一定的社会条件下通过一定社会方式来实现。个人也只有在履行社会责任的过程中，才能使自身的人格完善、道德提升，个人的人生价值是在服务社会的过程中得以实现。"所谓治国必先齐其家者，其家不可教而能教人者，无之。故君子不出家而成教于国。孝者，所以事君也；弟者，所以事长也；慈者，所以使众也。……《诗》云：'桃之夭夭，其叶蓁蓁。之子于归，宜其家人。'宜其家人，而后可以教国人。《诗》云：'宜兄宜弟。'宜兄宜弟，而后可以教国人。《诗》云：'其仪不忒，正是四国。'其为父子兄弟足法，而后民法之也"，体现的正是个人与社会角色的和谐。"宜其家人""宜兄宜弟"，家人、兄弟和睦了，然后才能够让一国的人都和睦。"民之所好好之，民之所恶恶之，此之谓民之父母。"民众喜欢的东西，我们就支持，民众讨厌的，我们就远离，虽然并不是所有民众的意愿都是合理的，但尊重他人的意愿，谨慎地对待这些意愿和情感，是每个君子融入社会环境、服务社会所需要做的。

个人和社会团体的和睦需要"所恶于上，毋以使下；所恶于下，毋以事上；所恶于前，毋以先后；所恶于后，毋以从前；所恶于右，毋以交于左；所恶于左，毋以交于右。此之谓絜矩之道"。当一个人实行推己及人的恕道，关系就会和睦，发展到整个社会，整个社会自然就会和睦稳定。"见贤而不能举，举而不能先，命也。见不善而不能退，退而不能远，过也。好人之所恶，恶人之所好，是谓拂人之性，灾必逮夫身。是故君子有大道：必忠信以得之，骄泰以失之。"所以，"君子"要践行"守正"的行为准则，而骄奢放纵就会失去和谐的关系。《大学》还提倡人际交往中的责任关系，如"为人君，止于仁；为人臣，止于敬；为人子，止于孝；为人父，止于慈；与国人交，止于信"。个人必须在整个社会上担当起相应的责任，才能让整个人类社会共处其位，各谋其职，从而实现个人与社会的和谐平衡。

（三）个体与自然的和谐

"天人合一"的思想是中华民族五千年来的思想核心和精神实质。《大学》开篇提出"明明德"，人之明德源于"天之明命"，人要通过修德以配天。这里可以借用《易经》中的"天行健，君子以自强不息；地势坤，君子以厚德载物"来稍加理解。古人认为，天是生生不息的，不论发生什么事情，明天的太阳会照常升起，所以君子要像天的运动般刚强稳健、自强不息；大地母亲承载万物，有山川河流、风霜雷电，能让参天大树生长，能让巨兽生存，同样也能让一棵小草、一个浮游生物有生长的机会，即便人类在大地上农耕、采石，甚至是排泄污水，但大地母亲依然在包容人类，并让大地上的每一个生物能够生长繁衍。所以，君子要像大地母亲一样，有宽厚的包容心和宽容力，有海纳百川的胸襟和气量。人生存于天地之间，得益于天地的照拂与养育才能繁衍生息，所以君子要效法天地，顺应天地的规律，让君子的身心修养像天地一样自律、和顺，让君子的内心世界像天地宇宙一样平静、规律，内在世界和外在世界联通顺畅，从而达到个体与自然的和谐平衡状态。

"皇天无亲，惟德是辅"（《尚书·蔡仲之命》）表达了"天"并不会按照血脉来亲近人，唯独辅助有"德"的人。君子的"德"上承于天，下受于地，如果人不去了解自然世界，顺应自然的规律，仅停留在人与自我的关系上去摸索工作，会走向以自我为中心、狂妄自大的危险境地，也会走上秩序混乱、内外失衡的危险道路。

第四章 《大学》的心理健康教育目标

第一节 "格物致知"达到自我身心和谐的目标

"格物致知"是中华传统文化中的重要智慧，是经典儒家学说《大学》"三纲领""八条目"的核心基础。"格物致知"可以理解为探求事物的原理，从而获得智慧。该词出自《大学》开篇之"大学之道"："大学之道，在明明德，在亲民，在止于至善。古之欲明明德于天下者，先治其国；欲治其国者，先齐其家；欲齐其家者，先修其身；欲修其身者，先正其心；欲正其心者，先诚其意；欲诚其意者，先致其知；致知在格物。物格而后知至，知至而后意诚，意诚而后心正，心正而后身修，身修而后家齐，家齐而后国治，国治而后天下平。"后来，人们把这几句话称为《大学》的"三纲领""八条目"。"格物"和"致知"即"八条目"之二。

《大学》中所提出的八条目，全面地概括了贯穿中国现代的儒家政治哲学思想的核心三观，并以此引出了一个儒家的核心方法论，即成为中国儒家"君子"的方法路径——格物、致知、诚意、正心、克己、修身。这在一定程度上表明了儒家对于个人基本道德以及基本素质修养的追求，而齐家、治国、平天下，则不再是追求个人的修养，而是将其上升到了诸如家庭、国家、天下等这一系列更高层次的社会道德维度上。从现代社会个体意识到现实世界，从古代儒家的个人道德逐渐转变成近代儒家的天下大德，儒家思想在潜移默化中层层递进。

对"格物致知"比较主流的解释有朱熹以及王阳明的观点。朱熹认为"格物致知"就是通过对事物及道理的仔细观察获取知识。而与朱熹同时代的另一位著名人物陆九渊，则认为"格物致知"意在把对物质的欲望去除从而获得天理，反对在不顺从本心的情况下去求知。明代王阳明与朱熹的理解有所不同，他认为："先儒解格物为格天下之物，天下之物如何可格得？且谓一草一木亦皆有理，今如何去格？纵格得草木来，如何反来诚得自家意？"因此，在王阳明看来，"格物"与"致知"是两件事情，"格物"要理解为正物，"致知"要理解为致良知，所以"格物致知"应该改变顺序，变为"致知格物"，即"致吾心之良知于事事物物"。上述几位儒家学者对于"格物致知"的理解整体偏向个人的道德修养，而在清末时期，"格物致知"却被称为"格致"，此时对它的理解更多的是倾向于一种自然科学理解，是对物理、化学等自然科学的统一称谓。

一　积极心理视角下的"格物致知"

理解"格物致知"的难点还在于我们要分拆每一个字所表达的含义，而其含义则要不断地结合儒家学说的思想、上下文所表达的含义去探知。有的对"格物致知"一词进行研究的人通常将这四个字直接译作"探究事物深层次的本质及其原理，从而让自己获得真理或知识"。这样的理解往往容易导致研究者只注重单个文字含义的表象，将其当作处理事情的一种方法论来看待，而忽略了对于内心的建设与挖掘。当我们从积极心理学的角度去看待"格物致知"这四个字的时候，一片新的天地便打开了。我们再进一步去挖掘，"格物"就是抵挡、限制他物的诱惑干扰，"致知"就是阻断、控制杂念从而以自己的良知、本心去客观冷静地认识事物。

于是，我们发现这里的"知"不只是知识，而是良知（人天生的判断能力、认知能力），也就是内心那面映照外物的镜子，可以理解为客观地认知事物的能力而不是认识客观事物的能力。这句话说起来可能会有些绕口。举个例子，比如孟子说看到小孩快掉到井里时，人不需要想太多，自然会想去救。如果这时你还在思前想后，判断各种利益得失，那就不是良知了，而是被蒙蔽了良知。这里的"良知"不仅是道德判断力，更是一种更基本的、人天生就有的分辨是非对错的能力。简言之，就是限制、阻挡外物、杂念、私欲等对本心的干扰，从而感受自己的本心、良知，更好地认知和处理一切。当我们的内心被杂念、私欲所扰，被外物所扰，我们往往感受不到良知、本心。

《大学》所讲的格物、致知、诚意、正心，修身、齐家、治国、平天下，是一套心理健康成长，人格、道德建设和提升的路径。前者在修心，后者在修行，先正心才能用于行动当中，所以结合前后便知道"格物致知"的重点不是去分析事物的逻辑，而是对自我内心的一种深层次的探究，去发掘自身被杂念阻断的本心。没有感受到良知、本心，没有启动良知、本心，也即不能客观、诚实地看待事物，德行无从谈起，人心无以自立，我们认识事物也好，做事情也罢，都容易被各种既有的观念、思维模式、利益关系所误导。

儒家对赤子之心、浩然正气的存养，道家对天道的敬畏、对小聪明的鄙弃、对朴拙之心的抱持，佛门对明觉正知的守望，这些都是类似的。王阳明在《传习录》中，将儒、佛、道各自表述的赤子之心、明觉、道心视为等效。

二 "格物"的含义

朱熹高度重视"格物"，认为格物是儒家思想和佛家思想的重要区别。在朱熹看来，佛家由于忽视格物，容易沉空守寂、颠倒错乱。朱熹对"格物"的含义有两种不同的理解：第一种"物"，是具象化的某一种事物本身，那么此时的"格"就要理解为"至"或"到"的意思，"格物"就是具体落实在事物本身上。第二种"物"，是事物本身存在的真理，那么此时的"格"就要理解为"一种目的"，"格物"就是指一种追求事物存在的深层真理的目的。在这里，"格"被称为"穷"，这实际上说明了"格"是在一个有限的范围内进行的活动，在程度上不断延伸和深化，其最终目的是要对一切事物有透彻的了解，不仅包含植物、动物，还包含思想以及情感等。正是因为这个"物"的存在，"格物"不是一种单调活动所能概括的东西，而是一种以"物"本身为基础进行真理探究的活动。

那么到底什么是"格物"呢？又应该如何"格物"呢？少年王阳明也对这个问题比较困惑，对着庭院里的竹子"格"了七天七夜，最后因为一无所获而放弃。朱熹前期把"格物"理解为分析外事外物以求事理，这也导致后人在学习和认知中出现了偏差，后来清人甚至把物理学译为"格物"。王阳明此时的态度正是他和朱熹主要的不同之处，他没有像司马光一样解释"格物"，但他把"格物"理解为在处理实事实务中去修心、去炼心。这是王阳明和朱熹最根本的分歧之处。但是，王阳明也并非全盘否定朱熹，所以他一边推崇朱熹，一边通过对前人的研究来论证自己的理论。后来，他找到了朱熹晚年一系列关键书信，非常清楚地证明：朱熹在眼疾之后，意识到自己向外求的格物思路错了。王阳明如获至宝，门人在《传习录》后也专门附上了这些书信原文，它们的确能反映出朱熹晚年思路的转变。

王阳明认为："耳目口鼻四肢，身也。非心安能视听言动？心欲视听言动，无耳目口鼻四肢，亦不能。故无心则无身，无身则无心。但指其充塞处言之谓之身，指其主宰处言之谓之心，指心之发动处谓之意，指意之灵明处谓之知，指意之涉着处谓之物，只是一件。"（《传习录》）王阳明与朱熹对"格物"的理解不同，王阳明心学理论重视"意之所在便是物"，"意"是由"心"发出，所以，"意"的本体是"知"，"意"之所在便是"物"。因为"物"不仅仅是"看得见摸得着的东西"，还包括看不见的东西，凡所应接的都是"物"，这些"物"便成了中性词，不再有对错、好坏之分。于是"格"便有两个方面的含义，一方面是正其不正，另一方面就是"穷尽"。"知"是良知，良知是不学而能的，也就是孟子四端说里的"是非之心，智之端"（《孟子·公孙丑》)。

由内至外的内心才是对"格物"最好的诠释。把"物"训练为物，是"物之所意"。一方面，是"物者，事也。凡意之所发必有其事，意所在之事谓之物"（《大学问》）；另一方面，"问：'身之主为心，心之灵明是知。知之发动是意。意之所看为物。是执此否？'先生曰：'亦是。'"（《传习录》）。这种"善物"使心灵始终处于一种纯净的状态，从而使本体处于一种无恶的善的纯净状态。这就是《大学》里所说的"止于至善"，而"善物"的价值在于"止于至善"。

在王阳明的眼中，"意义"与"行"之间存在着另外一种因果关系，心中所有的善在被推延扩展到它的极致程度后也能产生行动之上的一切善。所以他说，他自己是自然地非常专注于那一刻所有的思想，正义的萌生是必然的，在发展的过程中都是以功夫的沉思为主。也就是说，善是指一个人应尽其所能扩大他心中已存在或已存在过的一切善和善的感情，并应努力摆脱邪恶的思想，纠正一切邪恶的思想。在王阳明的眼中，格物修身就是要去积恶来归善，去人物欲来存天理，致于良知。

三 "致知"的含义

关于"致知"，在朱熹的观点中，"知"不仅是知识的体现，还应囊括道德方面的内容。在《朱子语类》中，"知"包含"所闻之知"与"德行之识"两方面内容。"致知"的重点在于"致"，而这里的"致"可以理解为"推"，这个过程是利用知识去探索新事物，从而获取新知识。通过越来越多的"推"，获得的知识也会相应增多，然后我们就可以知道所有的事情以及要说的话。"知"就是利用我们现在已有的知识，去学习更多的知识，探索更多的未知，从而达到知行合一的境界。

关于"致知"，王阳明与前人的理解又有所不同，他在晚年的时候，认为"知"应该理解为孟子所说的"良知"，那么"致知"也就应理解为"致良知"。孟子说："人之所不学而能者，其良能也。所不虑而知者，其良知也。孩提之童无不知爱其亲者，及其长也，无不知敬其兄也。"（《孟子》）良知是先天的，不依赖于教育和环境而先天具有的道德意识和道德情感。王阳明继承并发扬了孟子的"良知"思想，王阳明的《传习录》中记载："夫良知者，即所谓是非之心，人皆有之，不待学而有，不待虑而得者也。"王阳明还认为，良知，不假外求。良知是一种判断道德价值的标准，不是从外界得到，而是个体本来就有的内在特征。可以看出，良知是先验的是非准则，是内在的道德判断和道德评价体系。良知作为一种意识的独立结构，具有对意识活动进行指导、监督、评价和判断的作用。"良知"与弗洛伊德提出的意识结构中"超我"的概念相似，都被理解为内在的道德判断，但不同的是，《大学》中的"良知"并非与"自我"和"本我"割裂的意识存在，而是个体的一种先天觉知善恶的能力，不需要教育和环境的影响。从这个角度理解，"良知"是"本我"也就是"原始我"中就存在的，"致良知"能贯通本我、自我和超我，如果能做到"致良知"，就能使个体实现本我、自我和超我的有效沟通、协调，实现自我的一致性。

"良知者，心之本体，即前所谓恒照者也。"良知是心的本体，心能主宰身，是因为心本来就是虚灵明觉的，朗照一切。良知是作为人的内在道德准则，是人人都有的，不论是圣人还是愚人都固有，所以这样的良知也是天下的"大本"，不仅具有先验的性质，而且是具有普遍性的品格和品质。"良知是造化的精灵，这些精灵，生天生地，成鬼成帝，皆从此出，真是与物无对。"这里的"良知"可以理解为一种自然的基本规律，也可以称为"道"，一种宇宙万物自然遵循的规律，离开了"良知"，天地万物就没了根据。作为"造化的精灵"，良知是精神性的实体，人作为自然世界的有机组成部分，人的良知与自然的良知是同体同心的，一脉相承，也就是人先天的内在道德准则，与自然的规律是相通的。更准确地说，应该是人先天的内在道德准则是承袭于自然的规律，当作为精神性实体的人的良知与自然规律一致时，就能"应感而动"，同样，人如果能回应这种先验的良知的感召，则能体验到人与自然宇宙同体同心的和谐之感。这也就是现代心理健康教育所提倡的个体内外和谐一致的健康境界。

王阳明还认为良知无动静，"动静者，所遇之时也"。心是身的主宰，心是良知的本体，良知可以是动，还可以是静，动静取决于"时机"。良知的动静变化虽然没有定则，但有理可循。王阳明提出："良知是天理之昭明灵觉处，故良知即天理。"表明天理因为至公而朗明，所思和所行没有偏倚，不会不公正，所以个人如果愿意致良知，就能达天理，也就是像天理一样心意无偏无倚，即"正心"。但如果不愿意顺服良知，则是因为被自己的私欲所蒙蔽。除此之外，人不是只怀有善良的意图就是完整的道德主体，还要将良知付诸行动。如果一个人怀有不良的意图、自私的贪欲，即使他抑制或约束了自己的行为，他仍不是一个有道德的人；如果一个人怀有善良的意图，但因为嫌弃这件善事太小不去做，或者顾虑自己的举动会招来他人的误解、嘲讽等，而不去做，那么他的道德也是不完整的。所以，王阳明认为，良知本体是虚而不实，功夫是实而不虚。要去除欲望和思虑的障碍，必须踏踏实实地去做；孝敬亲长，热爱国家民族，遵循道德规范，必须认认真真地践行，只有在实践当中，才能内化这些道德情感，将其上升为道德意志；学问思辨更是要脚踏实地地积累，学习来不得半点虚假，知道就是知道，不知道就是不知道，就算假装自己"会了""懂了"，但只要一开口，马上就会显露自己到底学到、悟到了什么程度，这是装不了的。"良知也者，是所谓天下之大本也；致是良知而行，则所谓天下之达道也。"人人都有良知，但能致之和不能致之有很大的区别。问题在于，是否把良知贯彻到行为中。王阳明晚年强调良知是人人皆有的，只是很多人无法"致其良知"，也正因为容易被私欲蒙蔽，违背了良知，不去实实在在地用行动践行良知，所以无法实现"致"。所以，王阳明晚年强调的是知行功夫的合一，你觉察到了，感知到了，认识到了，还要做到，做好，做扎实，不是今天做了，明天就不做了，或者今天做好了，明天就不认真做了，而是要从始至终贯彻落实自己的良知，即知之必行之。

最后，"致良知"的目的是达到圣人的境界，换句话说，在当代的意义上，是能培养出君子的"道德人格"。"心之良知是谓圣，圣人之学，惟是致此良知而已。自然而致之者，圣人也；勉然而致之者，贤人也；自蔽自昧而不肯致之者，愚不肖也。愚不肖者，虽其蔽昧之极，良知又未尝不存也。苟能致之，即与圣人无异矣。"每个人心中的道德都是完满完善的，也是拥有完整人格的，这是成圣的内在依据，也是人人都能拥有"道德人格"的内在依据。但在"成"人的过程中，每个人因为环境、经历、遭遇和教育等，对内心的良知的坚守和努力践行的差异导致了人与人的差别。孔子成为圣人，能做到随心所欲而不逾矩。作为普通人的我们，如果逃避良知，并不是因为我们没有圣人一样的能力，而是因为我们不老老实实、脚踏实地地遵从内心的良知去修和行，心甘情愿地跟随内心的私欲，最后沦陷在各种情绪、情感和混乱思维的迷局中不可自拔。

王阳明在晚年的时候提出四句教法："无善无恶心之体，有善有恶意之动；知善知恶是良知，为善去恶是格物。"我们不从哲学或伦理学的角度来探讨这四句教法的含义和结构，从心理健康的角度来看，可以理解为："心"作为情绪和心理感受的主体没有是非对错之分，心的本体没有喜怒哀乐，没有阻滞和偏执，就和自然、宇宙一样，无喜无怒无滞无执，而这就是无善无恶心之体。各种情绪是在人与环境互动的过程中产生的自然反应，那是什么让我们对情绪产生了是非对错好坏的区分和评价呢？王阳明认为，是人的执着，或者执念导致的。一旦产生对某个人或某件事的执着就会因为偏见而扭曲善恶，并且做出偏执的行为，产生不良的后果，正是这些不良的行为后果让人们对"七情"（也就是心理健康当中所说的情绪）产生了好与坏的区别。人们产生了对情绪的评价，就有了人的意念活动，人的起心动念变了，这些念头就是人们对人、对事的私心、私欲，有想要得到的，有害怕失去的，这些念头就有了善恶之分。"良知"是有动静变化的，并不是停滞的，我们的这些起心动念并不是坏事，如果我们不知好坏、是非不分、颠倒黑白才是坏事，所以，良知的真正功能是让人们知善知恶。显然从字面上讲，格物就是为善去恶，就是修身养性。当然，只要是往善的方向就都算是为善去恶了。我们以手机、电脑、网络为例来讲，手机、电脑和网络作为工具，本身无善恶之分，合理正常地使用工具，它能为人类带来方便，但如若过度使用，人被工具役使，成为工具的奴隶，丢失了主体性，那手机、电脑和网络就成为恶了。

"为善去恶"对今天的人而言，一方面，是要恪守良知，摸着胸口做人做事，这就是王阳明讲的"格物"；另一方面，就是用良知来遏制工具理性的恶，用良心天理导正科技发展的方向，这也是当下时代的命题。

虽然知行合一、无善无恶是圣人追求的至高境界，但在现实生活中，普通人很难达到这一境界。所以，在心理健康的层次，能够做到知善知恶并付诸实践，就能使自己的内在人格统一，使自己与外界和谐。

四 "格物致知"达到自我身心和谐

朱熹始终认为，"格物"与"致知"是相互统一的关系。它们既不是两个相互排斥的过程，也不是两个相互矛盾的事物。而探索事物本身以及事物存在真理的过程，就是加深已有知识、收获新知识的过程。换种说法，"格物"和"致知"就是用两种不同的方法来讨论同一个事物。"格物致知"的最终目的是充分发挥自己的认知能力，深入地了解一切，在淋漓尽致地探索事物真相的过程中，避开大多数的障碍。在王阳明的"格物致知"思想中，"格物"思想与"良心"思想是统一的，两者区别不大。

正所谓"物格而后知至，知至而后意诚，意诚而后心正，心正而后身修，身修而后家齐，家齐而后国治，国治而后天下平"，讲的就是以自我完善为基础，治理家庭，直到平定天下。由此可见，人自我身心的和谐是多么重要。它不仅能够提高个人素质，更能为我们到达成功的彼岸提供莫大的帮助。对于普通人来说，我们也许做不到治国以及平天下等大事，但是格物致知、诚意正心、修身齐家，却是我们做人、成长、安定的根本指导。

只有学习和掌握各种知识，发现事物的内在逻辑和发展规律，获得知识，才能使人的思想真诚；思想真诚后心灵才能端正；心灵端正后才能修养品德；只有品德修养好，才能把家庭管理好。在现实中，"格物"就是纠正对事物的不正确认知，包括对自己的重新认识。我们只需要把这些东西摆正，当它们落在具体的某件事情上时，才能纠正它。这就是"格物"的"格"。"格物"与"致知"是一体的。当在生活中遇到特定的事件时，我们调节自己的内心，就可以把原本不习惯的心理行为慢慢训练转变过来。也就是说，要学会教育自己，训练自己。

良心是我们的天性，本就有足够的光芒。三个宗教的目的是恢复这一使命的性质，回归到探究人类良心的本质。佛家称之为佛性，每个人都有如来的智慧和美德；道家称之为归根归命的宁静，即真实的人；儒家用天命指称人的本性。无论是良心、佛性、真人，还是本性，万变不离其宗，背后隐藏的是我们真实的面目。所以，要获得知识，首先要相信自己有和佛一样的良心，良心决定了本质。正如王阳明先生所说，什么是决心，只有记住自然，那才是决心。

所以，我们要把凡事都规整到心中去，没有一丝私欲和私念，纯粹自然。这样，我们才知道良心的本质是怎样表现出来的。当良心的本质显现出来，没有任何私欲和其他的思想，它是纯洁和清晰的，那么每一个思想都是真理的法则和天理，这就是真诚。真诚的意义在于心无私欲杂念，专心致志。

优秀的人往往能够极度专注于某件事情，艺术家也好，学生也罢，那些能在某一领域有所成就的，往往是能够全身心投入的人，也就是"诚心"至成。一个作家是否优秀，不光取决于他的词汇量大小，还取决于他是否展示出超凡的想象力，更取决于他是否全身心地投入到创作工作中，秉持着创作出好作品的诚心，心甘情愿地坐在椅子上一字一句地撰写，反反复复地修改。艺术家更是如此，要达到一定高度，除了天分，还要有热爱这项艺术事业的诚心，拼命地练习，才有可能在某一艺术领域有所建树。积极心理学将这种完全的沉浸称为"心流"，获得心流体验的人，往往会有所成就。

真诚的基础是"致知"，即实现真正的"知"。这个地方的"致"就像是交付了什么东西或实现了什么东西，"致知"才能获得这样的真知。如果所谓的"知"确实能符合内在规律及其逻辑关系，那就是真正的知识和良心。如果没有实现，你在表面上、理性上、逻辑上所知道的，就叫作虚假的知，而不是你内心的真实表现。真正的"良知"，每个人的内心都有。

"心之本体则性也，性无不善。"其实这个地方也隐藏着《孟子》的性善论。既然人性是好的，怎么会有坏的倾向呢？所以我们应该"正心"。如何使"心"的活动完美而彻底？要真诚。我们的心一直在活动，但如果它活动得不完美，那么就是存在不正。然后怎么办？要想真正使"心"一直是积极的，一直是正直的，那么我们的心理活动就要真诚。要努力做到"凡其发一念而善也，好之真如，好好色。发一念而恶也，恶之真如恶恶臭"。这就像看到了赏心悦目的东西，一看到就喜欢上了。这就是"心"发挥出了原本的"意"，所以意思是真诚的。如果我们把握住了这个初心的起点，诚意这件事就能做好，充分发挥"心"的功能，就不会有任何缺陷。合起来说的就是一件事——修身。修身又可以用五个字概括，即"身心意知物"。身之主宰便是心，心之所发便是意，意之本体便是知，意之所在便是物。最终使我们实现人生价值，获得内心安宁。

这样，就达到格物致知、诚意正心，整个过程的修炼也就是所谓的修身养性。心是身体的主人，心灵所产生的就是意，意的本质是知识，意所在的地方就是事物。最后，我们意识到生命的价值，获得内心的平静。

第二节 "诚意正心"达到知行和谐的目标

"诚意正心"，一开始是儒家提倡的一种修养方法，后多被理解为心思端正、为人诚恳。该词语出自《大学》中的"欲正其心者，先诚其意"。在中国古代，儒家所倡导的内在道德修炼过程中的"正心"即无邪而正意。诚意就是要做到真诚，做到不欺骗自己。

儒家认为，人的心在愤怒、恐惧、快乐、烦恼等情绪的影响下不会是正确的，而心必须是真诚的，才能避免混乱，选择正确。因此，"欲正其心者，先诚其意"。"诚意"的关键在于"格物致知"。在《大学》中，"知至而后意诚，意诚而后心正"的前一句就是"物格而后知至"。只有对人情物理的认识得到了提高，才能相信正义，自己才能做到主动克制欲望。只有意义本身是真诚的，灵魂是纯真正确的，个人道德也是完善的，家庭才会形成父母与孩子关系的和谐，治国平天下的政治理想才会实现。"诚意正心"就是实现真诚状态的必经途径。

一　朱熹"诚意"说：反思自我、规范自我的道德意识

通常来说，道德意识具体指的是对于某种"应当"或者某种道德准则的相同认知，以及当我们在意识到或者观察到某种行为时，该行为是否符合我们心中对"是否应当"的判断。这种判断一般是在某种行为发生之后，或者在另一种行为发生时才会生成，也就是说，做出我们心中的道德判断，需要有某一种行为的发生，朱熹的"诚意"说就是以这种道德判断为基准。

"自修己身"的始发点就是"诚意"。在"格物致知"之后，我们就来到了第二个也是至关重要的层次。善为知之始，诚为行之始。在朱熹看来，要讨论知与行，那么就应当是知为先，知较轻而行较重，这就体现了"诚意"其实是行之始。当然，在这里，"行动"依然是一种意识范围内的"行动"，并不是一种意识范围外的"行动"。那么这里的"诚意"就应该理解为，人本身在刻意去除存在于意识活动范围中的邪恶，用以确保内心剩下的意识活动都是绝对理性的。当内心存在的任意意图都向善向好时，我们接下来的"修身"活动才能不受阻碍、一步到位。"诚意"的内容是不欺骗自己。自欺的人知道行善，远离恶事，

但他所做的都不是真的。在这里，"自欺"是因为自己先做到了"知善除恶"一事，换个说法，即"知"一件事是因为自己先做到了"格物致知"。当我们意识到自己应该做什么（此时仅仅是一种意识上的活动而非行为），但不采取行动时，就会出现自我欺骗的情况。

要想防止这样的罪恶，首先是转变意识。当一个人意识到"本应如此"时，就有了"不愿如此"的自觉活动，也就有了"应该"和"不愿如此"的意识。当一个人意识到他不愿意这样做时，他必须克制和消除这种"不愿意"，使他的意识符合"理性的过程"。"诚意"的努力用在这一刻。"诚意"之始，是判断一个人的意识活动的善恶，即判断数字。善与恶出现在意识之初，被称为"几"。

整体来看，在朱熹的"诚意"说中，他认为的"诚意"是一种反思自我、规范自我的道德意识。在这里，"反思"的含义是，人们根据自己大脑或者内心中已经存在的"应该"做出选择，在选择中给出"善"，与此同时将自己内心的想法"规范化"，让这种"应该"或者想法与"善"达成一致。朱熹对两种善进行了划分，或者说分析了给予善的两种不同方式。给出善意的人是好的，那么获得善意的人也是好的。天地之道，善先，性在后。送出的是好的，天生的性格会变成个性。在人类的文明中，自然是第一位的，善良是第二位的。这两者之间的区别就在于一种强调"性"的美好，而另一种强调"精神"的美好。天地存在的理由是"性"，而天地的"性"是"至善"的存在，所以称为"善性"。人的心是"诚意"的，那么按照"性原则"就可以将其分为"善"或"恶"，故为"意善"。从时间的角度看，前者是通过对客体的认识，从"自然理性"中获得的"善"，后者是在人的意识开始散发的时候，通过人本身对这些意识的考察以及判断，最终选择获得的"善"。从这个角度看，"善意"就是通过"诚意"的不断努力而形成的。

朱熹认为，"正心"时即"存心"时，即仔细考察各意识，考察各意识产生时的善恶，即"密察"时。换句话说，"正心"这件事本身就是"诚意"的拓展和保证，其本身不构成单独的修己身的内容。

二 王阳明"诚意"说:"诚意"是随附性的道德意识

王阳明认为,"诚意"应该是将反思自我、规范自我的道德意识转化为依附性的道德意识。"良知"的含义是对自己意图的伦理价值的直接认知,也就是说,在做某件事时立即意识到它的善恶,即"诚意"是与意识到当前活动同时存在的自我偶然意识。

"《大学》之要,诚意而已矣。"在这里,王阳明所谓的"要",不再是同朱熹论"诚意"那般将"诚意"作为重中之重,而是将整个《大学》的观点都包含在"诚意"之中,即"格物""正心""致知"等重要篇章都只是"诚意"的体现,或者说是"诚意"的另一种表述。在《大学》序中,王阳明曾提出一个观点:要做到"诚意",首先需要完全理解并做到"格物"。做到"诚意"是为了达到名为"止于至善"的境界,而想要达到至善,最好的方法就是"致知",也就是造良心。朱熹和王阳明对于"致知"的不同阐述体现了两人间的理解分歧。

在朱熹看来,"致知"是"知之"以及"知致",也就是说,不但要知道真理,而且要知道广阔极致的真理。而在王阳明的思想中,"致"是向外、丰富、延伸的"至",而"知"是"良知",王阳明并非将"知"作为一种"理性"的知识。"良知"应该先作为一种情感价值来直接体现,然后才能成为"致良知",这种情感价值的体现不应该受到任何事物的阻碍。

在王阳明的思想中,"至善"不再是"以礼结尾"那样的具体道德要求,而是使这一具体道德要求蓬勃发展的"能量",即"心"和"良知"。假如这种情感价值得到体现,后续的心灵意识以及实际行动无法为其补充"能量",那么邪恶就会压过善良。与此同时,虽然这种情感价值没有得以体现,但我们本身也会意识到它并未发生。这种情感的价值感是一种强烈而直接的意识(感觉本身就是意识),即"良心自我认识",或"对良心的自我认识"。这种"能量"是能够使我们的情感价值得到直接体现的根本"良心"。这种直接的价值感受以及在特定情境下的后续意识，被王阳明称为"意"。

"诚意"就是在这种现实的情况下进行的。例如，在一个老人摔倒的情况下，我们会有一种情感价值介入（直接参与到情境中）和被感知的价值驱动。这时，要么遵循内心的情感价值最终产生帮助的意识，要么因为其他因素（比如害怕勒索），我们的情感价值被压下去，最终产生不帮助的意识。王阳明认为，所有这些意识都是"思"的"义"，而"义"中对是非的认识以及判断就是"良知"。"诚意"本身就是在许多这样的现实情况下，根据良心的判断，如果是善意识就会跟随它，如果是恶意识就会抛弃它。

在这里，我们可以看到王阳明对"诚意"的重新诠释与朱熹的一个主要区别。王阳明"诚意"说的基础在于明辨善恶的良心，即对自身意图中的伦理价值的直接认识，即能区分出自内心的本善与私心。而良心之所以能够自动区分善恶，是因为良心对这种情感价值有一定的意识认知，这是可以被直接意识到的，它偏离了与事物相对应的意图。因此，这种"诚意"不需要有任何前提，包括朱熹提出的"格物"。在朱熹看来，每个人的"诚意"在对善恶做出判断之前，都需要有认知的"理"存在，这需要培养以及练习。但王阳明认为每个人的"诚意"对善恶的判断应当是直截了当的。

三 "诚意正心"达到知行和谐

所谓"诚意"，即意义是真诚的，由意义形成的心就是正确的。当然，心是诚的，意才会诚。两者可以视为一体，但整体与部分可以同等视之。每一滴水都是清澈的，那么泉眼就一定是清澈的，则泉水也应该清澈。当我们喝了泉水，分析了泉水，我们就能知道泉水里有什么杂质。这些杂质是贪、恨、痴的表现。然后，我们可以将水直接提取出来，再通过转化使其恢复清澈。我们喝的泉水，我们感知到的泉水的品质，就是每时每刻感知到的心的意图。通过这个意愿，我们感知它背后的善恶，然后直接净化它，让意愿变得真诚，这样心本身也变得真诚。

所以，"正心"的关键在于"诚意"，而"意诚"能使"心正"。

整体而言，所谓"正心"，就是指一个人无论在做任何事之前，首先要有正确的态度、完善的动机和良好的心理出发点，就是用心去想，去纠正，既不能以自己为主，也不能主观偏向他人，做到"正心"。

我们的心其实是非常大的。所有的感觉、情绪、觉知、记忆、思维、意识等都属于心。佛法用"色、受、想、行、识"五蕴来概括心灵。那么心灵是由什么构成的呢？简单来说，如果把心脏比作一个硬盘，那么硬盘中的所有程序和数据又是从何而来？当然是从外部拷贝而来。当我们回想成长的过程，我们生来心中几乎没有内容，只有伴生的感知能力，我们的眼睛能够感知光线，耳朵能感知声音，身体能感知冷暖、疼痛以及饥饿。由于这些感受的存在，我们会产生一些本能的反应，诸如哭、笑、呐喊等。伴随着大脑发育、身体发育、感知到的外界各种信息，心的功能开始变得越来越多，我们开始有更多的情绪，慢慢地会有更多的认知，甚至一点点生成自我意识，而自我意识也会有所不同，会产生分歧、贪婪、嫉妒、喜欢、执着等意识。心理世界越来越复杂，小孩慢慢就会成长为大人。

在这个成长的过程中，环境是影响我们的最大因素。无论环境中出现什么样的信息，懵懂的孩子都会像海绵一样吸收。如果环境充满负面情绪，诸如贪婪、仇恨、愤怒和自私等，那么孩子的内心世界也会充满贪婪、仇恨、愤怒和自私。如果环境中充满正面情绪，诸如谦卑、勤奋、孝顺、冷静、平和等，那么孩子的内心世界就会充满谦卑、勤奋、孝顺、冷静、平和。在有一定的情绪后，心灵就会引导身体产生语言、情感反应、行动，而行动会产生最终的结果。由此，我们可以了解到身心和谐的具体关系，从而知道"正心"的重要性。

心的世界很大，我们很难一下子看清自己的心，更别说瞬间把心一键还原为性本善的至善状态了。各种光明的、黑暗的、隐藏的甚至都不可知的善恶妄念杂合为心，乃一合相。故怎么着手呢？从意入手，因为不管心有多复杂，心总要显化出来，显化出来的就是意，心之所发为意，这个"意"就是每个当下的起心动念。这就好入手了。

事实上，我们很难一次或者几次就看清楚自己的心，更不用说让心在一瞬间达到"性本善"的美好状态。各种光明的、黑暗的、隐藏的甚至是不可知的善恶思想混在一起，是一个阶段。那么我们如何开始呢？我们从思想开始，因为无论心有多复杂，思想总是能表露出自己的真实想法，而心产生的思想，是每时每刻都在变化的思想。此时此刻，你能够意识到在你脑海里闪过的想法，或者你正在说的话，或者驱使你行动的想法。这时只有你自己才能意识到当前的思考。如果你进一步真诚地审视它是好是坏，是美是丑，你的心就一定会越来越清澈。于是，一念为善，就会越来越善。这样好思想就能诞生且迅速增长。同时，能够遏止已生的恶念，且不要生出未生的恶念。这样你就能拥有美好的思想、光明的心。

第三节 "克己修身"达到物我和谐的目标

一 "克己修身"的含义

"修身"出自《大学》，是个人与家国天下的分界点，首先得做到"格物致知"以及"诚意正心"，才能继续往"修身"这一部分进行。

在中国的传统文化中，修身养性是一个极为关键的环节。以中国古代典籍而论，"四书五经"无疑是代表。"四书"分别是《大学》《中庸》《论语》《孟子》。《大学》在"四书"中排在第一位，它的第一页就有关于"修身"的论述。《礼记》中也包含着《大学》这篇文章，而《礼记》是"五经"之一。所以，"四书"和"五经"中都有修身的存在。

王阳明认为，诚信是修德的根本途径。良心生而饱满澄明，之后因私欲而失去澄明，因此需要知识来恢复澄明。如何知道？在这里王阳明提出了"致知"的两种方法，分别是"内求"和"外扩"。内心的追求需要保持"诚意正心"，方法是尊重自我修炼和反省，一方面保持心灵的纯净无污，另一方面去除私欲的杂质，恢复身心的清净，使"此心纯乎天理，而无一毫人欲之私"。王阳明强调既要"扫除"私欲和杂念，又要"自然顺应"外界事物。"外扩"是他更强调和注重的方法，即在事上多多磨炼。他敦促他的侄子和弟子们，在他们所有的行为中都以良心为标准，"诚意正心"，保持真理，去除欲望，保持尊重，省察克治。他反对空谈，反对不切实际的苦干，要求弟子们努力学习，否则就是"空谈"。王阳明运用"内求"和"外扩"的知识功夫，有效治理家庭。他十分重视"改过"和"行善"。他以孔子的变法和自省能力为榜样，劝他的弟弟和侄子大胆地变法，不犯严重的错误。王阳明希望以诚待人，以诚修身，恢复自己的本心。

假如一个人连"克己修身"都做不好，那么他一定做不到齐家。而连治理一个家族的能力都没有，何谈拥有治理国家的能力呢？更遑论为世界和平做出贡献。这就体现了"克己修身"的巨大作用。纵观中国历史，可称为修身典范的人物和事件数不胜数，关于修身的格言更是不胜枚举，其中蕴含的各种真理以及经验一直沿用至今。以社会层面为出发点，决定人本身价值高低的关键，不是人本身获得的社会益处的多少，而是人本身为社会做出的贡献的多少。古时孔子在修身的过程中主张杀身成仁的观点，而孟子在修身的过程中主张舍生取义的观点。司马迁认为："人固有一死，或重于泰山，或轻于鸿毛。"难道其中就没有区别吗？生命本身的价值是不一样的。那么，如何提升自身价值呢？四个字——"克己修身"。这四个字能让我们超越原始状态，进入有意识追求的崇高状态。如果你想进步，甚至是做出于社会有益的行为，都要通过"克己"来实现。所以，不断战胜自我，不断超越自我，你才能成为强者。"克己修身"不是自我约束，不是人格压抑，而是自我解放。

儒家崇尚的是，以追求"至善"的完美独立人格为一种道德理想境界。从道德哲学层面而言，儒家认为要学会自我完善，从而超脱成为"圣人"，换言之，"圣人"就是德才兼备的人，"为天地立心，为生民立命，为往圣继绝学，为万世开太平"，在中国古代的传统教育中，这种宏大的理想抱负得以完美体现。以孔子创办私学为开端，儒家的道德理想教育在各种私学、书院中不断得到传承。对于正处于社会转型时期的中国而言，如何在当前的社会形势下完成个体完善人格的培养是一项紧迫的任务。儒家思想所确立的完美道德理想，则对这项任务具有启发意义。

在中国的传统社会中，儒家的"克己修身"在道德教育方面首屈一指，在社会教化方面则是循循善诱。如"己欲立而立人，己欲达而达人，己所不欲，勿施于人""生于忧患，死于安乐"等均为儒家经典名言，也暗含着"克己修身"的各种道理，并为人们的行事树立起了标杆。中华民族的尊老爱幼、诚实守信、舍生取义、自强不息等传统美德，都离不开儒家文化的教化。在儒家看来，修身是一个人成为"圣人"的起点，也是提高个人能力，保持家庭和谐、社会和谐，甚至实现天下太平的基础。在儒家文学中，"修身"的概念经常被提及。除在历史上留下浓墨重彩外，儒家的"克己修身"学说在今天也毫不过时，尤其是对青年大学生的道德修养的培养，有着里程碑式的意义。综上所述，青年大学生的"克己修身"主要应该是培养刻苦学习的精神、合作奉献的精神、乐于助人的精神以及坚持实践的精神。

二　"克己修身"达到物我和谐

第一，我们要了解儒家的学习观，同时培养坚持不懈、勤勤恳恳的学习精神。孔子说："发愤忘食，乐以忘忧，不知老之将至。"荀子亦云："学不可以已。""克己修身"开始的标志应当是学习，也是人们成长并学以致用，为国发光发热的重中之重。儒家认为，学有所成并非一朝一夕之功，因此要做到终身学习，涵养省察，慎独自律。古有祖逖闻鸡起舞、匡衡凿壁偷光、孙敬悬梁刺股，我们从小就耳濡目染这些刻苦读书的故事。我们反复了解这些故事就会发现它们的共同启示：想要成为一个品格完善的人，就要学会将"慎独"和"克己"都贯彻到日常生活中。也就是说，只有一次次地在社会实践中磨砺自己，用知识填充自己，才能使自己品格完善。在浮躁之风盛行的今天，人们往往将时间浪费于无关紧要、毫无益处的事情上，在贪图享受、纵欲无度的过程中，慢慢耗尽精神与道德修养。我们要培养完善的品格，就必须学会"克己"，以学习来填补精神的空洞。

第二，在学习知识的基础上，我们要了解儒家的知行观，并做到更深一层次的境界，即"知行合一"。孔子认为"言忠信，行笃敬"，这是对一个君子的基本要求。而朱熹称"道之以德者，是自身上做出去"，即有道德的人是将道德贯彻到行为上去的人。在儒家思想中，知行观是一种"克己修身"的关键理论。"知行合一"是"观"和"行"的结合体，即表述为理论和实践相结合。有些人认为理论容易理解，实践难，即知道比做容易。王阳明认为，理解真理固然重要，但实际应用也很重要，要实现远大的理想，必须脚踏实地，并且掌握方法。这种处事之道和人生智慧完全是王阳明留给后人的财富，足以使人终身受益。按照儒家思想，知识和行动必须是一体的，学"知识"的目的就是"行动"，而只有将学到的"知识"转化为具体的"行动"，这些已被掌握的"知识"才具有现实意义，反过来说，想要学"知识"也只有先"行动"起来，落到实处的"行动"才能产生真正的"知识"。因此，学习中要把"知行合一"当作唯一基本原则，简单来说就是"读万卷书，行万里路"，刻苦学习，才能学到知识，但不能纸上谈兵，要物尽其用。实践中最忌讳的一点就是墨守成规，不能融会贯通，要学会在"行动"中查漏补缺，这样才能真正做到"知行合一"。

第三，在做到"知行合一"之后，我们要进一步了解儒家的一个极为关键的思想——"仁义"。孔子认为，"己欲立而立人，己欲达而达人，己所不欲，勿施于人"。诸多儒家经典中，道德修养的起点都是"仁"。而"仁"在儒家的流传中又具有多重含义。首先，"仁"要求人应该以仁德为本去追求完善的品格，儒家推崇君子处事，应该像天一样，自我力求进步，刚毅卓绝，发奋图强，不可懒惰成性。其次，"仁"要求人以诚信为本，在交往之时要以和谐为先。

第四，"仁"是一种不可动摇的思想，要学习"仁"，就必须坚持"仁"。以正义与利益为儒家思想的论点，这两者都对生命的发展有益。但当正义和利益不可调和时，它们对生命的意义又可以做出不同的诠释。当人们的生命过程中义与利的矛盾加剧，难以平衡时，儒家更加看重义，认为义的获得远远高于利的获得，更认为义才能赋予生命永恒存在的意义。重义轻利，就是将义比作大多数人的利益，将利比作少数人甚至只是自己的利益，此时协调它们之间的关系时更重要的就在于懂得抉择物质利益与道德品质。整体而言，儒家的"仁义"思想，更多的是教会人们如何在日常生活交往中与他人互相尊重，主要讲究的是仁义、正直、礼貌，同时了解"义"与"利"孰轻孰重，并学会如何抉择。要实现这样的目标，人就应该先学会"克己修身"，同时加强对个人社会责任感的培养，学会发挥团体精神。在物欲横流的当下，仅靠缺乏责任感与现实感、道德失范的说教已经不能满足整个社会发展的需要，为此，儒家思想中的"仁""义""礼""智""信"无疑是当代青年大学生思想道德的标杆，青年大学生可以据此培养互帮互助的合作精神、大无畏的奉献精神，同时加强集体认同感和强烈的社会责任感，这样才能更好地在社会中实现人生价值和抱负，更好地为和谐社会的建设和发展做出贡献。

"克己修身"，智商和情商缺一不可。中国传统文化中的修身只有两项——修气和养性。修气养性，就是要有涵养。孟子曾有言："吾善养吾浩然之气。"何为"气"？"其为气也，至大至刚，以直养而无害，则塞于天地之间。其为气也，配义与道；无是，馁也。"而且这是持续的，"是集义所生者，非义袭而取之也。行有不慊于心，则馁矣"。至于"养性"，儒家的"仁"即人之本性，是爱心，是真心。只有真正具备了爱心和真心的人，才会具备"仁"的美德。那么，什么又是"德"呢？儒家把人比作一棵大树，德即树之根、做人之根本，而财富只是树的枝梢。"德者，本也；财者，末也。"根深才会叶茂，树才会生长旺盛。品德高尚的人才会得到社会的赞许、世人的尊崇，才会获得真正的财富，健康长寿。所以儒家认为"仁"为德本，德为人之本，这才是为人处世的原则。克服极端利己主义和自我放纵是当前道德教育的主要任务。而道德教育的底线可以用一句古语概括——"己所不欲，勿施于人"。随着社会不断发展、生活水平不断提高，人们无穷无尽的欲望也难以得到满足，而"克己修身"则是抑制欲望泛滥不可多得的良药。我们在这方面流传下来的原创思维经验，应该在世界范围内传播和发扬，使其在精神领域中发挥拯救人的作用。

简而言之，修身就是"克己修身"，紧紧围绕着儒家的核心思想。修身是儒家历来强调的文化，修养是一切的出发点，自我修养的必要前提就是"克己"。当然，随着时间的推移，中国文化将儒家文化作为立身之本，许多具有普遍性的思想也逐渐形成。青年大学生更应该从儒家的"克己修身"中领悟到适于自己的修身之道，通过不断地"克己""律己"来学习知识，加深自身文化底蕴，将所学付诸实践，鼓励自己为社会做出贡献，成为一名合格的共产主义接班人、合格的社会工作者，以身作则，将"克己修身"贯彻到底，实现自我的人生价值。

第五章 "格物致知"与大学生学习心理

第一节 "格物致知"对学习的启发

一 "格物致知"对学习的传统理解

"格物致知"在儒学思想中属于修身之始,保持、光大自己的良知,不要被物欲私心干扰,不自欺欺人,是提高自己客观认知事物能力的基础。这种"致知"不是通过获得更多知识来实现,而是通过"意诚""心正"。

在此,我们可以先将其做如下理解:自身广泛地学习知识,用心研究某事或某物的细微之处,通过亲身实践做到"知道"二字,去理解事物所蕴含的道理。它的侧重点在于以学习知识为探究事物的基础,同时以行动证实真理的存在。

从古至今,各代名家对"格物致知"的解释大不相同。其中较有代表性的有两种,一是通过格除物欲,从而获得智慧,二是通过端正对待事物的态度,从而达到一种良知高尚的境界。但目前最为贴切的解释来自《现代汉语词典》第7版,该词典将"格物致知"释为"推究事物的原理法则而总结为理性知识"。

"格物致知"从起源上来看,属于中国传统文化万千认知理论中的一种,中国古代科学技术的发展离不开其所蕴含的道理。在"格物致知"诞生及初期发展阶段,诠释它的意义基本以道德为主。至宋代时,心学派继承了其初期的意志,仍以道德为大方向诠释"格物致知"。但当时的理学派则更为宣扬其所蕴含的道理以及衍化出的精神，这一层面的理解对宋代科学的影响较为深刻。直至明清时期，受当时大环境影响，人们最信服的反而是"实践出真知"，对"格物致知"的诠释也从理论根本上发生了巨大转变，进而为近代中国学习西方科学技术奠定了基础。从近代到现代，几乎所有西方科学技术都以经典的"格致论"为代名词。

这里所讲的"格致"由两个概念组成，分别是"格物"与"致知"。以中国传统文化而言，两者是密不可分的，所以它们通常是可以当作相同词语来用的。简而言之，在中国博大精深的文化以及深层哲学内涵中，"格物致知论"是一种关于学习认识世界本质的方法或途径的理论。以字面意思而言，"格"可释为"研究的意义"，"致"则释为"要获得义"。"格物致知"就是以学习知识为探究事物的基础，同时以行动证实真理的存在。现代认识论就是这种解释的具象化。事实上，其他大部分出自中国哲学的概念与"格物致知"所要表达的意义是相通的，仍然包含着价值论、时间论、知行论等。或者换个说法，典型的中国传统观念就是如此，真、善、美应当是三位一体的。对于这一概念的解释，各代名家对其理解和看法不同，侧重点也就会有所不同。

朱熹认为，"致知"的重点在于"致"，而这里的"致"可以理解为"推"，这个过程是利用知识去探索新事物，从而获取新知识。通过越来越多的"推"，获得的知识相应增多，然后我们就可以知道大部分的事情以及要说的话。"知"就是利用我们现在已有的知识，去学习更多的知识，探索更多的未知，从而达到无所不知的境界。

王阳明认为，格物，正如《孟子》中的"惟大人为能格君心之非"一样，是除去人心中不正确的想法，而回归到本体的纯正状态。王阳明实际上是把"格物"等同于"恪心"了。然而，格取"各"音，恪亦取"各"音，也无所谓错与对。所以，朱熹讲的"格物致知"还勉强有一些科学和理性的成分，说人格物后得到真知做个明白人，而到了王阳明这里就纯是伦理之学了。"格物致知"在王阳明这里也就是"恪心致良知",说人要恪守良知做个致良知、得天理的人。"知"应该译为"良知",那么"致知"也就应该译为"致良知"。良知应该是一种判断道德价值的标准,而非其他。"致知"译为"致良知"时,含义应当是以良知为行事标准,从而将良知延展到万事万物当中。在王阳明的"格物致知"思想中,"格物"思想与"致知"思想是统一的,两者并无区别。

那么,假如将"格物"以字面意思进行翻译,即"格除物欲",当然是不符合其所蕴含的深意的;而将其引申为更深一层意义,即"通过探究事物本质,从而获得关于知识的真理",也同样是对其认知不深刻的表现。

第一种,假如仅靠去除本身物质欲望,从而达到修身的目的,那么想要做到"齐家、治国、平天下",自然只是空想。假如经济发展停滞,科技发展也就无以为继,物质生产会受到极大阻碍。物质有限,而社会依旧存在的情况下,温饱难以得到保证,动乱自会发生。以明清时代为例,当外国从以上两方面超过中国,我们就会受到欺辱与压榨。这也反映了以"格物致知"表面意思而进行的修身是无法做到后续的"齐家、治国、平天下"的。

同样,假如将经济发展和科技发展作为头等大事,对向善的思想道德以及向上的精神境界置之不理,也是行不通的。资源有限,而欲望无限,若是无法教化引导人们的本心,即便物质生产再多,欲望也无法被物质填满。不同的欲望相互碰撞,就会产生各式各样的争端,争端最终带来的只有伤害。以此为由,只重视经济发展与科技发展,将道德教育抛之脑后,会引起无尽的争端。

总体而言,"格物致知"所蕴含的真意涵盖了方方面面。我们可以单独看每一个字,"格"可以译为"推究标准","物"可以译为"所有的事物","致"可以译为"致与引导","知"同"智",可以译为"知道"或者"智慧"。那么,"格物致知"就应该译为:自身广泛地去学习知识,用心去研究某事或某物的细微之处,同时以亲身实践做到

"知道"二字，就能获得事物本身所蕴含的真理。

我们通过刻苦努力一定能学习到知识，却未必能通过努力学习到智慧。何为智慧？智慧是一种可以对事物进行观察并迅速认清其本质的特殊能力。智慧也不是与生俱来的。如何获得智慧？关键就在于对每一件事都要细致观察，从中得到启示后，还要反复斟酌其始末，并从中找到一些看似不相关或是别人无法发现的细节关联。事物存在于我们身边的每一个角落，无数问题也在时刻发生，但以此作为一种"格物"来磨炼自己的人却寥寥无几。世界很大，诸多与我们息息相关的问题都值得我们探究，如未知的浩瀚宇宙、奇妙的万物生命、玄之又玄的意识存在等，但是绝大多数人懒惰成性、碌碌无为，以他人之言作为自身未知问题的答案，只有极少数人事必躬亲，对万事万物抱有好奇、怀疑，同时通过自身不断地努力去探寻未知，寻找真理。追本溯源。所以在某些固定领域要想取得突破性进展难上加难。

当我们理解了"格物致知"所蕴含的真理后，所遇到的问题就不再是难题了。当我们真正把眼前的大部分事理解通透了，慢慢就会理解这个世界的本质以及存在的真理，同时也会因为认识到了自己的无知而对世界保持敬畏。由于心存敬畏，我们追求真理的意念也就会变得越发真诚，从而达到端正心灵的效果。因为用心是真诚的，所以达到了修身养性的目的，从而使得言行端正、心灵无邪，在不知不觉中，家人也会受到影响一起被教化。以个人为本，影响到家庭中的每一个人，再到不同家庭之间的互相影响，使互帮互助成为一种常态，尊老爱幼成为一种美德，遵纪守法成为一种规矩。在这样的条件下，国家以法为规矩、以道德为基准进行自然治理，渐渐地世界就会向和平发展靠拢，减免冲突。纵观历史长河，各时代各国家人民的思想和信仰都是大不相同的，并由此产生了无尽争端。所以要想世界和平，那么世界的主流必然应该是所有人都认同的宇宙真理，此时的世界就将以善良、爱、无私、宽容和谦卑为为人之本。

事实上，《大学》里提出的"格物致知"，并非一开始就作为一种

"克己修身"的方法，反而代表的是一种简单地对事物进行定性定量的分析方法。古语有言："物有本末，事有终始。"而《大学》之道用"格物致知"法进行分析，要想达到《大学》中儒家思想"至善"的这一层境界，那么"诚意、正心、修身、齐家、治国、平天下"就应当作为获得真理的过程而存在。所以这里的"格物致知"，表明的是分析清楚整个事物的来源与最终的盖棺定论，以定静安虑为分析"格物致知"的基础。

因此，对于"格物致知"，不应该浅显地理解为其只包含一种含义，而应该联系其本身来源、各代名家对它的诠释以及当下的时代背景，这样才能真正理解其存在的深层意义。

二 "格物致知"对学习的当代理解

《大学》一文中指出"自天子以至于庶人，壹是皆以修身为本"，其中"壹是"就是一切。每个成年人都有能力修炼自己的道德素养，那么修身养性的唯一途径必须是人人都能做的事。因此，修身的对象、知识、真诚和正心都不应该是特别虚幻的东西。"格物致知"是不从外界寻求真理，此时的"知"可以看作人心所拥有的事物或真理，求知则不再是向外界寻求事物或真理。事情是理性的，心本来就知道。如果你不去做"格物"，精神上的知识和肉体上的知识就不会出现。在缓慢"格物"积少成多的过程中，外在的"理性"会开始有条不紊地表露明白，从而使心理上的"知识"条理清晰，越来越易懂。这样，一开始是"从物到理"的状态，接下来是"从心到知"的状态，二者合而为一，就初步做成了"格物"一事，直感觉豁然开朗、神清气爽。

以粗浅事物为例，将"格物"比作水源净化器，初时，我们用净化器将水源中的杂质去除，此时的杂质与我们心中的意念、欲望等物是相通的，即以我们的修炼本心为观察事物始末的基础，但"格物"的最终目的不是止于这种状态，而是要往更深一层进行修炼，达到以观察事物本身的始末来获得真理的状态。又比如，将"格物"比作庙里撞钟一事，那么此时的"致知"就应该是我们听到钟声的状态。在这里"格物"就是一件需要花时间花精力去做的事，而"致知"却是我们无须去做就能自然而然获得的状态。

所以，"格物致知"可以理解为，通过自身广泛地去学习知识，用心去研究某事或某物的细微之处，同时以亲身实践做到"知道"二字，就能获得事物本身所蕴含的真理。掌握了知识之后，将其运用于实践之中，分析判断万事万物。这样，就能达到格物致知、诚意正心，整个过程的修炼，也就是所谓的修身养性。这一切都归结为一件事，那就是修身。在拥有了辨别是非的能力之后，做到以诚待人、以诚待己，最后成为一个正心存德、品行高尚的人。

人是具体的、历史的人，人总是存在于他所处的世界中。社会是发展的，因此，当代大学生势必深受当代社会的影响，而具有不同于以往大学生的特征，其主要特征有多元性、开放性、实用性和迷茫性等。了解当代大学生的特征，有利于准确地把握大学生的思想动态，选择恰当的教育方法，有效地指导学生、帮助学生。

"格物致知"是儒家哲学的重要概念之一，在中华文化的延续传承中起着重要作用。自朱熹将《大学》从《小戴礼记》中挑出，与《论语》《孟子》《中庸》合称"四书"开始，"格物致知"这种或求于外物而穷其理，或求于内心而致良知的修养功夫，便从注重追求伦理道德的封建体制中脱颖而出。从战国末期发端，经历了汉学、理学、心学的发展演变，到明清时期西方科学传入，"格物致知"逐步从纯粹的伦理学范畴向认识论、方法论转变，并最终与现代科学结为一体，几乎完全摒弃了纯粹的伦理道德修养意义。这个过程既反映出儒学的曲折艰辛发展，也和中华民族面临危机时的应激反应融为一体。但这种变化并不都是积极的，在外来文明的冲击下，传统伦理道德观念逐渐崩塌，精致的利己主义思想不断发展，欲望和利益成为人不断追逐的人生目标，而关于"人"这一整体的探讨在社会上逐步缺乏，社会经济、科学技术在进步，可是作为本体的"人"却走向了岔道，心态不能平和，过于急功近利等急躁的情绪在社会上蔓延。

格物致知对修身来说是一个非常高的起点。所以对于大学生来说，博览群书、广交益友，对现实生活的一切产生真实的兴趣，做生活中的有心人是至关重要的。所以，大学生一定要首先培养自己注意观察、追求真理、热爱思考的思维和行为习惯，这些习惯将驱动着你去从书中、从生活中主动寻找自己的良师益友。从与人的交往中、从读书的思考中、从现实生活的问题中发现真理。这就需要具有一定的心力，做到"吾日三省吾身"，在学习、思考的过程中不能怠惰，主动在人世间寻求与他人的契合，养成对社会整体的真诚关怀，在人格上形成博爱的集体意志，进而由集体意志驱动自我的不停反思，达到自身的精进成长。正如《大学》中说："苟日新，日日新，又日新。"如果能在一天内洗净自己身上的污垢，焕然一新，那么就应当天天清洗，弃旧图新。日复一日，精进不已。又如，《大学》中说："《诗》曰：'周虽旧邦，其命维新。'是故君子无所不用其极。"《诗经》里说，周国立国虽然很多年了，但由于文王能日新其德，能接受上帝赋予的更新天下的使命，姬周显得年轻而充满活力。可见，那些执政者在亲民方面，总是时时处处用尽心力，追求达到完美的最高境界。统治者为了治理好国家对自身的要求尚且如此，大学生在求学中更应自觉改造，不断自新。如果大学生养成格物致知的思维习惯和行为追求，并在探索知识的过程中不断地"吾日三省吾身"、精进自新，那么，在就业创业的征途上，他们就算成功走出了修身养性的第一步。

当代大学生应提升道德自觉和修养，有一定的实践经验，具有较好的思维能力和与物质世界互动经验，在格物致真理层面有良好训练。以此为基础，若能完成格物致良知，则能为成才打下坚实基础。当代大学生（特别是理工科学生）功课繁重，学业压力较大，需选择合适的德育方式，比如重点突破（如注重理解和贯通"道德""良知""人性"等关键德育观念，真正读通一部经典），随后以点带面，逐步提高。根据当代大学生思维活跃、易于接受新生事物的特点，对重要德育观念要推陈出新，联系现实生活或最新研究成果，多学科、多角度、兼顾深度和广度，促进重要德育观念深入人心。根据大学生对科学技术的概念较为熟悉，对物质世界的知识和运行规律有较好的认识和领悟的特点，鼓励学生用科学方法观察自己、他人和社会现象并思考总结规律，用内省法提升道德自觉和修养，鼓励学生运用类比思维，像掌握物质规律从而建设物质世界一样掌握人的规律，获得充盈着智慧的内心世界、和谐融洽的人际关系和乐观幸福的生活状态。

第二节　大学生的学习特征与学习心理

要了解大学生的学习特征与学习心理，我们可以先了解"何为学习"。以中国而言，"学习"一词起源于孔子，由"学"与"习"二字结合而成。"学而时习之，不亦说乎？"是"学习"一词的一个出处。这句话现在解释为：在学了某样知识或事物之后，及时反复对其进行温习，不是一件值得开心的事情吗？

孔子对"学"与"习"二字的认知应该是标志性的，诸多古时的教育家也与孔子的理解大同小异，具体而言，"学"应该译为见识与听闻，即通过见闻来获取未知的知识以及未曾掌握的技能，这里的知识主要是指书本上的知识与感觉到的知识，偶尔会延伸至思考的层面。而"习"应该译为温习或获得，即通过温习来对获得的知识进行巩固，或者习得某项技能，偶尔会延伸至行的层面。"学"是以理论为主的一种获得知识的思想，而"习"则是以实践为主的一种学会技能的行动。那么"学习"就是主动学习知识，通过知识进行实践，从中获得技能，以此验证学有所得、知行合一的过程。

"学习"自古至今都是不可或缺的存在，无论是国内还是国外，诸多先贤乃至近代学者都对其进行了不厌其烦的研究。从广义角度来看，人和动物都可以学习，在探索前进的生活道路上，通过对事物的不同认知获得一些知识或经验，从而使得某些行为变得相对持久、存有记忆性，这一过程就可以称为广义的"学习"。从狭义角度来看，学习更加偏向于人的一种活动。人通过在社会中生活获得学习的机会，不仅是自身在生活实践中获取，同时也会与他人进行交往，此时就需要用到包括语言、动作在内的诸多行为，通过交流与模仿，逐渐自动掌握一些交往的社会经验，为自己积累下诸多课本以外的知识或经验，这一过程就是狭义的"学习"。

西汉时期，比较具有代表性地对"学习"进行定义的便是司马迁，他认为"学习"就是人们从阅读、听讲、研究中获得知识与技能的过程。他在《史记·秦始皇本纪》中说："士则学习法令辟禁。"以此为基础，"学"与"习"逐渐开始不以独字的形式存在，而是合二为一，变成了一个概念广为流传。随着社会进步、经济繁荣、科技发展，"学习"又被人们赋予新的灵魂，在原有基础上产生新的引申义。

1919年，爆发了轰轰烈烈的"五四"运动，由此提出的"科学"和"民主"被诸多人所接受，以此为基础，人们开始试着理解"学习"这个概念，并身体力行将学习贯穿于大时代背景下的社会，不仅用于民众，也将其引向各阶层人员。同时，更加坚定实践出真知，将"知行合一"作为"学习"的最高追求。

学习的最高境界是"知行合一""融会贯通"。但在学习的过程中，有诸多心理因素会参与其中，于大学生而言，学习的好坏不仅取决于智力因素，还取决于诸多非智力因素。智力因素如观察力、注意力、思维力、记忆力、想象力等，均为一个人智商高低的体现；而非智力因素如动机、情感、兴趣、气质、性格等，均为一个人情商高低的体现。只有智商与情商俱全，才能做到高效率地学习。从小学至大学，寒窗苦读十余载，每个大学生的生活过程与学习息息相关。有的学生将学习融入了生命，成为一种习惯，甚至是不可或缺的生活组成部分；有的学生将学习当作一种负担。

通过生活与学习共进，学生的学习意识稳步提升，对调控能力的掌握也得心应手，与之对应的学习能力有所提升，智力发展期也属于此前之最，并且学习状态也表现出相对稳定趋势。

一　大学生的学习特点

学习是大学生的首要任务。大学生的学习与其他学龄段的学习相比较，除了一些共性外，还有其独特性。

（一）学习要求提高，目标变化

大学阶段所学知识的广度和深度大大增加，不再仅仅学习通识性知识，还开始分专业，学习本专业相关的基础知识和技能，对大学生专注、探索、综合等学习能力的要求提高了，可为未来从事某一专业相关职业奠定基础。大学阶段的学习目标也发生了重要变化。小学阶段学习的目标仅仅是掌握基本的知识，培养基础逻辑思维的能力；初中阶段的学习目标是在小学基础上进一步增进对通识性知识的掌握，理解知识的基本结构，为了考上一个好的高中而努力；高中阶段的学习目标则是在初中的基础上进一步增强学生的逻辑思维和创新思维能力，开始逐步培养学生对知识的综合运用能力，但更重要的目标是让学生考入一个好大学，意识到自己肩负的家庭和国家、民族的使命感；来到大学后，学习目标不再是唯一的，不再仅仅局限于考上更高一层次的学校、具有更高的学历，开始更多地强调从大学学习中学会如何提升自身的道德素养与专业能力，此时的目标更多的是对未来工作生活的展望，塑造自己的人格。大学与中小学教育性质的不同，以及知识层次的不同，使得大学阶段是每个人一生中最独特的时光。

（二）学习内容的专业性与选择性

大学与中学明显不同。中学是基础教育阶段，学生不分专业，广泛学习各种理论知识，具有很强的基础性。大学则是专业教育阶段，大学生被寄予了更大的期望，他们的学习目标是学好专业理论与专业技能，成为将来工作岗位上的高级专门人才。所以，大学的学习内容是围绕着专业方向和需要展开的。大学生在入校前或入校后一段时间内必须根据自己的兴趣爱好及特点选择一定的专业。专业一经确定，也就基本明确了今后的职业方向。但现代社会需要的是具有综合素质的复合型人才。所以，大学生在学好专业知识的同时，还要在专业基础上拓展自己的知识面，同时注意专业概念的扩展和演变，从而不断调整自己的学习内容，形成最佳的知识结构，实现"一专多能"，以便更好地适应社会对人才的需求。

以学习内容而言，绝大部分大学生在步入大学校园之前就已经选择了基本的专业方向，因此在学习过程中专业指向性较为明确，即属于自己想要学习探索的领域，此时的学习为将来的意向性工作打下了基础，可以让大学生更快更好地融入社会。大学的课程都是以专业为基准展开培养计划的，专门为培养大学生往某一领域发展而设立，并从中发掘该领域的高级专业人才。通常，诸多大学在大一、大二时着重对大学生进行良好的思想教育以及专业基础知识的授予，而大三、大四时则更加注重提升大学生的专业能力以及实践能力。与此同时，大学生的专业课程占据课堂时间较短，因此在学习专业知识之余，可以根据个人情况及自身兴趣特长进行部分课程的选修，还可以参加公共讲座、积极参与课外活动等，达到广泛学习知识、提升自我综合素质能力的目的。

（三）学习过程中突出独立性与自主性

从上大学开始，学习主体已经悄然发生转变。在此之前，中小学时期学习的知识是教师以课本知识为主灌输的知识，教学过程刻板且严谨，此时的教师在学习中处于绝对的主体地位。在大学里，教师不再是严格教授课本知识，而是以学生为主体对其进行引导式的开放性教学，这使大学的课堂学习中充满了创新性与创造性，即学生不只是接收课本知识，还可以提出疑问或者对事物的不同看法，与老师交流探讨，达到活学活用的目的。

大学的学习与中学相比少了课堂的讲授，多了课外自由支配的时间。大学生除了上课外，大约有40%的时间可以自由支配，在自由支配的时间里，大学生可根据专业需要、自己的兴趣爱好查阅资料和参考文献，扩展并补充在课堂上所学的知识，或者选择自己喜欢的学术讲座、专业论坛等。大学的知识内容也有较大的选择性，除了公共课和专业必修课外，学生可根据自己的喜好选择选修课。另外，在大学的学习中，老师也不会规定学生用什么样的方法来学习，只是提出学习的目标和要求。学生选择什么样的方法，完全根据自己的习惯和需要而定。随着社会的不断进步和发展，高等教育体制改革的不断深化和完善，社会对未来人才素质的要求越来越高。这就要求大学生必须全面发展，培养自己主动学习的能力。如果还是一味依靠老师的辅导，被动学习，就不可能适应大学的学习生活。

小学时学生未必能生成自己的学习计划，几乎是由老师及家长进行全部的安排；初中时学生开始学会安排自己的学习计划，但也仅仅是跟随老师进行学习；高中时学生除接受老师的计划安排外，自己也开始知道查漏补缺，同时安排属于自己的学习计划；而到大学时，老师没有刻意安排，只是大学生专业学习的引导者，因此大学生必须自主安排学习计划，此时相较于中小学时期，大学生的知识水平与个人能力大幅提升，大学生的学习计划性更强、更专业。

在大学阶段，课本知识相对减少，但与之对应的学习专业性却更强，同时以课堂学习时间而论，大学生可以自由支配的时间大大增加。高中教师的教学过程是紧凑且严格的，属于"监督"环绕式教学，而大学老师只是引导式教学，倡导学生自主学习。此时，大学生不再被人监督完成学习任务，而是逐步学会独立自主进行学习，对自己的学习进行合理的规划，如预习课堂内容、完成课堂作业、课后复习反思等问题均由自己独立完成安排。大学生想要完成基本的既定学习任务，就要发挥主观能动性，由于个人情况不同，要根据具体情况制订适合自己的学习计划，合理分配学习时间，从而达到强化学习效果的目的。从学习内容、学习方式、学习时间及学习主体来看，大学生的学习生活中都更加强调独立性与自主性，此时学生是占据主导地位的重要角色。

（四）学习途径的广泛性与多样性

大学的学习从途径上来说，突出的是广泛性与多样性。随着社会步入信息时代，同时受新冠疫情影响，教师授课不再是获取知识的唯一途径，网络教学成为疫情时代的主流，获取知识的方式不再单一。课堂教学依旧是大学生学习不可或缺的一环，但它不再是获取知识的唯一方式。在课余时间，大学生应该拓宽自己的知识面，通过学校安排的课程设计、实习实训，导师安排的学业论文，公开讲授的学术讲座，自主参加的社会实践、社团活动等进行自主学习，同时也可以通过图书馆、网络资源来探索未知领域，积累除学科知识外的知识和实践经验。以思想道德为基础，将学到的知识融会贯通，做到"知行合一"。

进入大学，课堂学习只是学习的一小部分。除此之外，大学生更多地靠广泛的学习兴趣去探求，通过获得课程之外的知识来确定自己学习所要达到的目标。有的把精力放在考研的内容上，有的努力学习专业技能，为将来的社会实践奠定基础。另外，课堂教学已经不是大学学习的唯一途径了。在课堂的学习中，教师主要通过各种形式的讲授，充分调动学生学习的积极性和主动性。上课时间之外，学生有较多时间自由支配，学校为学生提供各种学习机会，如学术报告、知识讲座、专题论坛、社会调研和参观访问等，另外，学生还可以到图书馆和电子阅览室查阅文献资料。多样的学习形式满足了各层次大学生的需要，为大学生从不同角度获得知识创造了条件。

当前社会形势下，我国的高等教育改革极其注重大学生对知识技能的掌握，同时也强调大学生应着重培养实践创新能力。因此，在未来的大学生教育中，应该不断注入新活力，提升学生学习能动性和创新性思维能力，使学生奋力做到周恩来同志所说的"为中华之崛起而读书"，为我国的创新型事业发展提供源源不断的动力。

（五）学习成果的研究性与创造性

在大学学习生活中，大学生的学习不再局限于课本知识，而是开始主动向外探索，会对某些书本知识之外的知识、理论及观点感兴趣，自发地对其进行探索研究。对大学生的教育不再是单纯地以应试为主进行知识授予，更多的是提高大学生的思想道德素质，再进一步引导学生去主动发掘知识的由来，最后授予学生科学的方法探索未知，同时教会学生发现问题及解决问题的思路，最终为科学的发展做出贡献。经过数十年的监督定向性课本知识教育，学生已经逐渐形成定式思维，面临种种问题，都会习惯于按照常规理化的方式来进行思考处理，这种定式思维往往使得同学们在突发事件中缺乏应对手段，对未知领域不敢大胆提出质疑，遇到问题无法做到换个思维去观察分析。通过大学系统性的教学，学生会逐渐获得处理突发事件的能力，同时会极大地提升研究性以及创造性。

大学的学习方式和思维方式逐渐从死记硬背转向抽象思维，确立个人见解。大学生的学习已经不单是掌握知识，更重要的是掌握知识形成的过程及科研方法。大学生在充满学术研究气氛的特殊环境影响下，通过撰写调查报告、毕业论文等，逐步养成良好的创造性科研习惯。

二　大学生的学习心理

（一）学习动机

学习动机是一种社会需要以及自我追求的客观存在于学生心中的动机，主要体现为学习的目标、学习的原因、学习的兴趣以及学习的用处等方面，是帮助学生主动或被动学习的一种内在原因，也是学生对学习的各种需求的来源。

大学生的学习动机主要是在社会现状以及教育需求的基础上形成的，而学习动机的主要内容以及需求强度也会随时间的变化以及认知的不同而变化。从大一到大四，大学生学习动机的发展具有以下特点。一是以直接目的为主的学习动机随年级升高而消减（如分数、奖惩等）；二是以社会责任感和成就感为主的学习动机随年级的升高而加强（如求知欲、探索、成就、创造、贡献等）；三是不确定性的学习动机随年级的升高而减少，学习动机的稳定性则日益增强；四是以现实性及职业化为主的学习动机随年级升高而巩固（如奖学金、保研、工作机会等）。

（二）学习智力

智力的核心在于抽象思维，它是由各种因素决定的综合能力体系。

智力不是单一能力的象征，而是由思维、观察、记忆、想象、创造以及学习反思等能力组合而成，在诸多能力之中以思维为主，而智力的核心就是抽象的逻辑思维能力。智力具有潜在的发展能量，存在进一步提升的空间，并且可以通过观察推测智力的发展程度；个人的内在智力可以通过外部的展现，转化为显性智力行为。在学习过程中，智力因素也是不可或缺的部分。

（三）学习能力

学习能力，指的是学生科学地运用自身现有的对于事物的认知，去获取想要了解的未知信息，同时对信息进行加工判断，用于实践，解决所面临的问题。具体可以表现为与人交流的表达能力、实践中的动手操作能力、身为领导者的组织能力、收集信息并加以判断的能力等。可以说通过学习智力与学习能力的同步使用，进而获得知识，也可以说先拥有智力，才能通过学习获得能力。在大学的学习过程中，许多大学生会发掘出自己的学习能力，并加以合理运用。

（四）学习自我评定力

学习自我评定是一种心理活动，主要是大学生将自身对于教育教学基本要求的理解，作为一种衡量自身在学习过程中是否尽心尽力的标准。这种评定包含了多方面：对自身学习动机的自我评定，包括内容、初衷、性质、愿景等；对自身学习智力的自我评定，包括智力高低、有无提升空间等；对自身学习能力的自我评定，包括能力强弱、效率水平等；对自身已有或学习中的知识、技能掌握程度的自我评定。这些评定都是以自我为中心衡量自己学习状态的一种心理活动。产生这种评定的原因在于学生内心是积极向上的，它可以通过大学生对自己学习获得的一系列产物，反馈优势与不足，对不足之处加以补充，自然而然地做到查漏补缺，这属于自我激发的一种功能。

三 大学生学习过程中的心理特点

大学学习阶段是人才成长由"求学期"进入"创造期"的过渡阶

段。因此，大学生入学后，在学习上不仅有阶段性的特点，也有特有的学习心理。

（一）适应阶段的学习心理

学生在大学期间的活动要完成两个心理过渡的任务：一个是从中学学习习惯向适应大学学习过渡，另一个是做好从学校走向社会的心理准备。

学生进入高等学校，面临新的学习环境，大学与中学的学习环境和方法的不同会使学生表现出多方面心理不适应。首先，学习动因不适应。升入大学后，之前对学生而言最直接、激励作用最大的动机成分都因阶段性愿望实现而失去了动力的作用，加之现实的大学生活与原来理想中美好憧憬产生了矛盾，造成了大学生在入学后的第一二个学期中出现学习成绩普遍有所下降的现象。其次，对大学学习方式的不适应。自学能力不足，不会自学，不会主动学习，找不出学习中的关键，学习兴趣逐渐变弱，学生处于无可奈何之中。

（二）发展创造阶段的学习心理

在适应了大学的学习后，大学生主要从基础理论学习转向高级专业技能的学习。这时期他们的学习主要集中在科研选题和创造性思维的发展上。这一阶段他们的学习心理特点如下。

第一，学习意识基本成熟。随着主体意识萌芽，大学生自我意识和学习意识也基本成熟。学习意识的形成是学会学习的关键，这种意识的增强主要表现为更强的学习独立性、自主性和可控性。如对学习内容主动选择程度的提高，对学习时间安排的自主性，尤其是自学能力已成为影响他们学习效果好坏的主要因素。

第二，学习动机发展到了核心层。大学生学习动机的一般发展进程是：直接性学习动机随年级的升高而逐渐减弱，以学习的社会责任感为主导的学习动机则随年级的升高而加强，专业性的学习动机也随着年级的升高而日益巩固和发展。这表明，大学生的学习动机是不断向以学习的社会意义、人生意义为内容的深层动力的核心层发展的。

第三，学习的自我评定力日益增强。随着知识的丰富，大学生的自我评定力也不断增强，他们能对自己的学习效果进行合理评价，包括对学习动机的性质、内容、方向、动力大小的自我评定，对智力、能力活动及效率的自我评定，以及对知识、技能掌握程度的自我评定，并据此制订出一套适合自己智力和能力发展的计划，对学习活动进行调节和控制。

第三节　大学生常见的学习心理问题

学习是大学生最主要的任务，学习又是一个非常复杂的心理现象。因此，一方面大学生的心理健康状况、心理发展水平对大学生产生直接作用，另一方面大学生的学习活动也对他们的心理健康有很大的影响，二者是相互影响、相互制约的。

一　学习对心理健康的影响

（一）学习对心理健康的积极影响

学习可以使大学生发展智力，开发潜能，任何一个人的智力水平都是在学习过程中不断发展的。即使大学生的智力再好，智商再高，如果不学习，不会学习，智力也得不到开发和利用。一定的智力水平是心理健康的基础，而大学生的潜能也会在学习中得到表现。大学生的表达能力、创造能力、实践能力都只有在实际学习中才能得到开发利用和提高。学习能促进大学生认知水平和自我概念的发展，大学生只有通过学习，才能提高理论水平，并发展学习能力，逐步掌握科学的认知方法。同时也只有在学习过程中，才能发现自身的不足，正确认识、评价自己和他人，才能根据社会的发展进行自我调节。学习能够调节大学生的情绪和情感，并能够给人带来身心的愉悦和满足。如果大学生利用自己的智慧最终发明了新事物，取得创新科研成果时，按照美国人本主义心理学家A.马斯洛的说法，这时创造者的主观情感是一种神秘的"高峰体验"。

（二）学习对心理健康的消极影响

学习不仅是复杂的心理现象，也是一项艰苦的脑力活动。如果学习的内容不健康，就会给人生观和价值观还不成熟的大学生带来心理污染。如果学习负担过重，大学生就容易产生心理压力，精神高度紧张，对身心造成伤害。如果学习方式不当，学习难度过大，长期不能提高成绩，也会打击大学生的自信心，使大学生产生自卑心理。这些都会对心理健康造成危害。学习是非常复杂的心理现象，涉及注意力、观察力等认知过程因素，也涉及动机、情绪、个性等非智力性因素。因此不能简单把学习成绩的好坏与智商的高低等同起来。在大学里，可以说每个学生的智力起点都比较高，个体的智力水平差距较小。可是为什么同一专业甚至是同一班级学生的学习成绩差距会比较大呢？有的学生学习起来毫不费力，而有的学生却感到被学习压得喘不过气来，甚至无法完成学业，这就是受个人的心理健康状况的影响。心理学研究表明，心理健康状况对大学生的学习有着很大的影响。那些心理健康尤其是非智力因素好的学生，学习比较轻松，学习成绩也比较优异。而心理健康状况不良，则会对学习产生阻碍，甚至使大学生无法完成学业。学习与心理健康状况互为基础、互相促进。

二　大学生常见的学习心理问题

（一）学习态度问题

1. 学习动力不足

在大学生所有的生活事件中，共同的难题——学习压力大当列在第一位。首先，大学生刚刚步入大学，由于大学不再像高中时由老师对学生进行全面的管束与监督，一些大学生逐渐开始放飞自我，缺乏自控力，从而难以静心学习。其次，在学习内容指向性明确且更为专业、难度加大的情况下，学生难以学懂、弄通、悟透知识。最后，难题积少成多，且此时空闲时间均用于排解压力，以至于没有足够的动力支持自己努力学习。

2. 学习目的不明

在大学学习过程中，诸多大学生皆处于一种状态，即在迷茫中艰难前行，只是为了考试过关而学习。许多学生仍然保持着中学时期的学习习惯，虽然考试能够过关，但时常会觉得自己学无所获。甚至有部分学生在高考之后陷入网络世界，以游戏、追剧、交友为乐，从而荒废学习。一小部分同学拥有危机意识，对步入社会及就业充满了期待，从而愿意多学一些知识，但却常常因为没有明确的方向而原地打转，无法保持旺盛的学习精力。

3. 学习成绩不良

进入大学后，成绩依然是大学生在意的点，有优秀的学生就会有相对差一些的学生，尽管学习困难的学生相对较少，但是因为对比而产生的一些不良情绪会给他们自己以及他人带来极其不利的影响。部分学生在中小学时具有极其优异的表现，而到了大学后自制力不足、贪图玩乐，最终导致自己的成绩不尽如人意，这种落差会使其难以接受，甚至做出危险举动。又有一部分同学属于基础较差，虽然尽心尽力去学习，但学习成绩却无法得到提升，与他人比较时就会出现自卑情绪，使得自己慢慢陷入压抑的环境之中。

4. 学习动机不纯

由于大学生已经逐渐独立自主，在学习与生活的思考中就会开始越来越现实化、利益化。对于学习，大学生表现出来的"功利性"意识令人吃惊。甚至部分大学生明言："大学学习好就是为了拿奖学金呀，再不然就是找工作的时候，成绩单证明有用处。"而对于选课以及未曾学习的课程，学生在意的一个点就是这门课能给自己带来什么样的好处。诸多基础选修课无人问津，而计算机、外语、股票等相关课程却是座无虚席，关于"考证"的课程更是人满为患。诸多大学生的学习动机都不是以获取知识为主，而是以获得利益为主。

（二）学习情绪问题

1. 考试焦虑

考试焦虑是一种比较复杂的消极情绪体验，它是由考试压力引起的一种心理障碍，主要表现在备考及考试期间出现过分担心、不安、恐惧等复合情绪，同时伴随着各种不适的身体症状，从而导致考试失利，它包括认知、心理、行为三种基本成分。

（1）考试焦虑的表现

轻度的考试焦虑反应主要包括肌肉紧张、心跳加速、血压升高、出汗、手足发冷、内心苦恼、无助感、担忧、胆怯、自我否定等。

重度的考试焦虑反应主要包括坐立不安、头痛、头晕、无法集中注意力、思维阻滞等，甚至产生逃避考试的行为（见表5-1）。

表5-1　考试焦虑常见的表现

复习	1. 感觉自己很努力，但成绩却总是不好。 2. 面对知识点比较多的科目，感觉无从下手。 3. 不能很好地把握复习到什么程度。 4. 复习的效率不高。 5. 复习的方法不明确。 6. 把相关的资料拿来，将所有题型做一遍，学得很累。
应考	1. 担心考试的时候状态不好，考不出好成绩。 2. 考试之前只会拼命看书，结果进入考场后状态不佳。 3. 考试时间分配不合理。 4. 遇到难题，就会手足无措。
知识点处理	1. 看完书之后感觉自己头脑一片空白。 2. 感觉自己看过的东西回忆起来有困难。 3. 复习得很快，但忘记得也很快。 4. 记忆策略不足导致记忆效果不佳。 5. 死记硬背占大部分时间。 6. 只要需要记忆的都觉得难，感觉学习很无聊。

（2）考试焦虑产生的原因

有以下六个内部因素。

①生理因素。焦虑与某些脑内神经递质有关，脑电活动表现为节律较少。缺乏体育锻炼会影响神经递质的传导，考前压力大，可能引起食欲不振、消化不良。上考场之后，头脑昏沉、反应迟钝、注意力无法集中。也有部分考生临考前加班加点，疲劳过度。

②动机因素。大学生学习动机不当主要表现在两个方面：一方面是

学习动机不足,另一方面是学习动机过强。动机太强的大学生期望较高,然而过强的功利性及对考试失败的过度担忧反而容易导致紧张焦虑的情绪。学习动机不足表现为没有明确的学习目标,既没有长期目标,也没有短期目标,对自己在大学期间要达到什么要求,内心没有目标,得过且过,浑浑噩噩地度过四年。

③没有学习计划。从不考虑每天的时间怎么安排,学些什么,读什么书,如何在众多课程中合理分配时间和精力。学到哪算哪,过一天算一天。

④学习没有成就感。没有抱负和理想,缺少求知欲,缺少压力、紧迫感,缺乏进取心。会觉得学习成绩没有用,"60分万岁",甚至认为那些学习非常用功的学生是"傻瓜""异类""外星人"。认为"学得好不如混得好",大学时光是用来享受的。

⑤学习倦怠。学生对学业、课程抱持负面态度,对所学课业、学校活动的热情减退,对同学、朋友的态度疏远冷漠,个人成就感低,呈现一种消极状态。很多学生一上课就没精打采,要么睡觉、看闲书、发微信,要么老师在上面讲,自己在下面和同学聊得火热。课程作业能拖就拖,或者直接复制、照抄同学的,更有甚者直接花钱找人代做。把主要精力放在打游戏、刷短视频、谈恋爱等事情上,也有些同学还会逃课做兼职。

⑥人格因素。研究发现,同等条件下,多血质和黏液质的大学生能够较好地控制自己的焦虑水平,会比胆汁质和抑郁质的人取得更好的成绩。而抑郁质的大学生,由于其对外界环境刺激的过高敏感性,往往容易产生较高程度的考试焦虑,对考场表现产生十分不利的影响。

有以下三个外部因素。

①家庭因素。很多家庭的家长对子女的期望值较高,部分家长由于自身文化水平的限制,可能无意识地将自己未实现的人生价值附加在子女身上,希望子女能够取得好的成绩,从而给子女带来了很大的压力。

②学校因素。为督促大学生认真学习,许多大学采用多种方式鼓励

学生，并将考试成绩与评优、评奖学金紧密联系在一起，加剧了大学生考试焦虑的程度。

③社会因素。整个社会的价值取向强化了大学生应该取得优异考试成绩的观念，大学里的教学管理部门出具的考试成绩证明直接影响到了大学生的应聘与就业。

2. 学习动机不当

学习动机是引发和维持学生学习的一种内部动力，能激励和指引学生指向一定的学业目标，属于学生学习行为的一种内在需要。首先，动机是在需要的基础上产生的，需要是激发人进行各种活动的内部动力，没有需要就不会有行为的目标。相反，没有行为的目标，也很难产生某种特定的需要。其次，诱因是激发人产生定向行为，满足某种需要的外部条件或刺激物。外部诱因通过内在需要产生作用，它激发个体活动并使其需要获得满足。动机由需要和诱因共同组成，动机的强度和程度取决于需要的性质，也受到诱因刺激程度的影响。

学习动机推动着学生的学习活动，能激发学生的学习兴趣，抱持一定的唤醒水平，指向特定的学习活动，但动机不足或过强，不仅对学习活动不利，对维持学习活动也不利。

（1）学习动机不足

学生缺乏对学习的兴趣，甚至没有对学习求知的内在需要，学校对有些学生的吸引力不足等，学生表现出学习兴趣减退、学习活动的持续性降低等现象。学习动机不足主要受到以下因素的影响。

①自我意识不健全。大学生正处在自我意识健全与发展的关键时期，这个时期难免会产生困惑迷茫，开始有了新的自我探索。这时期的大学生也不可避免地受到周围环境的影响，对于怎样完成大学学业还不明确，对以后的理想规划迷茫、彷徨。会因为发现学校专业并不像想象的那样好而产生厌倦的情绪，会因为某位老师上课不如意而对这门课程乃至专业失望。这个时期的大学生对自己缺乏确定感，学习动机也处于不明确的状态，尤其是内部学习动机（源于学习活动本身的学习动机，

主要包括学习兴趣、求知欲与好奇心等）经常处于变化之中。时而学习劲头十足，时而学习倦怠。

②自我调控能力欠缺。学生的自我意识处于一个快速发展的时期，自我调控水平也在逐步提高与完善。对大学新环境的适应过程必然会产生较多的负面情绪，如何调控这些情绪使它们不至于较大地影响到学习动机是大学生需要学习的一个重要方面。此外，学习活动是有意识、有目的、有计划的行为，需要较好地自我调控。

③对学习认知的偏差。很多大学生对学习存在一些认知偏差，而这些偏差在很大程度上影响着学习动机。比如有的同学觉得大学学习毫无用处，于是学习动机明显不足。大学学习是围绕专业进行知识结构的构建与能力的培养，正确合理地学习认知有利于提高学习效率，培养良好学习能力。

④学习方法不当。很多同学一直使用高中的学习方法，殊不知高中的学习方法已经不能适应大学学习。如果大学生继续运用高中的学习方法学习，会感到不适应，产生学习压力，影响学习动机。不恰当的学习方法会影响学习效率、效果，挫伤学习积极性。

⑤心理障碍的影响。有很少一部分同学心理健康状况比较差，心理障碍、心理疾病的困扰有时会影响学习动机，导致其中一部分学生不能维持学业。例如，患有抑郁症的同学学习动机比较容易受抑郁状态影响，如果处于比较重的抑郁状态下，学习兴趣、学习动机会消失殆尽。

（2）学习动机过强

表现为争强好胜，过于看重结果，急于取得成就并超过他人。期望和抱负远远超过自己的实际能力。追求成功，不能容忍自己的任何失败，心理压力大，精神紧张。具体表现如下。

①过分在乎评价。受到表面动机的驱使，渴望外在的奖励与肯定，过分看重他人的评价。学业成功时，便有着良好的自我认同，尤其是被权威人物肯定时，会感觉到自己充满活力。若总是以这样的方式维持自尊，当他们受到外界的否定时，很容易自尊心受挫。

②学习强度过大。每天把所有能挤出来的时间都用在学习上，不给自己合理安排休息、娱乐的时间，偶尔放松了一下，会自责很久，常常处于疲劳状态，并且学习效率很低，精神压力大，对学习产生厌烦、恐惧情绪，甚至产生睡眠问题。

学习动机过强的原因：①个体学业期望过高，自尊心强，对自己学习能力缺乏恰当的估计，造成学业自我效能感下降，心理压力增大。②渴望成功又害怕失败，特别是学业优秀带来的心理满足，使学生更看重学业优势，造成强度过大，引起心理疲劳。

3. 学习倦怠

学习倦怠是指学生长时间进行持续紧张的学习，久而久之导致个体身心劳累、注意力分散、学习效率下降且难以维持学习的情况，这是由于学习压力或缺乏学习兴趣而对学习感到厌倦的消极态度和行为。

（1）学习倦怠的具体表现

①情绪特征。表现出疲乏、沮丧、迷茫、懈怠、低成就感等消极心理情绪。

②行为特征。逃避学习，经常迟到、早退、逃课或旷课，甚至辍学。

③心理特征。学习倦怠的学生既不想学习又不想彻底放弃，处于厌学与乐学的中间地带，是一种可调控的状态。

（2）产生学习倦怠的原因

①学习动力不足。上大学后许多学生不知道自己为什么学，不知道学什么，不知道自己能做什么，不知道自己想成为什么样的人，觉得整天挺累，却收获甚少。

②学习兴趣不浓。有些学生对专业缺乏兴趣，因为自己现在所学的专业是调剂的或是父母要求选的。有些学生逃避学习，无法学习，又怕不学毕不了业，因此一提学习就唉声叹气，心情烦躁，处于矛盾、冲突、焦虑中不能自拔。

③学习效能感低。有些学生存在不合理的自我期待，过分追求完

美，学习动机过强，要求自己上课必须认真，考试必须考好。这种过高的自我期待，反而增加了精神负担。

④学习策略不恰当。有些学生进入大学以后，始终没有找到适合自己的学习方法。他们因为成绩不理想而自卑，因为听不懂而烦恼，但自己又不知如何面对和解决这些问题，只好以逃避的方式应对学习困难，最终导致降级、退学。

⑤缺乏合理清晰的学习目标。大部分学生都有制定学习目标的习惯，但却没有几个能坚持下来，因此许多学生既想制定目标又怕制定目标，担心达不到目标给自己带来挫败感。

⑥网络成瘾。随着网络信息技术的发展，网络成瘾问题日益引起全社会的关注，高校大学生网络成瘾也有逐年上升的趋势，越来越多的大学生成了"低头族"。

⑦社会因素。尊重知识和人才的氛围不足，脑体倒挂现象仍然存在，知识分子的社会地位和经济待遇还有待提高。这种现象会使学生怀疑知识的价值、学习的意义，在疑惑中丧失学习热情，产生学习倦怠现象。

就业压力的影响。我国择业机制尚不健全，就业中不合理、不公平的现象依然存在，获得出色的学习成绩不一定能找到好的工作，而一些成绩一般，甚至成绩较差的人靠权势、凭关系也可能谋得好的职位。这些现象使学生对学习的预期价值产生了怀疑，导致学习无用论的萌发，严重挫伤了在校学生的学习积极性。

⑧学校因素。学习环境不好，现有的学习环境难以满足学生学习的需要，给学生的学习和生活造成诸多不便，使他们对学校生活感到失望，进而影响他们的学习情绪，使他们产生倦怠心理。

教学管理松散，学习风气较差。目前一些学校的教学管理普遍松散，缺乏必要的教学监管措施，必然会造成荒废学业的现象。

课程设置不合理，教学内容陈旧。随着社会的发展，知识更新加快，部分教学内容已经不能反映学科的前沿发展水平，部分教师在教学中未能主动更新知识，而是照本宣科，教学内容陈旧，学生感到所学的内容无用，逐渐丧失了学习的热情。

教师教学方法单一。教学过程中，教师应采取启发式教学方式，多为学生提供动手实践和参与讨论的机会，在传授知识的同时，更应注重思维的训练和培养。而实际上学校的教学方式仍以课堂讲授为主，学生的思考、质疑、创新能力逐渐被扼杀。这种满堂灌式的教学调动不了学生的学习积极性。

⑨家庭因素。父母对子女的期待过高，要求过于严厉，导致学生在学习上趋向完美主义，学习心理负担过重，学习结果与家里面的期待存在落差，学生对学习产生倦怠心理。

4. 学习拖延

学习拖延指的是在学习情景中，学生具有执行学习任务的意向，但是没有与意向相符合的行为表现，学习拖延通常会产生不符合标准的学习结果，例如，草草了事的家庭作业、不合格的学期论文、不理想的考试成绩等，学习拖延往往伴随着焦虑不安、抑郁、失落等消极情绪体验。学习拖延给学生发展带来诸多负面影响。研究发现，有 50% ~ 70% 的大学生会出现经常性的拖延，20% ~ 25% 的大学生已经因为拖延严重干扰了自己的学习成绩和生活质量。

（1）学习拖延的危害

通常情况下，学习拖延的危害主要有三个方面。

①它会损害大学生的学业发展和成就感。学业拖延水平越高，学生做事越难以持之以恒，效率低下，会直接导致学生的学业风险升高和学习效率降低，学业成就总体降低。一般拖延行为程度越重，大学生在学业上付出的努力就越少。

②它会损害大学生的学习情绪及情感。学业拖延不仅会导致学业成就感降低，还会引发高焦虑、低自尊等负面情绪。在任务期限较远时，拖延可以让焦虑减少，但是随着任务期限的临近，拖延者会经历更多的焦虑，最后体验到的焦虑感总体上会高于非拖延者，对于学生

来说，学业拖延会导致更高的考试焦虑。此外，拖延还可能会增加抑郁和焦虑的情绪困扰。Saddler 等对 150 名大学生进行的学业拖延和抑郁相关的研究发现，大学生的学业拖延得分与抑郁量表得分有显著的正相关性，也就是说，大学生学习拖延越严重，其抑郁情绪越明显。因此，Saddler 等人认为，学习拖延可能是导致大学生抑郁情绪的原因之一。

③它可能会损害大学生的身心健康。虽然一部分大学生能意识到学习拖延将影响学习质量，浪费时间，使他们产生消极情绪，但是很少有大学生能认识到学习拖延还有可能使他们身心健康受到损害。

（2）学习拖延产生的原因

①非理性信念。大学生学业拖延的形成与个体本身的不合理理念是有一定关系的。面对事情的时候有十足的把握才会去做，他们认为什么也不做要比有失败的风险更为安全，他们还认为如果不能把事情做好，那么这些事情就不值得去做。

②人格特质。有研究认为，人格维度中的严谨和坚韧等特质显著地预测了学习拖延。"严谨"主要反映工作的态度及自我克制的特点，也就是做事认真、踏实和严谨的学生中存在拖延情况的较少。部分大学生缺乏严谨的学习态度，在学习中急功近利，不能专心、持之以恒，这将使大学生陷入拖延的困扰中。

③动机状况。学习动机是影响学习拖延的一个非常重要的因素。有研究表明，学习动机越强，学习拖延的情况就越少，学习动机越弱，学习拖延的情况就越多。

④自我调节的能力。有研究认为，部分学习拖延的大学生个性都是属于冲动鲁莽型，他们会把今天的事情拖延到明天，时常处于无限的拖沓和想象中。他们的拖延源于缺乏时间管理能力，因此他们的自我管理能力也较差。

⑤自我效能感。它是指个体在进行学习活动时，对自身能力的评价和判断会直接影响个体的行为表现。自我效能感较高的个体会主动解决

问题，而自我效能感较低的个体会选择放弃或逃避问题。

⑥其他因素。拖延往往与学习的情境因素也存在显著的相关性。有研究显示，拖延与冷漠的家庭关系及充满冲突的社会关系有很大的关系。同时，过去拖延经验的强化、朋辈影响、身体状况也是影响学习拖延的重要因素。

第四节 "格物"对大学生学习心理的影响

"格物"一词来源于《大学》，是古人修身养性的法门之一。"格物"一词出现后，圣人对其做的解释都比较模糊，因此它也几乎成为儒学的一个谜。到了宋朝，朱熹对"格物"的解释基本和我们今天的解释是相似的，也是"穷究、研究"的意思，从一定程度上来说，我们今天对"格物"的解释就来源于朱熹。朱熹对"格物"的理解偏向于分析外部事物，从而得出事物的原理，简言之即向外求。这固然是不错的，是学而知之，分析思考，学习各种知识，类似于加法。与朱熹向外求不同的是，王阳明强调向内求，强调诚实、客观的态度，强调摒除私心杂念的干扰，类似于减法。做减法就是为了内心清净、客观，形成高效的认知模式。王阳明的"格物致知"对现代人的启示是，在向外求、处理外部各种事物的过程之中，去修心，去保持客观、理性的态度，这既是客观认识外物也是在修心。

现代人往往看重知识的丰富而轻视坚定正直善良的内心，学校教育往往只侧重于考察学生获得了多少知识，而从形式和内容上忽视了培养学生的内在自我。在现实中，"知识"固然有助于人们理解现代社会，参与社会竞争，但是，启发人们固有的良知，端正人们的思想，培养诚实而灵活的心态，积极投入到学习、生活和工作中，形成正确的自我认知，是形成决断力、行动力的关键，也是能让我们在各种竞争中保持心理健康和心理平衡的基础。

在这里，"格物"和"致知"的关系，或者说"物"和"知"的关系又变得非常重要。

我们不妨从"格"字谈起,"格"字作为名词像今天的"格子",就是边框,比如方格,意思就是有限定的范围。"格"字作为动词使用就有"限制"的意思,"格物"就是对世间万物要有所限制、有所止。所以,"格外"就是在限制之外,意思就是"十分、非常"。说一个人人格高尚就是说这个人对自己有所限制,说一个人人格低劣就是说这个人做事没限制,容易出格。所以,"恪守、遵守一定规则"就是"恪"字之意,这也是从"格"字来的,只是"格"从木,"恪"从心而已。所以,"恪"就是心要有所限制,有所止,不能违心。英文中一个关于电脑的词语是format,就是将电脑中的资料删除,让软盘重回本来的格式,汉语翻译为"格式化",也就是采用的"格"字本义。

今天的"格物致知"有着科学的意味,"穷究事物的原理法则得到理性的知识"是清朝末年魏源等人的经世致用思想融入其中以后,形成的包含科学、理性的解释,不是"格物"的本义。"格物"作为《大学》中修身养性的"八条目"之首,就是对世间万物要有所限制,有所止,不能让物奴役人心,要让心游于物而不为物役。比如今天最突出的状况是很多人被物所奴役,人在一定程度上丧失了主体性成为物的一部分。比如很多人容易被网络、手机、电脑所役使,自控力差的人就被手机、网络完全操控、奴役,成为电脑、手机、网络的奴隶。这是"格物"的失败,是随物而行,不知所终。然而电脑、手机、网络作为工具本身并没有善恶可言,只是人的把控失灵了。《大学》首讲"格物"就是在防止人心被物所役。

在"格物"的过程中,要学以致用,后知至。学习是一个不断探寻真理的过程,在探索的过程中积极实践,从实践中去检验自己所获的心得,再不断调整,依靠实践发现事物的真相。"格物致知"是儒家先贤告诉我们的一种认识世界的方法,也是历代儒生求学问道的基本路径,对我们现在的求学之路仍有重要的时代启示,对真理穷追不舍的精神、对求获真知的渴望是不断推动我们求学的内在强大动机。

一　朱熹视角下"格物"对大学生学习心理的影响

前文中提到的大学生学习心理主要包含四类，即学习动机、学习智力、学习能力、学习自我评定力。

（一）行于事

朱熹的第一种对于"格物"的诠释是，"物"是具象化的某一种事物本身，"格"是"至""到"的意思。"格物"就是指具体落实在事物本身。在此，我们先将其简称为"行于事"。

在学习动机方面，大学生的学习这一行为需要有足够充足的原因、相关兴趣或者想要达到的某一目的来作为支撑才能进行下去。此时，"格物"给学习动机带来的益处是极大的，即直指事物本身。应该是大学生对某种具体事物（如掌握课本知识，进而获得好处）产生浓烈的兴趣，从而激发学习动机，学会"格物"，学习动机就会始终充足，不会再受时间推移、社会要求等外在因素影响。

在学习智力方面，大学生的学习这一行为作为锻炼或者提高智力的因素而存在。此时，"格物"对于锻炼智力而言无疑是十分有效的方式，即除去不好的事物。大学生通过"格物"能做到长期选择对的事情（如获得某类题的解题方法），格除错的事情（如某种错误理论或言论），以达到对事物的快速准确判断，从而使得学习智力得到锻炼。

在学习能力方面，大学生的学习这一行为，是自身能力的体现，也是提高学习能力的重要途径。此时，"格物"对于提升学习能力具有天然的优势，即选择性学习。大学生通过"格物"，学会取长补短（如对于某一难题，老师教的多种思考方式），突出使用自己已经拥有的学习能力进行知识的学习，同时从中发掘不足，提升自己的学习能力。

在学习自我评定力方面，大学生的学习这一行为只是学习过程中的一环，需要结合开端及最终的学习结果。此时，"格物"成为学习自我评定力的判断依据。大学生学习"格物"，是否要格去某一"物"，是以相同或类似的"物"为基准进行判别。长此以往，一法通而万法通。

在学习这一整体中对于学习过程及学习结果的判定，也会以自我认知中相同或类似"物"为基准，最终做到准确判别，学习自我评定力也就随之提高。

（二）求其理

朱熹的第二种对于"格物"的诠释是，"格物"就是指一种追求事物存在的深层真理的目的。在这里，"格"被称为"穷"，这实际上说明了"格"是在一个有限的范围内活动的，并不断延伸和深化，其最终目的是要对一切事物有透彻的了解。不仅包含鬼魂、植物、动物，还包含思想以及情感等。在这里，我们将其简称为"求其理"。

在学习动机方面，想要实现学习这一行为，离不开"为什么要学习"这一根本问题，第二种关于"格物"的诠释完全可以称为学习动机的标准体现。在这里，大学生学会了"格物"就是完全开发了学习动机。为了了解事物的本质，需要学习；为了探索事物本身存在的真理，需要不断学习。大学生越是投入学习"格物"，就越是将学习动机最大化。此时的学习动机不再掺杂除求知外的任何杂念，"格物"帮助大学生找到了只为"求其理"而存在的学习动机，且学习动机会随大学生认知的加深而越发强烈。

在学习智力方面，在锻炼以及提高两个维度，"格物"更偏向于提高大学生的学习智力。在这里，"格物"的最终目的是获得真理，不只是对事物本身或知识本身的学习。学习课本知识只是对事物有一个基本判断（如狗是动物，树是植物，$1+1=2$），而"格物"则是学会判断事物之后，对事物本身存在的真理进行下一步探索（如动物和植物的区别，$1+1$为什么等于2）。此时，"格物"对大学生学习智力的益处是显而易见的，通过对"格物"的学习达到开发思维，提高学习智力的目的。

在学习能力方面，"学而不思则罔，思而不学则殆"，有些能力是天生的，有些能力则是后天形成的，但无论是哪一种，不将其用于实处，都毫无意义可言。学习了知识、了解了事物之后，不对其加以思索，那么学习就是惘然的；只顾着思考事物的本质，而不去学习事物的知识所在，那么学习就会停滞不前。这恰恰符合了第二种"格物"的理念，大学生学习知识、了解事物的目的就是探索其存在的真理，而多方面地了解有关事物的知识，多维度地考虑事物蕴含的意义，都是发掘大学生后天学习能力以及提高大学生先天学习能力的过程。

在学习自我评定力方面，站在第二种"格物"的角度，学习自我评定力会间接性地帮助提高对于大学生学习的要求。此时的学习自我评定力不再是以相同或类似"物"来作为大学生对自我学习过程及结果的判断标准，而是上升到了另外一个层次，以古代圣贤、当代学者的学习标准对自己进行严格要求。对于自我学习的评定，不局限于学会教师所教授的知识以及技能，而是追求探索知识和技能的由来以及知识和技能是否能用于实践。大学生学会这种"格物"，将会提高学习自我评定力，以更高更严格的标准来要求自己，并为探索未知打下坚实的基础。

二 王阳明视角下"格物"对大学生学习心理的影响

王阳明认为由内而外的内心才是对"格物"最好的诠释。在王阳明的观点中，"意义"与"行"之间必然存在着另外一种因果关系，心中所有的善在被推延后扩展到它的极致程度也是自然的，也必然能产生行动之上的一切善，所以他说，他自己是非常自然地专注于那一刻所有的思想，正义的萌生是必然的，在发展的过程中都是以功夫的沉思为主。也就是说，善是指一个人应尽其所能扩大他心中已存在或已存在过的一切善和善的感情，并应努力摆脱邪恶的思想，纠正一切邪恶的思想。在王阳明的眼中，格物修身就是要去积恶来归善，去人欲来存天理、致良知。

在学习动机方面，王阳明诠释的"格物"讲究学习动机应该是由内而外自然产生的，或者说心灵本身存在学习动机。步入大学之后，学习不再是为了某一具体目标，如教育现状（中小学追求升学率、学生高分、应试化教育）、家庭期望（父母希望学生以重点高中、重点大学为目标）、自我暗示（要对得起老师、父母、自己）等，而是需要找寻能说服自己的理由，如当下要求（学校要求的合格线）、兴趣使然（对某一门专业或某一类知识感兴趣）、未来期许（学习专业知识对未来工作有益、以优异成绩进入更高层次的学校）等。此时，大学生的学习动机不再单纯是获取知识或是实现自我追求，而是侧重于考虑学习能带来的所有切身利益。那么，大学生学习王阳明的"格物"思想，无疑是剥除学习动机中不纯部分的最好方式，因为学会以心灵感受世界，从内而外的学习是不需要动机的，或者说学习的动机就是心灵想要学习，这对修正大学生的三观无疑是有巨大帮助的。

在学习智力方面，王阳明的"格物"思想所暗含的意义是，智力是与生俱来的事物，要提高或是锻炼都是由心灵的变化来决定的，"道法自然"，以顺其自然的方式去磨炼智力。幼儿启蒙阶段，父母通过言传身教教会孩子发出声音、做出动作、认识周边事物，这是检测智力的开端；小学初中阶段，老师通过课本知识，教会学生算数、语言、写字、记忆、观察、基本对错、动手操作等，这是对智力的初步开发及引导；高中阶段，老师通过对课本知识以及自身阅历的讲解，教会学生更高层次的知识，锻炼学生触类旁通的能力，授予学生正确的三观，讲解国家历史，突出培训学生解题及思考能力，这是对学生智力的进一步开发、锻炼及加强；大学阶段，老师对于知识的讲解是引导性的，更注重学生的自我理解能力、自我思考能力，此时道德素质修养是重中之重，其次才是对于知识的追求，大学讲究培训学生的专业知识能力及实践能力，同时团队合作更是不可分割的一环，只有极少部分学生是往顶尖专业科学领域的方向奋进，这个阶段，学习智力大多定型，极少数拥有突破性的发展。大学生学习王阳明的"格物"思想，可以从心出发，越了解智力，心就越会提升对于智力的渴望，从而达到提高学习智力的目的，或者说至少是达到锻炼学习智力的目的。

在学习能力方面，按照王阳明的"格物"思想，无须刻意追求学习能力，就能做到提升。这与"格物"出发点是一致的，心中存善，就无限扩大善，心中存恶，就无限消除恶，本身存在学习能力，就无限加强学习能力。首先，要保持良好的心态，调整好心态，不焦虑、不迷茫、不陷入自我怀疑的状态，专注度才能得以维持，同时保障后续的长期学习；其次，掌握适合的学习节奏，长时间不间断地学习会使自己陷入疲劳，反应迟钝，所谓供过于求，付出与收获无法形成正比，便会削弱自己学习的欲望；再次，制定目标，消灭"拖延"，要快速而有效地提高学习能力，就要按时按量完成既定目标，不要在意具体的效率，而是以即时行动作为第一步；最后，复习强化是提升学习能力的重要环节，大学生以王阳明"格物"思想进行学习，复习强化即该思想中的"愈"，学会越多知识就越要清楚知识本身，通过对越来越多事物的了解，知识面也就越来越广，此时对于学习能力的要求也就越来越高。

在学习自我评定力方面，王阳明的"格物"思想讲究至真、至纯、至善，因此大学生学习了这种思想之后，学习自我评定力更加注重道德这一层面。首先，以学习成绩为评判标准，处于同一起跑线的大学生学习的好坏以成绩而论是公正的，因为大家学习的都是同样的知识，授予知识的都是同样的老师；其次，以学习过程为评判标准，在同一门课程的学习中，大家花费的时间以及心思是不同的，一些同学对课程比较感兴趣，就会多花时间去研究，一些同学对课程不太感兴趣，就不愿意花时间去研究，这也会导致获得的学习成果有所差异；再次，以自我学习过程为评判标准，部分大学生秉持自己中小学时的学习方式以及学习态度进行学习，而另一部分大学生则是秉持与自己以往大相径庭的学习方式以及学习态度进行学习，此时大学生进行自我学习评定，后者一定是远远低于前者的；最后，是以道德标准为判断依据，此时的自我评定不光包括学习，而是上升到道德层面，是否好好学习直接关乎良心受损与否，要对得起父母的期待，对得起老师的付出，对得起自己的良心。高度不同，学习自我评定力的判别标准也就不同，大学生学会了王阳明的

"格物"思想，也就会越发提高自己对于学习的追求。

第五节 "格物致知"对大学生学习心理状态的要求

一 "格物致知"对大学生学习初心的要求

王阳明的哲学思想围绕"格物"以达到"致良知"的实践目的和价值追求，唤醒世人对"良知"的内省，从而内化为自身的行为规范。"格物致知"是儒家传统思想中"八条目"的理论前提，更是领悟"大学之道"的实践基础。"格物"在"八条目"中为首，为后七个条目提供了物质基础，试想，如不能做好"格物"，如何能"致知、诚意、正心"？又如何"修身、齐家、治国"？那么，"平天下"就更无从谈起。

"格物"旨在研究事物的规律，就是搞清客观事物是什么，包含着唯物论的方法。同时，"物"也是不断发展变化着的"物"，所以，想要真正做到"格物"，就要不断探求变化的事物的本质和规律，在运动中观察事物，在发展中认识事物，这就体现了"辩证法"的思想光芒。其次，"致知"蕴含着知行合一的思想。王阳明主张通过"格物"从而达到"致知"，让本体以"格物"的方式获得良知，从而"为善去恶"。他还提出"致知必在于格物"，讲"知"与"行"有机地结合在一起，不断反思自身的行为是否做到"为善去恶"，通过"格物"，循序渐进，积少成多，克服自身固有的缺陷，不断地接近"良知"。

儒家强调无论天子还是百姓，都要把修身放在首位，这个修身用孟子的话说，就是培养"浩然之气"。王明阳心学四句教，恰好是对儒家四条目的解读，从善恶这个人人都有的体会切入，只不过是倒着说的。即，无善无恶心之体——正心，有善有恶意之动——诚意，知善知恶是良知——致知，为善去恶是格物——格物。这样解读的逻辑也很好理解，那就是心学三个观点，即"心外无物，心即理也""致良知""知行合一"。从心理学视角解读"格物、致知、诚意、正心"，结合阳明心学，用我们普通人的眼光看，可以认为是"实践出真知，万物由心造"。"格物致知"是知行合一致良知，实践出真知，强调的是社会活动；"诚意正心"是心外无物，心即理也，万物由心造，强调的是自我关系。心理是社会化产物，心理是大脑产物。只不过阳明心学四句教先说出心理本质，而后强调实践落地。

心理活动看不见摸不着，但又时刻发生，为此心理学家詹姆斯给出一个术语"意识流"，也是认知行为疗法强调的"信念""思维"，等同于我们时刻体会到的想法，所谓"起心动念""胡思乱想""万千思绪"。我们通过检测自动思维想法的合理性，加强自己心理建设，提高应对外界事物的能力。例如，去某单位乘坐电梯，按键后不启动，反复几次均如此，以为故障，心有怨言，此刻有明白人说，风大导致电梯门关闭不严，才不会启动，可见这反而是电梯安全性好的反映。闲聊说话，看法不同，引起争论，究其本源，也是各自想法导致，想法对错不是来自事情本身，而是各自内心看法。何以争论呢？除了涉及个人利益，还有就是维护虚荣、自尊心理。

平时我们那么多负面情绪来自哪里？当然还是自己内心，是欲望、需要不被满足的结果。由此保持觉察，看到自己意识流的流动，用实践行为检验这些想法，这就是"格物、致知、诚意、正心"。

王阳明主张"格物"是"致知"的前提条件，"致知"是"格物"的必然结果，人要时刻观照"格物"行为，分析综合，修养内省，这样才可以做到"致知"，也就是遵循了知行合一。"格物致知"渗透着反观自身，保持初心的人文关怀。王阳明认为，要做到"格物致知"首先就是"不自欺"，切勿掩耳盗铃，不能欺骗自己的"良知"，进而要"即其意之所在"，有意识地培育自己高尚的道德情操，去伪存真，去恶存善，真正做到"无有乎不尽"。将"格物"嬗变为"格心"，时时刻刻反观自身，观照初心，守住初心。

那每个人是如何自由发展的呢？必须基于对必然性的认识。王阳明的"格物致知"是要"致良知"，每个人都天生具有"良知"，只是由于种种处境，我们看不见"良知"，因此，他强调用"格物"的方式，唤醒"良知"，不被"外物"所累，真正恢复内心的宁静与光明。由此可见，王阳明的"格物"过程，实质就是马克思主义理论强调的认识"必然性"的过程，而王阳明的"致良知"的价值目标也就是马克思主义的"人的自由而全面发展"的根本归宿。因此，王阳明的"格物致知"闪烁着以人为本的精神内核。初心与使命就是心的起点，就是我们无论走多远，都不能忘记一点，不能忘记为什么出发。使命就是应尽的责任，就是无论有多么艰难困苦，都必须承担的责任。

"格物致知"是中国儒家传统文化一个非常重要的元素，对于新时代大学生的成长成才有着不容小觑的积极作用。王阳明"格物致知"主张从"格物"到"致知"，最终达到"致良知"的理想道德目标，这就要求我们新时代的大学生从"养心"出发，对每一件事物抱有"格"的态度，做到"无物不格，格无不尽"，用"至诚"的严肃态度处理社会生活中的种种问题，"格"除内心的尘埃，达到内心的平静和敞亮，以看到原初的"良知"。这种"良知"是基于对客观事物的观察和对自己内心的审视，是基于外部环境而又超越外部环境得出的结论。这就促使当代大学生找到"本我"并塑造良好的精神家园，在自身的价值观得到良好培育的前提下，为社会做出更多的贡献。

将"格物致知"融入当代大学生初心与使命教育的路径如下。一是培养实事求是的严谨态度。实事求是，就是按照客观事物本来的面貌来分析事物本身的客观规律。"格物"就是"格"客观存在的"物"，认清事物本身的面貌，这样才有可能掌握客观事物的本质和规律。切不可凭经验下结论或"一心只读圣贤书"。要坚决抵制"唯理论"和"经验论"，不夸夸其谈，也不"唯上""唯权威"，保持一颗初心去探求真理。二是树立远大的理想信念。"格物致知"就是不为眼前的"物"所牵绊，要把目光放长远，坚定理想，唤起"良知"，回归初心。当代大学生的初心与使命教育"要把坚定理想信念作为党的思想建设的首要任务"，"自觉做共产主义远大理想和中国特色社会主义共同理想的坚定信仰者和忠实实践者"。① 当代大学生应该为了实现自己的理想，勇于"格物"，"格"一切理想面前的绊脚石，时刻观照初心，为实现中华民族的伟大复兴贡献自己的青春。三是运用"格物致知"的方法，修身养德，滋养初心，践行使命。阳明心学的"心即理"，就是借助"格物致知"的方法，恢复本心，观照本心，时刻拭去本心上的尘埃，不为外物所累，在意识层面去除恶念与私念，修身养德。风云变幻，时过境迁，社会在不断发展进步，但不变的是，人类社会始终在道德的制约下生活。

二 "致良知"对学习目标的基本要求

致良知是明代王阳明的心学主旨。语出《孟子·尽心上》："孟子曰：'人之所不学而能者，其良能也；所不虑而知者，其良知也。孩提之童，无不知爱其亲者；及其长也，无不知敬其兄也。亲亲，仁也；敬长，义也。无他，达之天下也。'"

《大学》有"致知在格物"语。王阳明认为，"致知"就是致吾心内在的良知。这里所说的"良知"，既是道德意识，也指最高本体。他认为，良知人人具有，个个自足，是一种不假外力的内在力量。"致良知"就是将良知推广扩充到事事物物。"致"本身即兼知兼行的过程，因而也就是自觉之知与推致知行合一的过程，"致良知"也就是知行合一。"良知"是"知是知非"的"知"，"致"是在事上磨炼，见诸客观实际。"致良知"即在实际行动中实现良知，知行合一。"致良知"是阳明心学的本体论与修养论直接统一的表现。

良知是虚的，功夫是实的。知行合一，就是要将知识与实践、功夫与本体融为一体。良知前冠一"致"字，恰到好处地点出了要害。这又正是活一天有一天新问题的需日新日日新的功夫。

把握住良知这个根本，然后加以推导，便是王阳明教学生的简易直

---

① 《习近平关于社会主义精神文明建设论述摘编》，中央文献出版社，2022，第47页。

接的方法。如有人用"知之匪艰,行之惟艰"这句圣训来怀疑知行合一的命题,王阳明说:"良知自知,原是容易的。只是不能致那良知,便是'知之匪艰,行之惟艰'。"还是看你心诚志坚否——人是可以成圣的,就看想不想成了。要真想成,就要时时刻刻致良知,用王阳明的话说叫"随物而格"。

王阳明心学提到的"格物致知""知行合一""致良知""诚意""正心"等说法,常常让初学者迷惘。实际上,它们是一个意思的不同表述。心学的特点是穿透儒家理学的表面规则,直达产生规则的本源,追求的是一通百通,而不是寻章摘句老雕虫。要理解心学,首先必须理解儒学。

心学属于儒学体系,儒学的本质是伦理学,认为人的本质是德行人。儒学研究的是人与社会共同体的关系。儒学中的人,指的是人在社会层面的本质,不是指生物人,这点需要特别注意。儒学中的人,不是生物层面的人,和猪马牛羊是完全不同的。儒学中的人,是抽象出来的社会"人",不是指我们的肉体,也不是所谓灵魂。不理解这一点,就很难读懂儒家经典。

而维系人在社会关系意义上本质存在的,是道德伦理。因此,儒学中的学、知、行,都专指人在道德层面的学、知、行,和现代的字面含义是不同的。道德伦理,是灵长类智人种的个体之所以成为"人"、集合体之所以成为社会而不是猿群的本质原因。不理解儒学研究的本质以及儒学术语,是现代人在阅读儒学著作时陷入迷惘的重要原因。

致良知,是心学的核心思想。这三个字同样不能按照现代字面意思理解。它包括三个字:致、良、知。知,是道德层面的认知。良,也可以理解为善。良知,就是人的认知符合伦理道德。

在理学体系中,伦理道德是圣贤制定出来的规则,必须背诵儒家经典、按照圣贤的训诫行事才叫符合道德。这显然是太教条化了。生产力水平不一样,社会规则自然不同。在尧舜禹的石器时代、商周的青铜时代、战国的铁器时代、明末的资本主义萌芽和小市民时代、现代的互联网和大城市时代，道德规则能一样吗？在和平时期、战争时期、物质充裕时期、饥荒时期，道德规则能相同吗？显然，理学的训诫式思想过于教条主义，禁锢了人的思想。

在心学体系中，虽承认理学规则，但更注重规则的本源。理学像是培养精通法律的律师，心学则培养精通法理学的法学家，可以根据法理，根据不同情况灵活自行制定法律。王阳明说："良知本无知，今却要有知；本无不知，今却疑有不知；只是信不及耳。"

心学认为，儒家规则的本源就是"良知"。我们也可以理解为孔子说的"仁"、孟子说的"善"。良知是本源，故"良知之外更无知，致知之外更无学"。

那么，"良知"通过什么达到呢？答案是"致"！致，就是用功夫的意思，即我们为达到道德层面真善的认知而采取的努力。这种努力，当然包括了熟读经典，但并不限于，或者说并不一定要依照经典。

致，还有一层潜在意思。致，是到达，而不是创造。那就是心中本有良知，才能到达。王阳明说："尔胸中原是圣人……满街都是圣人。"但致良知绝不是否定儒家传统学习方式，熟读经典，修身、齐家、治国、平天下。王阳明说："绵绵圣学已千年，两字良知是口传。欲识浑沦无斧凿，须从规矩出方圆。不离日用常行内，直造先天未画前。"对普通人而言，还是要先学"规矩"，才能"出方圆"。正如学习踢足球，刚开始都是标准训练，等运动员基本功扎实后，才能有C罗之类个性化的天才表现。

致良知和知行合一是一个意思。

知行合一中的"知"是知"良知"，不是知其他东西。致良知中的"致"，是功夫，即行。而良知和功夫、知和行，本质上都是一回事。很多人以为"知行合一"侧重于"行"，或者二者并重。其实不是的，"知行合一"核心是"知"，也即良知。这是心学和理学的重要区别。理学"问迹不问心"，用现代语言表述就是：只看行动，不问动机。而心学则要求心中达到"良知"，以良知为源，行为必然是符合道德的，也必然会通过行为体现出来。但"良知"又是通过行动的"致"去发掘的。人心中有"良知"才能"知善知恶",就像人有眼睛才能看见一样。但人如果不睁开眼,有眼睛也看不见。"致",就是睁开眼的过程。

"致良知"与客观世界的联系就是"格物致知",也是一个意思。王阳明说:"然欲致其良知,亦岂影响恍惚而悬空无实之谓乎?是必实有其事矣。故致知必在于格物。""格物致知",是主观的"良知"通过"行""致"与客观世界联系的过程,没有这个过程,主观的"良知"毫无意义。

心学的"格物致知",与理学的"格物致知"虽然是同样的四个字,但含义却相差很大。心学的"格",王阳明定义为"正"。所以,格物致知,就是"正物致知"。"正",带有主观努力的含义。也就是说,人看到的客观世界(物)是不正的,需要"正",才能达到道德层面的"良知"。

致良知、知行合一、格物致知、诚意正心,是浑然一体的,只是真理的不同表述而已。致知,知其物之知;格物,格其心之物;诚意,诚其物之意;正心,正其物之心。行,看似在客观世界中"行",但实际上不可能存在纯粹客观世界,本质上还是在主观世界中"行",主观世界的运动自然可以称为"知",知行合一。

三 "致知"对大学生学习态度和求学方法的启示

那我们应当如何去做呢?或者说"致知"对于我们达到这一境界又有怎样的要求呢?儒家的"穷理以致其知,反躬以践其实"对今人而言,还有长足的启示意义。主要表现为以下两点。

一是其"穷究事理"的态度。"穷理"是朱子教导学生"求知"的方法,也就是格物、致知的实际法则。他认为:第一,穷理务须周到、彻底。朱子说:"所谓穷理者,事事物物,各自有个事物底道理,穷之须要周尽。若见得一边,不见一边,便不该通。"又说:"格物二字最好。物,谓事物也。须穷极事物之理到尽处,便有一个是,一个非。是底便行，非底便不行。""致知，所以求为真知。真知，是要彻骨都见得透。""致知、格物，十事格得九事通透，一事未通透，不妨。一事只格得九分，一分不透，最不可。"

二是理论联系实际的态度。关于"实践"，黄榦在《朱子行状》里说："其为学也，穷理以致其知，反躬以践其实，居敬者所以成始成终也。谓：致知不以敬，则昏惑纷扰，无以察义理之归；躬行不以敬，则怠惰放肆，无以致义理之实。"朱子认为穷理之外，更要以践实（即躬行实践）及居敬为主要的修养功夫。他曾说："知与行工夫，须著并到。知之愈明，则行之愈笃，行之愈笃，则知之益明。"由此可见，朱子认为，知而不行，即证明所知还浅，所知还不够透彻。他对于"践实"与"力行"非常重视，绝不像一般人所评论说朱子崇尚空谈，不重实行。

那么大学生又该保持何种精神状态呢？要知道认识到的理论只有运用到实践中去，指导实践的发展，才能体现其价值。反之，实践又会使人们产生新的认识，促进认识的发展。人类社会就是在"实践—认识—再实践—再认识"的循环往复中不断前进的。而实践作为认识的起点和终点，是尤为重要的，因此，无论做什么事情都要重视实践，落实到实践中去。

我们所处的新时代是一个多元的时代，在多元时代做选择和取舍更需要眼界和胸怀。无论时代如何变化，青年应该永远坚守正确的人生方向、崇尚正义、善于思辨、客观理性、守正创新，将成就事业和服务社会作为人生的价值追求，不忘初心追寻心中所爱，坚守追求不为时间侵蚀，保持求新探异的激情和梦想，保持终身学习的兴趣和习惯，增强直面困难的信心和勇气，永不停止前行的脚步。青年是社会主义的建设者和接班人，更是当代中国马克思主义的学习者和践行者。

致良知，致我们心底最真挚的情感和天性，儒家说"人性本善"。我们知道自身情绪波动会对周围事物产生不同的影响，当遇到外界刺激产生强烈情绪波动时候，首先要做到的便是克制自己的情绪，使自己情绪归于平稳，冷静下来去正确看待和处理事务，从而让事件本身对自己和周边其他人所造成的负面影响降到最低。再换句话来说，大学生正处于不成熟走向成熟的过程中，抗拒诱惑的能力、抵御风险的能力、保护自身的能力并没有达到很高的水平，那么我们需要怎么做呢？简单而言即"知行合一"，追寻内心深处的答案，并将其付诸行动。不断提高自己的精神境界，又不止于心理提升。

（一）大学生学习心理的情绪要稳定

人们对某种存在的客观事物的观感好坏就是情绪的具象化。一个人心理健康，应该有以下表现：心胸广阔、乐观开朗、积极向上、热爱生活。这些都是好情绪的化身，而保留好情绪去除坏情绪是大学生稳定情绪的具体体现。事实上，作为心理状态健康的大学生，始终对生活抱美好期望，情绪自控力极强，能平衡协调心中的满意与不满、喜悦与悲伤、无畏与害怕，既能以合适的尺度将情绪展现给别人，又能不受情绪影响做出过激行为。

在朱熹的"致知"思想中，情绪应该看作一种事物，我们要先了解情绪是何物、为何出现，情绪有多少种类，别人的情绪与自己的有何区别，只有对情绪的了解足够深，才能做到完全掌握情绪，不轻易受情绪影响。因此，朱熹的"致知"对大学生学习心理中的情绪要求是掌握。

王阳明的"致知"思想中，情绪是由内而发的，属于心灵的伴生物。良心能够产生情绪，就能够控制情绪。而对于"致知"的追求是对心灵真善美的追求，即三观要正。当了解情绪是根据心灵的善恶而释放信号后，我们就更应该追求与人为善，借此使自身的情绪释放时多为良好积极的情绪。因此，王阳明的"致知"对于大学生学习心理中的情绪要求是积极向上。

（二）大学生学习心理的反应要适度

每个人都是与众不同的，对于知识的接收、对于突发事件的反应也有所不同，有的人接收信号快，做出反应也快，有的人接收信号慢，做出反应也慢，但是这种快慢分别是有限的。心理健康的大学生，对于大多数事情都会做出适度的反应，而不是极其激烈的反应或是漠不关心的反应。这里提到的激烈反应不是神经过敏，而漠不关心也不是说毫无作为，具体对于某件事做出何种反应，应该以这件事的大小、所带来的后果严重与否作为判断标准。对于身边发生的诸多事件不感兴趣、漠不关心，这显然是一种心理不健康的表现；对于某些大家都能反应过来的事情表现出后知后觉、反应迟缓，这是反应能力不正常的表现；对于所有事物都敏感至极，时刻做出强烈反应，遇到小事内心波澜起伏，无法接受意外，也是心理易挫、反应过激的表现。

朱熹的"致知"思想中，反应的大小取决于对事物的认知程度。拥有足够的知识作为底气，对于常规性的小事，以相应的解决方法做出反应即可；对于不常见的大事，根据前人的经验结合自身情况也能做出合适的反应；对于突发性事件，则是用已有知识进行思考，不要做出过激反应。因此，朱熹的"致知"对于大学生学习心理的反应的要求是，以足够的知识做出适度的反应。

在王阳明的"致知"思想中，反应不是由发生的事物决定的，而是由心灵的倾向性对事物做出反应。无论是大事还是小事，既然已经发生了，就要以心灵为眼睛去看待，以善意的眼光去看待。对于一件坏事，宽容一点去对待，所做出的反应就是善意的，或许能改变这件坏事；对于一件好事，从更好的角度去看待，所做出的反应就是好上加好的。因此，王阳明的"致知"对于大学生心理的反应的要求是，反应的初衷要好，这样才能使得反应越来越好。

（三）大学生学习心理的意志要坚定

意志是指人通过自己选择并确定追求某一目标，同时为目标付出努力、展开行动，面对道路中可能出现的各种难题，不惜一切代价去解决，最终达到这一目标的心理过程。大学生应该是一个意志坚定健全的独立个体，具体表现为拥有选择目标的能力、制订计划的能力、自觉行动的能力、顽强拼搏的能力、当断则断的勇气等。心理健康的大学生，无论做什么事，在做事之前，都对做事所能获得的结果有明确的认知，对做事的计划安排都有理有据，对做事会遇到的困难都会以切实的方法解决，以坚韧不拔的意志完成这件事。意志顽强的人，能较长时间保持专注和控制行动去实现某一既定目标，不屈不挠，不达目的不罢休。

在朱熹的"致知"思想中，意志是了解知识、获取知识的基本因素。没有了意志的支撑，在求学求知的道路上就会寸步难行，更难以做到对世界未知领域的探索。因此，朱熹的"致知"对大学生学习心理中意志的要求是，坚定自我意志，将其注入学习，达到知行合一的高深境界。

在王阳明的"致知"思想中，意识是心灵发展的衍生物，只有心灵存在意识才会产生意志。意志的高低，取决于修心程度的高低，追求心灵真善美，自然而然会产生坚定且明确的意志，而学习的过程就是心灵认知世界的过程，也是产生意志的过程。因此，王阳明的"致知"对大学生学习心理中意志的要求是，努力学习，正三观，通过修习一颗善心、良心，来产生坚定、积极向上的意志。

（四）大学生学习心理的自我意识要明确

人的意识是可拓展的，随着认知的事物越来越多、越来越高级，意识会朝着不同的方向不断发展壮大，最终衍化为高级的自我意识，是对于自身内在和外在的认知评价。人是生活在现实环境中的，从精神层面观察自己生活中的所作所为，从而达到认清自我形象、掌握自我能力的目的。心理健康的大学生，自我意识清晰明了，能实事求是地对自己做出评价，做事不夸大不谦卑，能找到力所能及的事情去做。"理想的我"可能是完美的，但"现实的我"却是有缺陷的，因为人无完人，那么能够将"理想的我"与"现实的我"结合起来，做到努力让理想照进现实，让现实贴近理想，这无疑就是对自我意识掌控的最高认可。

在朱熹的"致知"思想中，自我意识对于学习具有重要作用。认不清自己的能力，对于学习是致命的问题，对于新学到的知识或者是不懂装懂，或者是懂了却以为没懂，这将会给大学生将知识运用于实践当中带来严重的后果。所以，朱熹的"致知"对于大学生学习心理中自我意识的要求是，"知之为知之，不知为不知，是知也"，即要有明确的自我意识，才能获取到真正的知识。

在王阳明的"致知"思想中，自我意识是心灵成长的见证者。从出生开始，心灵的成长就伴随着意识的诞生，从小开始认识世界，再渐渐地接受来自各方面的知识，意识开始混乱，通过父母、老师以及大环境的引导，意识开始分善恶对错，而跟随心灵选择的那一种就成为自我意识的基础。所以，王阳明的"致知"对于大学生学习心理中自我意识的要求是，从心灵出发，学会辨别善恶真假，从而形成正确的自我意识。

（五）大学生学习心理的人际关系要和谐

人从诞生之初，就处于家庭以及社会的包围中，从家庭走向社会离不开与人的交流，而在生活、学习、工作等过程中与他人的互相交往所形成的关系，就是心理关系中的一种，即人际关系。心理健康的大学生，在家庭中能够与家人和谐相处，在学校中能与大多数同学建立良好友谊，在社会生活中善于与人交往，总体的人际关系呈现广而善的状态。良好的人际关系，不仅是心理健康的大学生与外界人员的正常交往，还是彼此交往之后对对方做出的评价，以及个人对于自我交际能力的综合评价。在交际过程中，心理健康的大学生容易打开心扉，也容易接纳他人的善意，当别人展现出交往的意向时，对别人的揣测中善意（如尊敬、信任、喜悦等）多于恶意（如嫉妒、怀疑、憎恶等）。当然，人际关系的形成离不开群体，朋友圈的形成就是甲认识乙，乙认识丙，乙又介绍甲认识丙的过程，在此前提下，由于志趣不同、个性不同，朋友之间亲疏有别，且朋友的朋友未必也能成为朋友。

在朱熹的"致知"思想中，人际交往就好比学习知识，你用真心交朋友，朋友就有真心待你的可能，你不用真心交朋友，朋友就一定不会真心待你；你用心对待学习，就有获得知识的可能，你不用心对待学习，就一定不会获取知识。所以，朱熹的"格物"对大学生学习心理中人际关系的要求是，以真心换真心，塑造良好的人际关系，建立友好的朋友圈。

第六节 "格物致知"调整大学生学习 心理的方法与路径

"格物致知"可以理解为,通过自身广泛地学习知识,用心研究某事或某物的细微之处,同时以亲身实践做到"知道"二字,就能获得事物本身所蕴含的真理。掌握了知识之后,将其运用于实践之中,分析判断万事万物。这样,就达到格物致知、诚意正心,整个过程的修炼也就是所谓的修身养性。这一切都归结为一件事,那就是修身。在拥有了辨别是非的能力之后,做到以诚待人、以诚待己,最后成为一个正心存德、品行高尚的人。将"格物致知"的思想用于大学生的学习生活中,二者间无疑是相辅相成、相互促进的。"格物致知"讲究学习知识、获得真理、学习做人,而大学生的学习讲究获得专业知识、学习道德素质、理论结合实践,二者的最终目的都是做到"知行合一"。

一 端正的学习初心

通常情况下,当面临取舍时,我们容易将显现的、外在的、明显的、即刻的、容易比较的、看起来轻松的事物看得更重要,如权力、地位、金钱、赞赏、名誉等,而看不见的、隐含的、延迟的、难以比较的、艰难的事物往往容易被忽略,如品格、毅力、德行、修养、善恶等。就像一座冰山,我们能轻松地看到水面上显露出来的冰山,而很难看清水面下看不见却影响更深远的冰山。儒家先贤不断劝导后人,"反求诸己","以事炼心",而非"外求于人","以心逐物",也就是说,一个人的心性、基本素养品质要比外在权力、财富更加重要。外在的东西本质并不属于作为"人"的我们,只是一些关联的附属品。基于要做一个怎样的人,我们一生中有些需要去做、应该去做的最重要的事情。这些事情不是生命的根本和目的,而是实现生命根本目标的路径。

我们以"做一个什么样的人"为尺度，能够"正确地"处理和面对这些事物，并且通过不断的历练、践行，反过来塑造我们成为自己想要成为的人。所以，学习如果仅仅是为了追逐权力、地位、金钱、赞誉等，从一开始就偏离了学习的初心，抱持这样的学习初心就会导致学习在"术"的层面徘徊，就算把各种学科的知识掌握得很好，但容易把这些知识和技术用在"歪门邪道"上，轻则让自己的人生走上邪路，重则对国家和社会产生严重的危害。所以，对"良知"的学习和觉悟变得尤为重要，"良知"既为"格物"提供了源源不断的心理动力，更像一记警钟，随时提醒求学者走正道，修养自己的身、心、性。"学习"的初心是不断遵循"良知"的感召，修养自己的德行，心持至善之念，追求真理，这才是"学习"的应有之义，以此为基础，去学习各种知识和技术才能将所学为民所用、为国所用。

二 学习态度的调整方法

大学生的首要任务是学习，那么学习成绩不佳、学习难题过多，对大学生心理上的影响都是巨大的。诸多高校的大学生在学习上的问题都是不可忽视的，在大学生的诸多焦虑来源中，学习成绩不佳是占比最大的部分。以所有同龄人来论，大学生属于知识量大的，但以所有大学生来论，优良中差也就有所不同，所以存在学习问题的大学生不在少数，包括学习方法、学习态度、学习兴趣、考试焦虑在内的问题亟须解决。

大学生通过学习"格物致知"来解决学习问题，要从学习态度、学习途径、学习时间管理等方面入手。

首先，在学习态度方面，大学生要秉持求真谦逊之心，对于学习始终保持良好认真的态度，找寻自身学习的方向、学习的目标，同时要孜孜不倦、坚持不懈，坚定自己学习的意志，才能始终对学习感兴趣，进而对未知事物有"求其理"的心态。

其次，在学习途径方面，大学生要发掘适合自己的学习方法。第一，是学会如何读书，从学会文字开始，阅读就是我们了解课本知识的第一步，那么作为大学生，在阅读之前，应该对该篇知识所提到的问题进行思考，进而与该篇知识提出的观点进行佐证，如果有所疑虑，就应该反复阅读、多加思考，这样才能够体会到阅读带来的效益。第二，是要掌握记忆规律，大学生在学习的过程中，对于学到的知识未必立即就能掌握，那么将知识先记忆下来就成为重中之重，但记忆不是只靠死记硬背，而是要以科学有效的方式进行记忆，如最有效的理解性记忆、最深刻的重复性记忆、最简单的图片及口诀记忆、最繁杂的分类记忆等，与此同时，要了解最佳的记忆时间段。第三，是发挥个人优势，充分利用学习技巧，课前对课本知识进行预习，课堂中做好学习笔记，及时提出疑问，课后对知识进行复习归纳，进而引申至对问题的更深层次思考。

最后，在学习时间管理方面，大学生要培养自己对于时间的把控能力，提高自己的学习效率。在学习过程中，将零碎时间积少成多，这是不可多得的学习时间；空想是浪费时间而不自知的最大漏洞；要学会即时即做，果断定好学习目标后，先行动起来；为每一次的学习任务定下闹钟，在标准时间内将其完成；每完成一件事，不要沾沾自喜，要及时将自己投身于下一件需要做的事情之中；杜绝"三闲"——闲事、闲话、闲思，不浪费时间。对于时间的把控要遵循三个重要的点：一是重要之事优先，即事无巨细之分，但要有优先级别的区分，把学习的板块分为需要立即学习的以及紧接着要学习的，以此类推进行安排；二是高瞻远瞩，要以长远的目光来看待学习事务的重要性，要高度重视对眼前虽不紧迫但有深远影响的事务的处理；三是一举多得，时间是有限的，而思维却是无限的，要善于思考，安排合理时间，在同样的时间里，每个人做事的效率是不同的。

三 学习生活适应的调节方法

步入大学校园，新生最常见的问题就是生活适应问题。大多数新生都是属于背井离乡来到学校，家庭环境、教育环境、成长经历、生活作息等方面存在差异。因此，大学生在自我认知方面需要做心态上的调整，在同学交往方面需要重新开始，在自然环境方面需要不断磨合调整。升入大学后，大学生以往的不良之处就越发明显，如：生活难以自理，无法保障正常生活；适应能力有待提高，对新环境表现出恐惧排斥；自我调节能力不足，面对挫折与挑战，呈现出唯唯诺诺、无所适从的状态。事实上，这就是家长过于宠溺孩子所导致的结果，洗衣做饭家长全包，并且没有意识到主动教会孩子这些最基本的生活技能。在这种安逸的爱中部分同学渐渐养成了依赖的心理，没有养成独立生活的能力。有部分大学生刚入学便面临着各种问题的困扰，诸如饭菜不可口、住宿条件差、与生活环境格格不入等。

大学生通过学习"格物致知"来解决生活适应问题，要从自身以及环境两个层面进行考虑。

首先，自身思想要独立。不要一遇到问题就向父母、老师或同学寻求帮助，要理智，知道自己跨入大学就要学会独立自主生活，基本的生活技能要主动学。校园环境好与坏、饭菜可口与否、住宿条件好与坏，都不是我们能决定或者改变的，我们要学会克服困境，面对难题想方设法解决是独立的基本要求，并且做一切事情的根源都是为了帮助自己，不要抱有别人欠自己的心态。

其次，步入大学校园，不要用眼睛对环境做出批判，而是用心去感受校风、校纪，以及身边严谨的老师、友爱的同学。能对新环境产生认同感，为适应新环境打下基础。例如，校园环境不佳，就努力发掘校园中的风景线；食堂饭菜不可口，就多尝试选择出味道更好的那家；宿舍条件不好，就通过与舍友的友好相处一步步改善宿舍环境等。大学生心中的抗拒通常是因为陌生以及不满而产生的，生活在大学校园中，与校园的相处如同同学之间的相处，熟悉之后多些宽容，渐渐就会变好。

第六章 "格物""致良知""诚意"
与大学生自我发展

第一节 自我的内涵

《论语·学而》："曾子曰：'吾日三省吾身，为人谋而不忠乎？与朋友交而不信乎？传不习乎？'"回溯中华上下五千年，先秦的先贤便提出了"自省"的概念和方法，以"吾日三省吾身"的方式告诫人们应从"自省"中认识自我。大致在同一时代，远在西方的古希腊雅典城的思想家苏格拉底说：认识你自己。无论是西方还是东方，人类在两千多年前甚至更早的时期，便开始了对自我的探索。在哲学史上，对"人"的认识与个体对"自我"的认识过程一样，经历了无知、困惑、探索和追问，"我从哪里来？去往哪里？"是神学家、哲学家、科学家孜孜不倦探索的问题。自我对于每个个体就像一个黑箱一样，我们有时候感到自我很大，有时候感到自我又很小，我们好像对外在的世界很了解，却对内在的自我很无知。对人类来说，全面地认识自我很难，从原始人类一路发展到现代人类，人类一开始不了解自然的力量，崇拜自然、敬畏自然。随着对自然的了解，以及对自然规律的掌握，人类开始向自然要资源，认为自己是"百兽之王"，是"地球之主"。随着科技水平的不断提高，人类在自然面前显得骄傲自满，好像世界都要围着人类转一样。但似乎在自然世界面前，人类并不像自己想象的一样。当人类认为自己的科技和文化已经高度发达，能够改变世界的时候，一场自然灾害、一次病毒暴发就能让"自满"的人类回到原点。就如老子在《道德经》第五章中写到的"天地不仁，以万物为刍狗"，并非"天地"没有仁慈和仁爱，而是对于客观世界来说，天下的万物都如刍狗一样，没有高低贵贱，没有分别，人类也只是如花、如草、如树木、如兽一般，都是这个世界的组成部分而已，甚至这个世界就算没有人类的存在，依然正常运行。人类对于客观世界来说似乎并没有那么重要，但人类却总是认为自己很重要，甚至幻想成为这个星球的"拯救者"。这里出现的人类对自我的认识与客观现实中的人类存在巨大差异的现象，不仅存在于人类群体中，更存在于每个个体中。那么，人类对于这个世界，对于自己，以及对于彼此间的认识，对于人类自己而言就变得尤为重要，因为这些认识不仅影响着人类如何与自然相处、如何与彼此相处，还影响着全人类走向何方等重要问题。

人类是放大的小我，个体是缩小的人类，人类的集体意识是由每个小我汇集而成，而每个个体也承载着人类的集体意识。很多时候我们眼中的自己和他人眼中的自己往往是不一样的，而且自己以为自己可以成为一个怎样的人，与我们实际能够成为一个怎样的人也是不一样的，甚至今天认识的自己和明天认识的自己也不一样。在生活中，我们也常常会见到对自己表现出不满，常常自责、自卑的人，也会见到盲目自大，有一种莫名的优越感的人，还会见到一会儿自卑，一会儿自傲的人……总之，对于人类来说，认识自己是一个没有止境的过程，对于每一个个体来说，要对自己有正确、清晰的认识也并不是件简单的事情，甚至是终其一生都要不断探索、了解和定位的。

一　意识与无意识

19世纪，奥地利学者西格蒙德·弗洛伊德创立了精神分析学派。弗洛伊德构建了一套心理结构模型，以此来描述心理的结构和功能，他借用冰山来进行比喻。露出海面的是意识，也是显意识，是指我们当下正在关注的内容，是可以感知的部分，但只占精神活动的一小部分，包括了我们的思想和知觉等。在海面部分，也就是连接深海和显露部分的连接处，是前意识，前意识是我们需要从记忆中唤起的部分，只要我们想知道就能被调取进入意识部分的内容。最后是深深掩藏在深海中的潜意识，也叫无意识，我们心理生活的绝大部分和深层活动都处于无意识中。弗洛伊德认为，对人的心理和人性的理解在于揭示深藏的无意识。意识是由无意识发展而来，虽然表面上人们的意识是由外界现实所引起，但根本倾向和隐含的欲望基础是无意识的。那些被遗忘的过去经历、压抑的欲望和冲动构成了无意识，正是这些无意识的内容决定并支配了意识。从深层机制来说，有的无意识可以进入意识，意识被压抑、抑制后又会转入无意识，所以，意识和无意识是可以相互转化的。因此，治疗神经症患者时，让病人的无意识进入意识，并进行治疗和调整，完成后症状就会消失。并不是所有无意识都能进入意识，被觉察和了解，对无意识的研究和了解仍在继续，对意识的研究一直是心理学研究的传统领域，但弗洛伊德为无意识的研究提供了一种理解"意识"的独特途径。基于此，弗洛伊德67岁的时候，在1923年出版的《自我与本我》中提出人格由本我、自我和超我组成，本我位于潜意识中，隐藏在心理活动的深海之下，是本能、冲动和欲望所构成的我，遵循"快乐原则"。自我介于本我和超我之间，按照"现实原则"行事，以现实可以接受的方式安全地满足本我的需要，调节超我的监督，在意识与无意识之间起调和的作用。超我是我们的道德良心，也就是道德价值观系统，遵循"道德原则"，超我会使我们感到内疚、愧疚等。自我和超我有一部分会进入意识部分，被我们觉察，但仍有一部分会隐没在心理活动的深海下，在无意识的部分影响我们的思想和决策。个体对自己各种身心状态的认识、体验和愿望构成了对自我的意识，这种自我意识绝大部分是位于意识层面的，但受到来自无意识的影响，自我意识的产生是人格诞生的重要因素之一，自我意识的产生与发展跟弗洛伊德提出的本我、自我和超我之间有重要联系。尤其是在个体自我意识快速发展的阶段，个体的本我和超我对个体的自我认知、自我评价和自我体验有重要影响。

二 自我意识

(一) 自我意识的概念

自我到底是什么？这依然是一个很难回答的问题。

亚里士多德对"自我"的认识包括个体的本体论同一性，提出人在不断变化的条件下和他一生的不同时间内，是否始终是他/她自己的问题。笛卡尔对于"我究竟是什么？"的回答是"我思，故我在"。笛卡尔认为自我认识是第一步，"我"是"思想"的"我"，"自我"是一种特殊的精神实体，"自我"的概念是先验的。但洛克质疑"有理性、在思考的我"在不同时间和空间还是同一个"我"吗？当个体丧失身体的某些部位，职业变化，睡着了又醒来，即便时空发生了变化，个人的状态发生了变化，人却还是认为自己是同一个人，因此，洛克认为在变化的过程中，人的意识有连续性和同一性，所以，"自我"取决于意识，而"自我"是有意识的"思想"的本质。休谟对"自我"的认识是："这些知觉是以什么方式属于自我，并且是如何与自我联系着的呢？就我而论，当我亲切地体会我所谓我自己时，我总是碰到这个或那个特殊的知觉，如冷或热、明或暗、爱或恨、痛苦或快乐等等的知觉。任何时候，我总不能抓住一个没有知觉的我自己，而且我也不能观察到任何事物，只能观察到一个知觉。当我的知觉在一个时期内失去的时候，例如在酣睡中，那么在那个时期内我便觉察不到我自己，因为真正可以说是不存在的。当我因为死亡而失去一切知觉，并且在解体以后，再也不能思维、感觉、观看并有所爱恨的时候，我就算是完全被消灭了，而且我也想不到还需要什么东西才能使我成为完全不存在的了。"休谟认为自我是一种知觉，自我概念依赖于经验主义的世界观。休谟的自我概念促进了西方自我学说的新发展，他批判了自我实体，提出了自我观念和自我印象。

1890年，美国心理学家詹姆斯在《心理学原理》中首次提出了自我意识这个概念，他是自我意识研究领域的先驱和开拓者，作为最早对自我意识进行了系统研究的学者，他提出将自我分为 I 和 me 两个方面，也就是主我和客我，他认为构成自我客体的元素主要包括社会元素、物质元素及精神元素，而自我的主体则是自我意识，自我意识的构成元素应该包含客体引申的主体，即社会自我元素、物质自我元素及精神自我元素。自我意识的产生，实际上是大脑对于生理、心理等方面的观察与判断，与我有关或者属于我的事物都是自我的内容，如自我情绪的表达、意志品质、生理的自我、个人能力以及对未来的期许等。

库利（Cooley）认为重要的他人构成个体的社会镜子，也就是"镜中自我"（looking-glass self），通过觉察他人对自己的看法，将之同化或内化为个体的自我认识。这个"自我"是个体想象他人对个体的形象、动机、需要和个性的看法，然后个体将这些反射的评价变成自己的。这种"自我观点"包括三个主要成分，即对别人眼里自己形象的想象、对别人对这一形象判断的想象以及某种自我的感觉。

在临床心理咨询中，罗杰斯认为每个人都是在用自己独特的方式来看待世界，这些知觉构成个人的"现象场"，而现象场的关键是自我。所以自我概念是一个有组织的感知模式。

随着世界文化逐渐交织在一起，我国心理学家在 20 世纪 80 年代时对于自我意识的探究有了跨越式的增长。在自我意识研究方面，具有代表性的人物当数当时西南师范大学的张增杰教授，张教授认为，自我意识应该理解为个人对自身、人我关系的认知。而同样知名的学者徐凤姝、黄希庭认为"自我意识是一种多维度、多层次的心理系统"。这一观点被多数学者认可并沿用至今，以这一观点为出发点，诸多学者对于自我意识的认知都有了共通点，但也有部分学者提出了不同的看法，虽然综合诸多学者所提出的看法，却始终没有能够诠释自我意识的真谛。

站在众多心理学家的肩膀上可以看到，自我意识是个体通过社会实践对自己、他人、社会关系的多角度、多对象的认知，是一个包含了多层次、多维度的，动态的，复杂的心理系统，这个系统无时无刻不在潜移默化地调控着个体的心理活动和生理行为。

（二）自我意识的结构

自我意识由诸多元素结合而成，它的整体结构是多元且复杂的。以自我意识的表现形式为基准，自我意识可以分为：观察层面的自我认知、修复层面的自我调控以及感受层面的自我体验；以自我意识的构成元素为基准，可以分为个体不同的心理自我、集体存在中的社会自我以及身体成长的生理自我；以自我意识的观感为基准，又可以分为：想象中的理想我、生活中的现实我以及对比下的投射我。站在不同的角度，可以对自我意识进行多维度、多层次的分析，各个自我有各自的特点，同时又相互影响、相互渗透，自我意识的复杂程度可见一斑。

1. 自我认知、自我调控和自我体验

自我认知是个体通过分析判断等逻辑思维活动，对自己进行的感知和评价。对自己生理自我、道德品质、未来期许的认识都是自我意识的一部分。自我认知包含的层面极广，如对自我进行身体及心理上的分析、对自我进行为人处事方面的评价、对自我这一概念是否明确等，其中，概念以及评价至关重要，关乎自我意识发展方向是否正确、发展程度是否有提升。自我认知是构成自我意识的重要元素，是进行自我调控的第一准则，也是自我体验判断的标准。

自我调控是自我认知在意志层面的具体体现，反映了自我认知的意志状况，具体表现为个体对自己心理和生理活动的控制状况。自食其力、强大的自制力、生活学习中对自己的严格监督都是自我调控的表现形式。一个个体如果拥有较强的自我调控能力，通常表现为做事自律、目标坚定，行动计划翔实，不易受外界和他人的影响；相反，自我调控能力差的人则容易被外部的事物所诱惑和引导，缺乏主见，容易情绪化。

自我体验是个体对自身由于环境等因素变化而产生的一种带有主观色彩的情绪体验。自我认知是自我体验的基础。这种体验既可以是积极的，如自爱、自我肯定、自尊、自律等，也可以是消极的，如自卑、对自己和他人不满、自我否定等。积极和消极的情绪取决于个体感知的现实和理想自我的比较，若个体感知的现实比理想的自我好，则会产生积极的体验。对自我体验而言，越积极就越能帮助个体学会热爱学习生活，促进个体形成良好的自我调控能力和发展力。

2. 生理我、心理我和社会我

自我意识是一个复杂的系统，以自我意识的构成元素为基准，可以从个体不同的心理自我、集体存在中的社会自我以及身体成长的生理自我三方面进行分析。个体对于自身身体状况的观察判断，如由外貌、身高、体型、健康状况、身体素质等认知组成的生理意识；心理我则是个体对于自身人格形成、心理状况、性格等心理状态组成的意识；社会我即个体对自我社会属性的认知，包括个体不同时期的不同社会角色、社会地位以及人际距离等，是个体社会属性的具体体现。

生理我、心理我和社会我从个体的不同阶段反映了自我意识的发展过程，即从动物的心理我发展为社会性的社会我。个体首先从生理上认识自己，随后在社会实践中了解社会自我，最后随着身心的成熟成就心理的自我。

3. 现实我、投射我和理想我

以自我意识的观感为基准，自我意识又可以分为想象中的理想我、生活中的现实我以及对比下的投射我。现实我是生活在社会中自己的即时表现，也是个体对自身做出的评价与判断；投射我则主要是自我想象的一种，但这种想象是基于别人对自己的看法以及评价，从而进行改变的，投射我与现实我有一定的差别，但对促进现实我的发展有着正面积极的作用，因为通常个体会将他人对自己的评价作为形成现实自我的一面镜子，不断调整和修正现实我；理想我是一种美好期盼下的形象，是个体通过生活而想要或者即将成为的一种我，是一种近乎完美的状态，是现实自我努力的目标和方向。通常，如果个体根据现实自我客观地建立起理想自我，那么现实我将逐步向理想我靠拢，使得自我意识拥有较为良好的发展。

由此可见，无论从哪些角度对自我意识进行分析，它都是一个复杂的心理系统，每一个组成结构都是自我意识不可或缺的部分，不同的部分相互依存，相互影响，相互联系又相互制约，从而形成复杂的自我意识体系，同时也从另一层面展现了自我意识体系的多样性。

（三）大学生自我意识的特点

1. 自我认知、自我体验和自我控制得到进一步发展

在自我认知方面，随着心理和生理的逐渐成熟，大学生自我认知意识逐步觉醒，大学生个体通过对社会的感知，不断修正自我品质，自我评价审视能力获得了前所未有的增强。社会环境始终随着当前经济形势以及政治形势的变化而变化，以至于大学生的人生价值观也会受到影响，从而在审视自身时不够客观公正。通常大学生通过外界的评价来认识和评价自我，但作为拥有相对较为独立思想的个体，他们又不被外界种种评价所支配，这体现了大学生自我评价能力的显著提升，但由于社会实践缺乏，社会经验和阅历不足，大学生对客观事物的判断和评价往往较为浅显和片面，不能多方面、多角度地对事物进行理解和认知，对事物的认知缺乏深刻性，认知停留在表面，不能正确认知事物的本质。

在自我体验方面，大学生群体由于刚刚走出单纯的校园生活，自我情感可以得到前所未有的释放；同时，大学生群体又表现出与他人进行思想交流、诚挚交往的强烈愿望。在此过程中，积极和消极的情感相互夹杂，而情感控制能力尚不成熟，自我体验呈现出易于波动的特性。

在自我控制方面，随着思想的成熟，相较于中学生，大学生的自我控制能力明显增强，自我控制的主动性也有了较大的提升。首先，进入大学阶段，大学生群体有了自己独立的发展空间，自我控制能力增强，主要表现为独立的自我行动、积极的进取精神和意识。其次，大学生会根据周围的社会现实状况，主动迎合社会的标准和期望，来规划自己的未来。同时，由于社会环境的复杂性，大学生个体也有陷入意志发展误区的风险，比如盲从和精神上的慵懒等。

2. 自我意识的主要矛盾冲突多样化

大学生个体在学习和生活中往往有意或无意地将理想自我和现实自

我进行比较，两者一旦相距甚远，超过个体的承受范围，就会使得理想自我与现实自我产生激烈冲突。这种冲突对于个体的发展有利有弊，利处在于它能够帮助大学生成为更好的自己，弊处则在于它会使得部分大学生陷入自我怀疑。因此，现实自我和理想自我带来的冲突是一种考验，大学生要学会自我调节，认清现实自我，同时向理想自我靠拢，如若不然，冲突过于剧烈，会使得自我意识不受控制，从而引发诸多心理问题。

进入大学后，大学生进入一个相对自由的空间，独立意识迅速崛起，他们希望自己在学习、思想和生活等方面摆脱学校和家庭的束缚，独立地处理学习和生活中的问题。但他们毕竟还身处"象牙塔"之中，并未真正走进社会，需要老师和家人的支持，无法做到真正的人格独立。

作为天之骄子的大学生个体，自信满满地进入大学后便发现"山外有山，人外有人"，这种自信心和自卑心理的冲突如果不能得到适当调节，便会使个体陷入消极情绪之中，打消他们在生活和学习中的积极性，不利于个体身心健康的发展。

作为特殊群体的大学生，正处于自我意识快速发展的黄金时期，自我意识将在这一阶段之后逐步稳定，在这一阶段，大学生的身心状态变化迅速，同时，思想逐渐复杂，不再只是两耳不闻窗外事，一心只读圣贤书，他们逐渐开始思考我的具体形象是什么样子的，将来要将自己塑造成什么模样等问题。但由于大学生个体能力、家庭背景、性别、经验等因素的不同，不同个体的身心发展状况不同，对于能够正确认识和客观评价自己的个体来说，他们能够正确对待生活和学习中自我意识的冲突和矛盾，巧妙而恰当地将矛盾和冲突化解。相反，在自我认识和自我评价方面存在问题的个体，解决自我意识方面的矛盾和冲突就相对较为困难。只有正确客观地认识自我，才能培养自己健康的人格，在完善自我意识的过程中有的放矢。

三 自我实现

自我问题是东西方哲学长久以来不断探索的一个问题，儒家式的自我观念在某种程度上构成了我们对中国人的心理与行为的基本认识。中国人自我的认识一开始是放在中国思想史、哲学史、汉学、比较哲学、伦理学或历史学的领域讨论。从 20 世纪 80 年代开始，心理学本土化开始推进，过去思想、道德及文化领域的概念和研究开始进入本土心理学研究的视野。一些中国的心理学家通过自己的研究对一些儒家及相关的概念进行了重新定义和探索，意图引发中国心理学研究的文化自觉。当这些儒家的概念进入心理学研究领域后，一大挑战就是需要以科学研究的视角和方法来处理、转化这些概念，尤其是将其可操作化，以便在心理学的研究范式下构建出本土心理学理论。在本土心理学的概念研究中，"自我"的研究是比较艰难的部分。因为"自我"是一个外来语，但中国的历史文献和生活中有大量与"自我"有关的内容和含义，西方文明中与"自我"有关的概念如人格、灵魂、精神、意志和个人主义等，而儒家或中国传统文化中所提到的"自我"与之内涵不太一样。儒家的"自我"是处于环境中的，根据儒家的模式，自我是一个关于身份和关系的共有意识。有学者提出，儒家式的自我或者中国人的自我是关系取向的自我，翟学伟认为要从关系取向的内部寻找答案。在汉字里，表达"我"的字有很多，包括"卬、吾、台、予、朕、身、甫、余、言"，随着时代的发展，现代人仍然使用的表达"我"的字仍包括"身、吾、我、己"。其中"身"既包括了外在的我和物质的我，还包括了内在我、精神我，因此，我们既需要修身还需要自我修养，修己。梁漱溟所讨论的中国人"无我"是在伦理我的层面上论述的，"无我"实际上也就是中国人所谓的"大我"或者"公我"。在这一层面上，讨论中国人自我的表现，主要是讨论中国人应然的或儒家言说的一面，当然在现实生活中也有中国人会身体力行来实践这一点。而费孝通看到的自我主义属于现实我，由于现实中的自我无不透露着个人的欲念和利益诉求，便产生了同儒家思想格格不入之处，也就常被称为"私我"或者"小我"。在儒家的自我观念中，私我要服从公我，小我要成全大我，因此在儒家思想层面，总是看到大我对小我的压制。可费氏所研究的乡土中国，或者说，社会学的主要研究目标是现实社会，而非价值体系。乡土中国的主要对象是农民群体，在小农经济的作用下，一家人的生存永远是第一位的。这很容易导致人们站在"公我"的角度考虑问题，而这一点恰恰是读过儒家典籍的乡绅群体需要考虑和维护的，他们经常成为地方上主持公道的人。还有一个相关问题是，关系取向中的自我不能放在西方个体取向自我中的完整性上来理解。也就是说，无论是精神分析理论中的本我与超我，还是符号互动论中的主观我与客观我，都是在自我的完整性内部来建立自我结构的，可是关系取向的自我不具备个体完整性。中国人的自我本身与他人之间有一块较大的分享余地。

哲学在处理自我实现的问题时，是以一种"异质共构"的包容心态，给与自己截然相反的主张留出一定的地界。它承认，尽管自我实现很可能是所有人都同样向往的东西，但关于什么是自我实现，却不可能有一个统一的答案。具体地讲，当我们肯定"大我"才是真正的自我时，我们必须对那些相信"小我"才是真正自我的人表示足够的尊重和理解。从中西哲学比较的角度看，对"小我"给予最充分肯定的哲学是存在主义。而这种对"小我"的坚持，又只有对照黑格尔哲学对"大我"的张扬才能显示其意义。在某种意义上，黑格尔哲学与儒家哲学确有相通之处：两者都倾向于把真正的自我（绝对自我）理解为"大我"。在黑格尔哲学中，单个的"自我"是没有地位的。它需要被消泯、包容和同化到"总体意识"和"绝对精神"之中。按照黑格尔的想法，个人的"自我"总在不断地与"他者"或"非我"照面，并在这种不断的照面中，通过同时扬弃"自我"与"他者"而走向自我的"扩张"，直到成为"绝对的自我"。

黑格尔总是喜欢把单个的自我说成"抽象的""片面的"，因为在他看来，这些彼此冲突的"自我"都是不完整、不真实的。就这一点而言，黑格尔的自我实现观与中国儒家的自我实现观，可以说确实有某些相通之处：两者都主张通过精神的不断拓展，实现其最后的丰富性、完整性和形而上的真实性。

儒家思想的核心是"仁",朱熹将《大学》列为四书之首,最重要的原因之一是《大学》更具纲领性,将明明德、亲民、止于至善作为君子人生追求的最高境界。在这个体系中,包含了两方面的内容,将个人的自我实现视为道德上的最高要求,并通过个人的自我实现来帮助周围的人达到自我实现。在儒家思想中,个人的自我实现只是一个方面,是第一层次,通过自己的自我实现来帮助他人获得自我实现是另一个方面,是第二层次。《大学》把"格物、致知、诚意、正心"的修己路径引向"齐家、治国、平天下"的渡人之路。儒家中把修己和渡人统一起来的是"诚"字,"诚",信也,有(心意)真实、果真、的确、实在的意思。"诚"和"成"可以互训,所以"诚己""诚人"也蕴含了"成己""成人"的意思。因此,从儒家的角度看,真正做到了"诚"就能通往自我实现。

在儒家思想中,"天人合一"是基本假设,一方面,"天"代表了一种全德全能的世界基本规律,另一方面,"以德配天""以德配位"的"至诚之人"能够成为"圣王""君子"。"圣王"和"君子"已经获得了自我实现,他们的使命除了自修之外,还包括帮助他人获得自我实现。并非人人生而能"诚",《大学》提出了通过后天的学习和自修来达成,经由格物致知来达到尽心知性、自我觉察,进而走向自我实现。朱熹在《补〈大学〉格物致知传》中说了一段话:"盖人心之灵,莫不有知;而天下之物,莫不有理;唯于理有未穷,故其知有不尽也。是以大学始教,必使学者即凡天下之物,莫不因其已知之理而益穷之,以求至乎其极。至于用力之久,而一旦豁然贯通焉,则众物之表里精粗无不到,而吾心之全体大用无不明矣。"显然,最后所说的"明",只有放在"明心见性""由明而诚"的话语背景中才能得到正确的理解。同样,这段话也可以视为对《孟子》中"尽其心者知其性,知其性则知天矣"的最好解释。这样,我们便不难看出:在儒家哲学中,"格物"的目的是"穷理";"穷理"的目的是"尽心"(尽其心知)、"明心"(由明而诚)。而"尽心"和"明心"的过程,也就是"诚"的过程，即"尽性"和自我实现的过程。至于"齐家、治国、平天下"，则是一个人在已经获得了自我实现（内圣）之后，去帮助他人获得自我实现的社会政治努力（外王）。

第二节 "格物"思想对大学生自我认知的启示

《逻辑学大辞典》中对"认知"的解释为："认识客观事物，获得知识的活动。其中包括感觉、记忆、知觉、思维、推理、言语、想象、学习等。"现在对于"认知"的诠释，分为广义的认知和狭义的认知。从广义的角度来看，认知是指大脑对于客观存在的知识或事物进行学习或了解，对事物共有的特性及区别做出反应，同时发掘出存在的事物对人的影响的一种心理活动。从狭义的角度来看，认知是指一种记忆，对于学习的某段知识或了解的某种事物进行脑海中的复刻，当已经学习过的知识或见到过的事物再次出现在眼前，个体仍然能了解它。在认知心理学中，认知是个体从无到有的发展过程，即一开始个体是没有认知的，从感受开始逐渐认识周围环境，以周围环境为认知的基础，再到学习知识，将新知识放到自身的认知基础上，此时对周围环境的了解就变成了旧知识，等到再学习更新的知识，之前的新知识就又变成了旧知识，通过旧知识去学习新知识，通过新知识改造旧有知识结构，从而达到一个新旧交替的循环过程。综上所述，认知是一种与人类智力息息相关的活动，是人类通过思考、感知、记忆等方式认识客观世界获取信息的一种能力。

"认知"来源于英文的"cognition"，也可以翻译为"认识"。认识通常是对事物的一般认识，特别是对科学的认识。对"认识"的理解亦可以分为广义的认识和狭义的认识。人的大脑对客观事物及其规律的认识即为广义的认识。广义的认识中的认知，即为狭义的认识。

可以说在儒家思想中"格物致知"是一个复杂而又重要的概念。"格物致知"作为一对概念最早出现于《大学》。《大学》中提出的

"八条目"和"三纲领"中含有"格物致知"。原文为："古之欲明明德于天下者，先治其国；欲治其国者，先齐其家；欲齐其家者，先修其身；欲修其身者，先正其心；欲正其心者，先诚其意；欲诚其意者，先致其知；致知在格物。物格而后知至，知至而后意诚。""格物致知"被后人理解为修身的方法，《大学》给出的解释是："致知在格物，物格而后知至，知至而后意诚，意诚而后心正，心正而后身修，身修而后家齐，家齐而后国治，国治而后天下平。"由此，后世众多思想家加入诸多自己的理解和体会，对"格物致知"的诠释更为全面细致。

一　理学与心学的"格物致知"

理学和心学是"格物致知"的两个代表学派，作为儒家思想的继承者，理学和心学对这一概念给出了各自的解释。宋代理学结合《中庸》和《大学》对"格物致知"给出了自己的解释。"格"的意思就是"穷"，即深入思考和钻研，对事物的义进行彻底的追究，"物"可以理解为世界上的万事万物。所以"格物"是对外物的"格"，是考察和认识世间的万事万物及其运行规律。"致知"针对的是自身，即对自身天理的认知。因此，"格物致知"就是只有对所有事物进行彻底的学习和考察并且对其内在天理了然于胸，才可以获得知识。

与理学不同，心学结合"致良知"的理论对"格物致知"进行了新的阐释。心学认为，训"格"为"正"，"物"即心中之物，"知"即"良知"。认为将内心的糟粕之物革除，遵循良知行动，将良知推及事物，这便是"格物致知"。

根据以上的种种解释，"格物致知"从认知角度解释，可以通俗地理解为不断对所处环境中的事物进行学习和探究，将所获得的认知内化为己用，不断完善自我认知架构，规范行为，端正思想。

二　宋代理学的自我认知

主体如何从认识和考察中获得知识是"格物致知"的认知方式的

重点，根据"致知"途径的不同，心学和理学对"格物致知"有着不同的解释，形成了不同的认识和考察途径。

宋代理学家程颐与其兄程颢认为"知"存在于人的内心，但是外物将内心蒙蔽，所以，直接的自我认识便显得尤为困难，而"格物"和"穷理"可以帮助个体认识自己。程颐说道："知者吾之所固有，然不致则不能得之，而致知必有道，故曰致知在格物。"通过对程颐观点的学习可以知道，人内心固有"知"，只不过是通过格物将其遮蔽之物揭去而已，具体流程大致可以总结为：致知在于格物，格物就在于穷其理。在程颐、程颢的观点中，想要致知就必须先做到穷理，而穷理作为追求事物本质真理而言，可以用的方法数不胜数，其中包括：以读书学习知识为获得真理的方法、以追寻古今圣人的道德思想为获得真理的方法等，简而言之便是通过阅读和学习，与他人进行深刻的讨论，对处理的事情进行全方位的考察和分析。关于"格物致知"的过程，程颐、程颢二人认为："须是今日格一件，明日格一件，积习既多，然后脱然自有贯通处。"也就是说，格物穷理需要一件件格，长年的积累才会达到质变，从而豁然开朗。

在朱熹的努力下，二程的"积累"和"贯通"得到了继承和发展。朱熹的《补〈大学〉格物致知传》中写道："至于用力之久，而一旦豁然贯通焉，则众物之表里精粗无不到，而吾心之全体大用无不明矣。此谓物格，此谓知之至也。"朱熹认为通过格物这种手段，可以不断增加内心已有的知，表面看来是认识万物的理，实则认识的是内心的理，穷一份外物的理，便得到内心一理，穷物愈多，内心愈为宽广。所以当代大学生应以此为鉴，全身心投入学习和生活当中，格生活与学习之物，在长时间的学习和社会实践中逐步认知自己，将他物之理纳入自己的认知体系之中，才能不断认识和完善自我。

三 陆王心学的自我认知

陆王心学对"格物致知"与程朱理学不同，陆王心学理解的道德修养色彩更为丰富。

陆九渊的观点是人的认识就是"本心"，无须外求。致知的方式便是"自存本心""保持本心"的求知。他认为本心即根本，内省本心，根本立，便可"易简功夫"。由此看来，陆九渊认为的"格物"便是"格心"，外物不需"格"，需要"格"的只是内心而已。也就是说陆九渊的"格物致知"不是求于外物，而是求于本心，通过本心的内省，达到改过迁善。

在王阳明的观点中，"格物"应译为"事事物物皆得其理者"，他认为"致良知"的途径便是"格物"，人的主观意识决定了客观事物的存在及意义，而客观事物的存在及意义不应该是人主观求知的原因所在。他认为"格"训"正"，"格物"即为"正事"。简而言之，王阳明对于"格物致知"的追求是以"致良知"为主，自身的行为需要道德良知的指导，道德良知也可推及事物各个方面。

对于当代大学生而言，由于刚刚走出单纯的高中生活，正处于学校与社会的过渡期，身心的发展正逐步走向成熟，在这个关键阶段，更应守住自己的本心，正其心，不迷失于纷繁的世界，悟到自己的人生之"道"。

随着历史车轮滚滚向前，理学思想变得拘泥，渐渐失去了生命的活力，由于心学过度注重"心"的主观能动作用，易产生自大等严重负面影响。到明清两朝，思想界掀起了一股新的思潮，这股思潮倡导"行致知"，将思想的侧重点由"心"向实践转变，"格物致知"逐步向实证化衍变，王夫之便是其中最具代表性的思想家之一。他认为，感性认识即"格物"，理性认识即"致知"，认识是从感性开始，通过对事物的观察和钻研，逐步向理性的认识转变，在此过程中完成感性认识到理性认识的升华，只有从"格物"开始，才可以获得知识，"格物"和"致知"相济，方可用真知指引行动。

由此可见，"格物致知"的认知方式就是个体在长期的社会实践中不断获得认知，"格物致知"的认知方式的核心是"力行致知"，"格物致知"的本质是"实践精神"。

第三节 "致良知"对大学生自我评价和自我体验的作用

我国的高等学府是培养社会主义现代化人才的重要基地，但高校的作用不只是培养知识型人才，更重要的是让中华文化注入年轻人的血液之中，使大学生成为品德高尚、心理健康、有担当的新时代青年。

在经历了充满矛盾、复杂和躁动的青春期之后，大学生步入了全新的大学校园。此时，他们的自我意识被唤醒，价值体系也随着进入大学这一新的阶段出现明显的变化。此时积极的自我体验和客观的自我评价就显得尤为重要，积极的自我体验能为个体带来未来可期的自信，客观的自我评价能够帮助个体活在现实世界中，同时憧憬未来生活中理想的我。因此，客观公正的自我评价和积极向上的自我体验无疑会刷新大学生的世界观、人生观和价值观。

我国优秀传统文化的中心为道德教化，"良知"自古便备受推崇，滋养了我们的祖祖辈辈。阳明心学在继承儒家思想的基础上，围绕"致良知"，提出了"知行合一""事上磨炼""慎独"等思想，打破了宋代理学的限制，将德行的修养引向了人的内心。

一 "致良知"的解读发展

人是与天地并存的宝贵实体，但容易陷入"人类中心"论，产生优越感，从而造成人与自然的价值冲突，延伸到个人来说，如果个人陷入对自我认知的偏差，过高评估自己的价值和能力，就会陷入自我与他人的价值冲突，产生情感和行为的混乱。

要求人们有意识地以明德为本，不被心灵以及生命中的冲动及欲望所遮蔽诱惑。因此，生而为人既拥有了纯净明亮的内心，能够成为自己，又因个人的差别而不同，所以，立人之道，并不是去评判别人、替他人设计生活，而是以身作则、建立道德规范。而格去物欲，不断提高公民主体的道德品格，从而生发天生的清澈光明内心，便是所谓"亲民"。大学之道，注重的并不仅仅是个人的道德实践，它还需要把个人的道德修养运用于社会现实中，是一个推己及人的过程。亲民，讲到底，即把自己的道德素质更广泛地施及他人，从而让天下人都能够体认到自己内心所拥有的诚明性德。

孔子论道，以"仁"为核心，故儒学又称为"仁学"。孟子认为，人性本善，道德深植于人心，将儒学从"任学"发展到"心学"。孟子的观点认为，人心有"四端"，分别是恻隐之心仁之端，羞恶之心义之端，辞让之心理之端，是非之心智之端。荀子主张"性恶论"，他认为人性本恶，人生而好利，争夺、私欲由此而生；心生妒忌而残害纯良之人，爱好声色犬马而沦陷其中，损坏礼仪道德。人作为生物之一，自保是本性，且资源是有限的，所以必须建立规则来防止或者减少人与人之间的纷争，避免人类社会的解体。孟子的观点是人不仅是生物，还拥有一颗道德的心，道德是心的本源，而不是规则，他提出了人人都有深植于内心的"良知"。由此可见，孟子对"心"和"良知"的认知极为深刻，不是仅仅停留在人的生物性层面，而是超越了人的生物性，这是人与动物本质的区别。孟子的"良知"便是王阳明所说"良知"的起源。

直至宋代，以朱熹为代表的"程朱理学"占据了理学的主导地位，"程朱理学"认为万事万物皆为理，所以要格物，格物致知就是要研究万事万物的理，穷尽其理，最后归纳总结为"一理"。他认为获得知识就是认知、钻研事物，久而久之，便豁然贯通。由此可见，朱熹的"格物致知"就是要充分发挥自己的认知能力，深入地了解一切，在淋漓尽致地探索事物真相的过程中，没有任何障碍。

朱熹的"格物致知"存在两个无法解决的问题。第一，用有限的认识主体去追求无限的认知客体，这是矛盾的，正如"学海无边；书囊无底。世间书怎读得尽"。第二，万物的理与人内心之理的转化存在问题。关于这两者如何统一，朱熹没能给出答案，在王阳明看来，把万事万物的理统一为心中之理是不可能实现的。

二 王阳明的"致良知"

王阳明说:"若良知之发,更无私意障碍,即所谓充其恻隐之心而仁不可胜用矣。然在常人不能无私意障碍,所以须用致知格物之功,胜私复理,即心之良知更无障碍,得以充塞流行,便是致其知,知致则意诚。"良知是人人生而拥有的、天然的至善。人人都有良知,但并不是人人对良知都有意识,在王阳明的认知中,良知应该是一种判断道德价值的标准,而非其他。

王阳明指出:"无善无恶心之体,有善有恶意之动。知善知恶是良知,为善去恶是格物。"这是王阳明对"致良知"的系统表达和概括,"为善去恶是格物"指的便是致良知的道路,他认为,"格物"便是"正事","去恶"就是"正其不正","为善"便是"归于正"。

总结王阳明的论述,"致良知"包含两个层面的内容。

"诚意""立志"为"致良知"的第一个层面。每一个个体都有自己内心的"良知",我们需要做的便是将良知唤醒,并不断扩充自己的良知,同时也要剥去良知上的层层遮蔽之物,让良知以其原本的状态显现出来。那么如何让自己的良知自我开显,答案便是内省和反思,作为道德主体的人,常常把生活中的各类行为、观念与心灵直接联系,对行为和观念等进行审视,而此时内心的善恶良知便会以原本的样子显现,告知个体什么是善,哪些是恶,这一过程也体现了"知行合一"的思想。在反思与内省过程中,行为个体不能被私欲和利害侵蚀,确保自我的对话是纯粹的,王阳明将这个过程称为"诚意"。他认为"诚意"是圣人教导后人的最重要的内容,王阳明曾通过强调为学应从心髓入微处用力,来强调"立诚"的重要性。"立诚"才能"笃实光辉",在此之后,即便私欲在内心偶尔萌动,也只不过是燲天炽地之炉火上的点点飞雪,忽然即灭,不会遮蔽内心的良知。同时,王阳明也注重"慎独",他认为"独处"是对"诚意"的考验,独处时产生的意念,无论善恶都是真实的，一是百是。"立志"也是王阳明强调的重要内容，他认为一个人要立下像成为圣人这样的伟大志向，只有志向存在于内心，人才能时刻保持清醒，拥有强大的定力，一个人如果没有志向，便是一具没有灵魂的躯壳，一事无成。王阳明的"诚意""慎独""立志"，体现的便是自我反思的功夫，对于这三者的内在关系，王阳明认为首先应立志，所立之志应"真切为善"，抛弃心中杂物，只有如此才能让良知拥有扎根的土壤，然后从"慎独"开始，日复一日，年复一年，终有一日便可柳暗花明又一村，达到意诚的境界，此时便可窥见"知行合一"的本体，窥得此体之后便能领悟到良知的原本状态。

"事上磨炼"是第二个层面，即良知的自我表达，将良知运用到实际行动当中，在实际行动中不断为善去恶，从而使内心的良知可以达到万事万物，这就是王阳明提出的"事上磨炼"。最初，王阳明曾传授学生静坐的功夫，试图让学生在静坐的过程中不断沉思自己，一段时间之后，他发现"喜静厌动，流入枯槁"的毛病在学生中渐渐浮现，从此他便改进自己的教学，致力于"致良知"，强调医生只有亲身感受过病情，才能对病人的病理体察入微。从"静坐"到"致良知"，不难发现，"致良知"与万事万物相关联，不可脱离实际。所以王阳明认为，人们应该多在"事上磨炼"，在实践中磨炼自己，如此便会有所大成，如果只好静，那么遇事便容易慌乱，不知所措，最终也得不到什么长进。只有"事上磨炼"之后，才能达到"知行合一"的境界。每个人都有自己的良知，但多数人的良知隐没在内心，不能显现到现实情境中。如何达到"致其良知"？只能"事上磨炼"。真知只有通过不断的社会实践才能获得，想而不做是徒劳而已，作而不知为"冥行妄作"，不作而知是"揣摩影响"。王阳明先生的"事上磨炼"可谓填补了儒家在实践方面的不足，在保证了"诚"的仁爱的同时，也保证了将仁爱落实到实践之中。冲破私欲的层层遮蔽，实现知行合一，需要日复一日年复一年地道德修炼，这是致良知的原则。王阳明的"事上磨炼"更有"生活气息"，侧重于日常生活，他认为除"人情事变"外，便"无事"了,人世间的百态,都可以概括为"事变",时时刻刻处处磨炼自己知行合一的本体。钱穆先生认为,天理存在于实践当中,良知也存在于实践中,万事万物和我都在实践之中,一味地空言,无实物,最终定是一无所得。

"事上磨炼"就是正确认知自我评价和自我体验的社会实践养成过程。通过"事上磨炼"增强自己的感知能力,对自己进行不断的探索,让自我评价变得深刻,找到内心的良知,在认知中步步向前。

三 "致良知"与自我评价和自我体验

自我评价是个体在反省过程中对自己进行的评估,随着个人抽象思维的发展,大学生会产生对自己与外部世界关系探索的强烈好奇心,这为大学生高水平的自我评价提供了精神基础。虽然大学生求知需求旺盛,思维敏捷,个性也逐步趋于成熟,但处于这一阶段的大学生也有社会经验不足的弊端,生活内容存在一定的不确定性。他们拥有对未来的职业规划和认同,但对自己未来的社会角色定位并不清晰。虽然对学习和生活中的种种问题有自己的独到见解,但其价值观和价值体系不够稳定。所以,他们的自我体验也比较复杂,各种心理困惑可谓家常便饭,从而容易迷失于混乱之中,特别是当主观愿望实现困难时,产生盲目的自我评价,使自我评价脱离现实,最终自暴自弃,形成极其不好的自我体验。

由此可见,认知的不足和内心状态的不稳定导致了大学生不恰当的自我评价和消极的自我体验感。对事物的认知恰恰来自对生活的"格物",通过格物,穷其理,从而认知万事万物,同时实现对自己的认知,只有认知了物和自己,才能形成客观的自我评价,从而更好地认知自我,发现藏匿于自己内心的"良知"。解决内心状态的不稳定即"立志",通过立志来武装自己的内心,时时刻刻拥有清醒的头脑和坚韧的定力,不在纷繁复杂的社会中迷失自己,让内心拥有一块培育良知的沃土,而后"事上磨炼",直至实现自己的"致良知"。

第四节 "诚意"提高大学生自我意识的
路径和方法

一 "诚意"对自我意识提升的重要意义

朱子《大学章句》中释"所谓诚其意者，毋自欺也，如恶恶臭，如好好色，此之谓自谦，故君子必慎其独也"曰：

> 诚其意者，自修之首也。毋者，禁止之辞。自欺云者，知为善以去恶，而心之所发有未实也。谦，快也，足也。独者，人所不知而己所独知之地也。言欲自修者知为善以去其恶，则当实用其力，而禁止其自欺。使其恶恶则如恶恶臭，好善则如好好色，皆务决去，而求必得之，以自快足于己，不可徒苟且以殉外而为人也。然其实与不实，盖有他人所不及知而己独知之者，故必谨之于此以审其几焉。

诚意是"自修"的开始，"自修者，省察克治之功"。经过"格物致知"，功夫进入了第二个层次，也是非常关键的层次。"格物者知之始，诚意者行之始"，朱子论知行，以知先行后，知轻行重，就表明了"诚意"作为"行之始"的重要性。当然，这里"行"仍然属于意识中的"行为"，而非作为外在活动的"行动"。

"诚意"是要在意识活动中去除恶的意向，从而保证所有的意识活动都是符合"当然之理"的。当每个意向都是善的意向后，剩下的"自修"活动便可一鼓作气地完成，所以朱子说"诚意最是一段中紧要工夫，下面一节轻一节"。

"诚意"功夫的内容，就在于"毋自欺"。"自欺云者，知为善以去恶，而心之所发有未实也。"在这里，"自欺"的前提在于"知为善以去恶"，也就是"知"一件事情之当然，这是建立在"格物致知"的基础之上的。当人意识到他所应当做的事情但却没有行动的时候，"自欺"就发生了，也即"恶"。

倘若想要阻止这种"恶"的发生，首先在于自我意识活动的转化。当个体意识到"这件事情应当如此"，但同时又觉察到"不愿意如此去做"的意识活动。当个体意识到他不愿如此去做的同时要对这种"不愿"的意识活动有所抑制或剔除，使自己的意识符合"当然之理"，"诚意"的功夫就用在此时。

而"诚意"功夫的开端，就是判断自己意识活动的"善"和"恶"，这就是"审几"。意识发动之初便有"善"和"恶"的显现，此之谓"几"。濂溪《通书》言"诚，无为；几，善恶"，朱子解曰"几者，动之微，善恶之所由分也。盖动于人心之微，则天理固当发见，而人欲亦已萌乎其间矣"。

意识活动产生的时候，容易受到私欲的影响而产生各种私心杂念，但同时也会意识到"当然之理"。对自己意识的善恶判断在于是否符合之前格物致知所得之理。也就是说，朱子的"诚意"功夫所体现的自我意识是一种"反思—规范"的自我意识。"反思"的意思是，人对自己意念的判断是根据已经具有的"应当之理"做出一个判断，"善"在这种判断中被给予，而后"规范"自己的意念使其合于"善"。

由此可见，"诚意"的功夫能让个体保持对"自我"意识的觉察，尤其是对自我意识中与现实不符、认知与行为不符的内容保持调整的状态。同时，要做到"诚"，个体就会首先敦促自己与自己对话，自己主动反省每一个起心动念，无论这个心念的对象是自己还是他人，当个体做到以上的内容，基本能对自己保持客观的认识。此外，"诚"还包括了保持对自己的情绪反应、行为反应的觉察，这个过程是促成自我接纳的重要过程。当情绪反应和行为反应与客观不相适应，或与真实的所感相违背的时候，让自己及时、心甘情愿地回到"规范"的"善"的范围内，就是"正心"的过程。

很多人总是有负面的情绪，诸如愤怒、玩物丧志、患得患失等，这些情绪总是扰动自己的内心，使其不得安宁。一个人能够将心安住在当下，即便被心念或外界刺激扰动，也能及时调整自我的状态，让自己诚意和正心。当我们遇到不公平的事，引起了强烈的情绪反应，如果放任自流，容易让我们说错话和办错事。越是遇到这样的情况，越要及时觉察自己的情绪状态，反思自己对引发情绪的事件的认知是否与事实相符，情绪反应的激烈程度是否合适，当我们回顾这个过程的时候，就是正视自己的意识活动的过程，也是逐渐消解偏激、不当、失礼的情绪的过程，进而让我们自己恢复平静的状态。

在如何"正心"的问题上，一定要在起心动念的地方着力。在现实中，我们是不是时时在检查、反省自己的念头？是不是正视各种极端的念头并加以调整呢？这是诚意正心的关键所在。关于这个问题，中国各家的传统思想都特别强调在心念上着力，因为一个人的第一念格外重要，往往反映的是真实状态。所以，"诚意"和"正心"对每个人正视自我，端正自我意识，形成良好的自我观念，调节自我信念有重要价值。

二 培养大学生形成正确自我意识的路径

(一) 真诚地了解自我

"人贵有自知之明"，一个人真正的伟大之处，就在于他能够科学地认识自我。如果一个人能够全面正确地认识自我，客观准确地评价自我，他就能够量力而行，进而确立恰当的奋斗目标，并为实现这一目标做出不懈的努力。因此，大学生要确立多种参考体系，从价值观、愿望、动机、兴趣、爱好、个性特征等多方面、多角度认识自我，做到既不妄自尊大，也不妄自菲薄，最终获得客观而准确的自我评价，这样才能充分发挥自己的长处和优势，克服自己的不足和劣势，增长聪明才智，有效调控自我，提高自己参与社会生活的能力，协调自己与他人和社会的关系，积极发展自我和完善自我，实现自己的人生价值。

大学生客观认识自我可以通过以下途径。

1. 真诚地与自我对话，了解真实自我的喜恶

我们总是习惯跟他人相处，却很不习惯与自己相处。就好比我们总

是习惯被动地等待问题出现才去反思、后悔，而没有想过在问题出现之前，就让自己的身心保持在动态健康的状态。保持动态健康，首先是对自己有了解，我们往往会忽略自己心底发出的需求和期待，真实地、诚恳地面对自己的喜好与厌恶，遭遇到现实刺激的时候，能够及时发现自己情绪和行为的变化，在陷入更严重的情绪反应和不合理的认知之前，能起到及时提醒自己的作用。其次，真诚地与自己对话，能让自己保持清醒，不过度讨好他人或过度指责他人、冷漠自私，与他人既能保持一定的距离，又能用既让自己接受，又让别人感到合适的方式交往。通过与他人、外界的良性互动，给自我形成良好的反馈，促进自我的完善和自我的接纳。

2. 在自省中认识自我

他人对自我的评价不等同于自己对自我的评价，两者之间往往还存在相当大的差距。曾子曰："吾日三省吾身。"大学生要学会自省，严于解剖自我，敢于批评自我。大学生可以通过自我剖析和自我批评，加深对自己的认识，可以经常检查自己的行为和动机正确与否，行为过程中有什么不足，有哪些收获和缺憾，以便有的放矢地进行自我调整。平静、沉着的状态对客观地自我观察非常有利，过分紧张、激动或对某事物有极强的好恶，对自我观察的客观性和全面性都会造成一定的影响。

3. 诚恳地接纳自我的优点和缺点

俗语说："金无足赤，人无完人。"每个人都有自己的优点和缺点、长处和短处，关键要做到对自己的长处要充分发挥，对自己的短处也要正确对待。生活实践充分证明了个人的自我认知是最重要的，其中就包含了在正确认识自我的基础上积极接受自我，这是发展健全自我的核心和关键。接受自我，首先是无条件地接受自己的一切，包括优点和缺点、成功和失败；其次要欣赏自己的优点，肯定自己的价值，对自己有自豪感、愉快感、满足感和成就感；最后要正确分析自己的缺点和不足，这是完善自我的起点，也是充满自信的表现。

（二）客观地评价自我

1. 在他人评价中认识自我

他人的评价犹如镜子，能帮助我们认识自我。正确地认识他人对自己的评价，是认识自我的一条重要途径。大学生一般很在乎别人对自己的看法，尤其是有影响力的评价者，他们对别人的评价往往引起两方面的反应，一方面积极地接受别人的看法，另一方面也许认为别人的评价不符合自己的实际。因此评价者的特点、评价的性质都将会影响到他们对评价的接受程度。开展同学之间的互评，教师给予具体而有个性的评价，都有助于自我意识的提高。但应注意评价的准确性、全面性、公正性，不切合实际的、片面的、不公正的评价也可能导致出现自我认识的误区。因此，在参考别人的评价时，要看多数人的反映。大学生应正确对待他人对自己的评价，从分析他人对自己的评价中进一步认识自我，不应对别人指出自己的缺点而耿耿于怀，也不因为别人对自己的夸奖而沾沾自喜。

2. 在与他人的比较中认识自我

当大学生对自己的心理品质，对自己的能力和性格特征等的认识与他人评价相一致时，就会巩固和发展这一方面的特征。当大学生的自我认识与他人对自己的评价相矛盾时，就应该进行自我观察、自我分析，进而进行自我矫正，这样才能得出一个肯定的自我认识。当然，在比较的过程中，最重要的是选定恰当的参照系，要用发展的眼光、辩证的方法去看待自己和他人的异同点，不能单一地"以己之长比人之短"，也不能单一地"以己之短比人之长"，两种方法都不能确立正确的自我认识。只有通过正确的比较来认清自己的优势和劣势、长处和短处，才能达到取长补短、缩小差距的目的。

3. 在行动实践中认识自我

社会实践是人的自我意识产生和发展的重要条件，通过对实践活动结果的分析，来了解自身的价值，也是大学生客观认识自我的途径之一。社会衡量一个人的价值主要是通过实践活动成果认定的，比如可以通过记忆外语单词的速度、准确性、持久性来评价自己的记忆品质；通过经常性地克服实际困难的情况，来认识自己的意志品质；通过在班级、学校的活动或工作中的表现以及完成任务的情况，来确定自己的能力。因此在培养大学生自我意识的过程中，可以引导他们正确分析自己的活动表现和成果，客观地认识自己的知识才能、兴趣爱好，进一步发挥自己的长处，弥补自己的短处。

（三）"诚意"有效塑造自我

1. 保持自我调适的意识和状态

自我调适是人主动地改变自己的心理品质、特征及行为的心理过程，是大学生认识自我、完善自我的重要途径。很多大学生对自我规划和自我期望比较高，但由于主客观各种条件的限制，特别是缺乏对自我的了解以及对客观事物的判断，经常会遭受挫折和打击，无法实现预期的理想目标。也会因为控制不好自己的情绪而办错事或让人际关系陷入困境，所以，要随时保持自我调适的意识和状态，让自己的起心动念不断受到自我的监督，谨慎地做出反应，并根据自己的实际情况和社会发展的需要，确立适合自我发展水平的理想抱负，学会控制与调节在理想的自我实现过程中遇到的身心矛盾和困扰，并逐渐通过努力奋斗，最终达到理想的自我实现与自我成功。

2. 树立适当的理想自我

正确的理想自我是在自我认识、自我认可的基础上，按社会需要和个人的特点来确立自我发展的目标。大学生要积极理解人生，探索人生，树立正确的人生观、价值观和世界观，为理想自我的确立寻找合适的人生坐标，从个人与社会的联系中认识有限人生的价值和意义，并通过实现这一目标而努力地完善自我。

3. 努力提升现实自我

不断战胜旧的自我，重塑新的自我，既要努力发展自己，又不能固守自我，要积极主动地为社会服务，勇于承担重任；既注重自我价值的实现，又不仅仅追求个人价值，注重在为他人和社会服务、为国家和民族做贡献的过程中实现自我价值。提高现实自我是一个长期的曲折的过程，大学生要努力完善自我，必须坚持不懈、持之以恒，使现实自我不断地向理想自我靠拢，最终实现自己的人生目标。

4. 积极提升自我

一是提升自我效能感。自我效能感是个体在一定情境下对自我完成某项工作的期望。当个体期望自己成功时，就会尽自己最大的努力，即使面临挑战性任务，也会表现出更强的坚持力，提升自我效能感可以提高个体的成就动机，并最终使自我得到提升。

二是积极主动调整心态。大学生必须放弃为失败而找的各种借口，学会用乐观积极的心态对待问题，客观公正地看待事物，充分发挥自我教育、自我创造的能动性，不断提高自信心与自制力，坚持不懈地在不断克服困难、实现理想的过程中完善自我，提升自我。

第七章 "正心修身"与大学生道德人格

第一节 "正心修身"的含义

一 "正心修身"的传统解读

《大学》流传至今已有两千多年，仍然具有深远影响，其思想充盈在中国传统文化中，为中华民族提供了重要的思想养分，其倡导的"明德""格物致知""正心修身"等概念自然而然地镌刻在中国人的民族人格中。

"正心修身"是《大学》提出的"八条目"（格物、致知、诚意、正心、修身、齐家、治国、平天下）之一。

自宋朝以后，《大学》便成为中国古代封建科举考试的钦定课目之一。从性质上讲，《大学》是儒家培养政治人才的教育纲领，也是实现君子品格的道德范例，体现了中国古人既有安身立命的精神追求，也有以天下为己任的爱国情怀。《大学》是儒家文化对于担负治国理政重任的政治家们理想品德的要求，也体现了浸润在儒家文化里的中国古人对于个人道德上、思想上、品行上的美好追求。从内容上讲，《大学》全篇分为两大思想，即"三纲领"和"八条目"。"三纲领"是指"大学之道，在明明德，在亲民，在止于至善"，大意是大学的目的在于宣明光明的品德，在于让民众弃旧扬新，在于达到至善的境界，需要注意的是，这里所说的"大学"是指哲理、政治等人生学问，乃是相对于"礼乐射御书数"等基础知识的"小学"而言的；"八条目"是指格物、致知、诚意、正心、修身、齐家、治国、平天下，大意是指认识事物、获得知识、真诚意念、端正内心、修养自身、管好家庭、治理国家、平定天下。从结构上讲，"三纲领"是目标，是方针，是对君子道德品行、为人处世、治国理政提出的总要求，而"八条目"则是方法，是途径，是达到"完人"境界的行动指南。大学所分的"三纲领""八条目"正是把深刻的道理分门别类，使读者在拾级而上、逐步落实中领悟书中的道德境界。然而不管是"三纲领"还是"八条目"都极具概括性。如何才能参透这寥寥数语间蕴含的深刻道理？其实正如朱熹所说："《大学》一书，如行程相似。自某处到某处几里，自某处到某处几里。识得行程，须便行始得。"《大学》便像行路指南，领悟什么道理，如何领悟道理，领悟道理需分几程，此程距离下一程又有多远，答案自在章节之间。"八条目"正是这一路程的八个节点，朱熹又将之整合划分为三段，"致知、格物，是穷此理；诚意、正心、修身，是体此理；齐家、治国、平天下，只是推此理"，将"格物、致知、诚意、正心、修身、齐家、治国、平天下"比作前后相依的站点，那么"穷此理""体此理""推此理"的三段划分正合了人在领悟道理过程中"认识、理解、化用"的逻辑顺序。从层次上来说，《大学》作为中国古代封建王朝培养理想政治人才的教育纲领，其内容显然分为"内圣外王"的二层理论。《大学》理论承袭自孔子思想中"仁"的概念，坚持"修己以安人"的道德修养，认为"格物、致知"是为"诚意、正心、修身"做铺垫，而"诚意、正心、修身"等内部修养的最终目的是实现"齐家、治国、平天下"的济世大业。

"正心修身"是《大学》传七章的主要内容，相关原文是：

> 所谓修身在正其心者，身有所忿懥，则不得其正；有所恐惧，则不得其正；有所好乐，则不得其正；有所忧患，则不得其正。心不在焉，视而不见，听而不闻，食而不知其味。此谓修身在正其心。

这一章的大概意思如下：为什么说想要修养自身就必须先要端正自己的内心？是因为心中如果怀着怒气，那么就得不到端正；心中如果怀着惧怕，那么就得不到端正；心中如果有着嗜好，那么就得不到端正；心中如果有所担忧，那么就不能得到端正。心不在这里，就像有眼睛却看不见，有耳朵也听不到，就算吃在嘴里也不知道它的滋味。之所以将正心和修身放在一起，正是因为欲先修身则必须正心。

关于"正心修身"只有短短72个字，却经设问、描述、劝诫三层递进。在提出了为何修身需要正心之后，便紧跟着心不正的四种表现，即忿懥、恐惧、好乐、忧患，接着是心不正的影响，即"视而不见""听而不闻""食而不知其味"，也侧面论证了正心对于修身的重要性，最后再劝诫诸位"修身在正其心"。

在传七章中对"心不正"的描述占据了55字的篇幅，足以见其影响。忿懥、恐惧、好乐、忧患被认为是四种无益于正心的心理表现，并不是具体的事件，因为人并不会只在某些事情上有所反应，也不会只在一件事情上只有某一个或者某几个心理反应。恰恰相反，自然界和心理活动的复杂性决定了人类面对的事件是不可预测的，所形成的心理活动也是错综复杂的，这二者的交织就形成了纷繁复杂的世界和人生。中国古代先贤也正是在发现了这样的环境和前提条件下，提出欲修身必正心的思想。

二 "正心修身"对人格发展的当代启示

正如朱熹在《大学章句》中所论证的一样："盖是四者，皆心之用，而人所不能无者。然一有之而不能察，则欲动情胜，而其用之所行，或不能不失其正矣。"不管是愤怒、恐惧，还是嗜好、担忧，都是人心的表现，是不可避免的心理活动。但是只要有了这些心理活动，人心也无法避免地开始动摇，所谓"动心"便是指人心受到欲望的侵蚀，倘若不能合理地克制自己的欲望，心就会陷入不端的处境。但是朱熹也指出："诚意是无恶。忧患、忿懥之类却不是恶。"纵使人心会因为这些欲望、情感陷入不端，但是这些心理活动却并不是恶，我们并不需要对此如临大敌。"但有之，则是有所动"是朱熹对四种心理活动的辩证看法，是应对它们的实践指导。心有所动，乃是人之常情，我们应该坦然承认并接受。

但是也绝不能掉以轻心，任由欲望放纵。于是紧接着对四种影响心正的心理表现描述之后的就是其影响和后果，即"心不在焉，视而不见，听而不闻，食而不知其味"。杨海文对这一句话做出的解读认为，其不是四个短句的简单组合，而是应该视作一统三的结构，即"心不在焉"是这句的主旨内容，接下来的"视而不见，听而不闻，食而不知其味"是对"心不在焉"的具体描述和解读。因此，"心不在焉"就是人心被忿懥、恐惧、好乐、忧患充斥之后的后果，而人一旦失去了对心的主宰，就会有眼睛也无法看见，有耳朵也无法听见，食物吃在嘴里也尝不出滋味，这些感官上的描述，其实是对"八条目"中的"格物、致知"的回溯。当一个人心都不在此间，对身边的事物视而不见、听而不闻时，何来的了解事物、领悟道理呢？如果无法领悟道理，那么如何提升自我修养呢？由此看来，正心是修身必经之路。因此在从反面论证、阐明了正心的重要性之后，终于提出了本章的核心内容"修身在正其心"。

"正心修身"传七章的理论架构非常严密，从引入到论证，再到最后得出结论，逻辑顺畅，论证有力，最难能可贵的是这样完整的论证过程是通过寥寥数语实现的。虽然《大学》全书所倡导的是对完美人格的培养和追求方法，但是在"正心修身"的传七章却足以看出中国古代先贤们的辩证思想和唯物观，它充分肯定、尊重了人类心理活动的客观真实性，提出对于心理的不良活动和欲望并不能一味地抑制，更不能忽视其存在，而是应该正确地看待和适当地处理，正心修身追求的是培养道德修养上的完人，但是这并不是要求受教育者成为一个摒弃了七情六欲的假人，这也给当代的教育理论和教育观念带来了启示。

第二节 大学生人格发展规律

一 人格的内涵

不同时期的学者、不同研究方向的学科对于"人格"的研究及定义各不相同，在中国古代视野中"人格"一词并未出现，只出现了"人性""品格"一类的词语，不过早在春秋战国时期，孔子、孟子等思想家就已经意识到品行教育的重要性，体现了我国教育历史中早期的人格教育思想。例如，在《论语》中多次提出君子应该如何规范自己的言行，如"君子耻其言而过其行"等。

现今"人格"一词已经在各个领域被广泛地运用与研究。它来源于拉丁文"persona"，用英文表示是"personality"，本义为面具、脸谱，后被现代心理学定义为人格。在《现代汉语词典》中，对"人格"一词有下面三个基本解释：人本身的心理、性格、外貌等所有外在表现特征的总和，道德品质，人的基本权利、义务等主体资格。

人格理论是一组被社会众多理论学科广泛研究和应用起来的抽象理论和概念，经过其长期演变发展，不同研究学派已从不同领域的理论研究方法和视角出发来准确定义了人格。例如，以弗洛伊德思想为代表的新的西方古典人格精神分析学派即认为，人格由"本我、自我、超我"三个部分组成，三部分之间以力比多为主要动力介质平衡发展。

人格系统中的最基本最原始的构成部分之一是本我，由动物性本能和自我攻击两个本能系统构成，特点分别是无意识化和自我社会化；人格中最没有理智的那个部分是自我，它不是本身就有的，是从本我中慢慢分化出来的；人格中对社会价值观追求最高的是超我，它由道德支配，可以控制本我，对自我进行监督，以此达到完善的目的。当本我与超我产生冲突的时候，自我就会进行调解，这样人格才会统一。只有当这三部分处于和谐、平衡的状态时，人格才是健康的。反之，如果三个相互冲突，心理就会呈失衡的状态。人格心理学创始人奥尔波特（G.

W. Allport）考证了 50 种对人格的定义并对其做出分析，最终得出自己对于人格的定义：人格是个体内部决定其独特性的行为和思想，是个体生理心理系统的动力组织。动力组织是指人格不断变化的组织结构，奥尔波特认为人格从来不是已经形成的，而是正在形成的。综上所述，人格是人的性格、气质、兴趣、能力、修养等特征的融合，是个体在与社会环境的交互中逐渐形成的。

二　大学生人格发展特点

为更好地了解大学生人格发展的规律，我们可以对大学生人格发展特点进行剖析。在大学期间，大学生在身心方面都会迎来一系列的重大变化。这些变化无论是在现阶段还是今后都会产生重大的影响，这是义务教育及高中阶段无法比拟的。

从生理发展的角度看，人的一生从出生阶段到成熟，需要经历两个成长的高峰期，第一次为婴儿期，即从出生到二周岁左右，在这个阶段，婴儿的身高、体重、大脑等生理特征发育非常迅速，到两周岁时，婴儿已经能用简单的语汇和丰富的表情来表达自己的意识了。第二次成长高峰即为青年期，表现为身体形态的急剧变化，主要表现是第二性征逐渐开始显现出来。从年龄上来看，大学生正处于人生中比较重要的时期，虽然在生理上并不会发生很大的改变，但仍是不断朝着成熟阶段前进的。

从大学生心理发展的角度来看，与其成熟的生理特点相比较，心理发展有很强的滞后性，呈现出生理与心理发展不平衡。具体来说，大学期间，学生的思维方式与大脑的成熟度相适应，思维水平已经发展到了一个新的阶段，已逐渐从经验性思维转向逻辑性思维，思维的灵活性及敏捷性有所提高。因此，大学生喜欢思考一系列抽象、艰涩的哲学问题，他们不满足于现有的结论，而是要努力探寻人生的真谛，探求事物内在的发展规律。但大学生在这个时期具有强烈的自我中心意识，对抽象事物的看法往往天马行空、脱离现实，思维方式仍具有一定的片面性。从心理稳定性的角度看，大学生容易情绪激动，虽然与中学阶段相比已经具备了一定的克制能力，但与社会中的成年人相比仍显得阴晴不定。他们有着丰富又复杂的情感世界，情绪的体验来得快而强烈，对外部的刺激反应迅速，但仍具有较大的起伏性。大学生情绪的爆发力大、感染性强，尤其是在群体活动之中有较大影响。

因此，大学生的心理仍在积极快速的发展之中。他们有敏锐的认识能力，但认识还不成熟；有丰富的情感情绪，但自控力仍然欠缺；气质性格日趋稳定，但仍表现出动荡多变的特点。大学生具有较强的矛盾性、可塑性及不稳定性。因此，对于人格塑造来说，大学时期是十分重要的阶段。

三 大学生人格发展规律

总的来说，每一个人的人格发展都是在与自我、他人、社会、自然相交互的过程中逐渐达成的，而大学生的人格发展更加突出自我发展的要求，力求实现"立己达己"。大学阶段的人际关系相对简单，涉及利益的成分较少，容易形成良性互动关系，因此在人际交往中追求"立人达人"。大学生是充满激情，心系社会、自然的群体，容易受外界信息的影响，也怀有改造社会的理想与热情。因此，在人格发展中追求"兼善天下"及"博爱万物"。具体来说，大学生人格发展呈现以下规律。

（一）自我发展与他人引导并行

大学注重培养学生的自主学习能力及认识世界、投身实践的能力，学生在学校的大多数生活、学习都是自觉进行并主动完成的。在这种情况下，大学生通过自己主动学习、实践完成自我认知、社会认知、自然认知等方面的积累，既有自觉追求美好愿望的动力，又能亲身通过努力去践行，因此大学生人格发展显示出了自我发展的特点。同时，大学校园是一种集体的生活环境，不同个体学习生活在同一环境中。在集体环境中大学生既能学会尊重他人、真诚交往，又能实现互相学习、共同进步，在这一过程中，大学生的人格可以得到发展和完善。另外，大学阶段生活学习的过程也离不开他人的引导。一是父母的引导。家庭的塑造是大学生人格形成和发展的基础。不同的家庭环境、经济条件、父母的人格和教育方式都对子女人格的形成影响巨大。在大学阶段，虽然很多学生在外求学，远离父母，但是父母曾经的教育方式对其人格仍会造成很大影响，学生在大学期间可能仍会按照父母教育的方式进行认知并发展人格。二是教师的引导。高校的教师不仅把渊博的知识理论传授给学生，并且以优良的人格魅力影响学生，引导学生树立健康的人格准则，教师的言谈举止和思维方式等，都会潜移默化地影响学生的人格发展。三是大众传媒的引导。现代社会为大学生提供了丰富的信息获取空间，大学生可通过多种媒介来获取信息。例如，网络、电视、广播和书刊等媒介都是大学生主动或被动获取信息的方式。其传播的内容会对大学生的思维方式、信念、价值观、人格发展等产生积极或消极的影响。

（二）个体性与社会性融合

随着对自我认知、社会认知的不断扩展，大学生逐渐明晰了自己的人格理想。在生活中希望做一个强大的巨人，践行健康的生活方式，不断提升自己的思想道德水平，在交往中与他人相处融洽，强调自尊和自信；在未来规划上，希望将自我的发展和社会发展需要结合起来，成为对社会有用的人才，实现个人价值。这些人格理想不断明确，特别突出了个性和个人价值，显示出了个体性。同时，大学生的人格发展不只是自己进行认知实践的过程，它既受到社会主义人格理论的指导，又受到社会转轨时期社会特征的影响。当代大学生处于由传统社会向现代社会转轨的关键期，这一时期的社会在生产、生活方式，价值思想观念等各个方面都发生着巨大的变化，出现了具有进步意义的人格特征，如平等意识等，也出现了一些具有消极意义的人格特征，如个人主义观念等，这些人格特征也对大学生产生一定影响。

（三）心态逐渐复杂多样化

虽然积极向上的心理是大多数学生的状态，但是，还有一部分学生的心理状态是负面的，如悲观、冷漠、浮躁等。形成这种心态的原因有很多,除了主观上的影响之外,家庭、学校等外在因素也产生了一定的影响。面对大学中的小社会环境,大学生往往需要克服心中的忧虑与恐惧,大胆地去尝试、去体验与不同的人交往。许多大学生因为怀疑自身能力、恐惧等,不敢与人交往或害怕发生交往问题。

（四）竞争意识增强

现代社会经济、文化、科技发展十分迅速,同样,伴随而来的竞争也会越来越激烈。大学生想要毕业后在社会上立足,就必须提高自己的核心竞争力,对自己的未来有紧迫感,并能不断创新,只有这样才能紧跟时代的步伐。随着当代大学生毕业后的就业形势越发严峻,许多大学生在刚刚进入大学不久就开始为自己毕业后的工作做准备,社会残酷的竞争环境使得他们的紧迫感和竞争意识不断增强,以不断适应当前我国快速发展之下的竞争环境。

虽然人格一词出现的时间很早,在生活中也经常被大家提及,更是众多学科的研究对象,但是学术上对于人格的定义仍然众说纷纭。如心理学家朱智贤认为人格是整合的心理特质,并且人格代表了个体的精神面貌;彭聃龄教授认为人格是个体在适应环境的过程中发展出来的具有个人特色的、稳定连贯的心理品质。

总的来说,目前心理学界公认人格是一个人自身的稳定行为方式和内部心理过程的总和,是个人道德和能力的组合,是个人社会价值的体现。需要注意的是,人格具有统一性、稳定性、独特性、社会性的特征。

正如马克思所说,人是社会关系的总和。人格的社会性正说明了与社会的交互联系是人格形成中至关重要的影响因素,强调了环境对人格的塑造作用。环境可以指自然环境、社会文化、国家等宏观概念,也可以指学校、家庭、班级等微观单位。人格的独特性决定了每个个体与他人是相区别的。首先是指在不同环境中的个体自然地和另一环境中的个体不同,但是同样也指即使在同一环境中的个体彼此之间仍然是不同的。同样,我们也需要关注生理因素对于人格的影响,在人生的某一阶段，由于生理成熟度的不同，人格必然呈现出异于其他阶段的情况。

人格的统一性和稳定性对于心理健康具有更大的意义。统一性是指人格并不是各种心理属性的简单叠加，而是对人类心理各方面特质的有机整合，可以说这给心理工作者评判个人身心健康提供了标准。稳定性也是人格重要的特质之一，既指人格结构上的稳定，也指人格表现上的稳定。个体的人格一旦形成之后就很难发生改变，我们可以根据个体稳定的人格预测其发展和行为。但这一方面说明了人格形成过程的困难和漫长，另一方面说明了人格形成过程的意义重大，培养或者改变个体人格都需要持之以恒和慎之又慎。

根据已有的研究成果，人格的影响因素可大体分为生物因素和社会因素两个方面。生物因素主要指基因和遗传，社会因素主要指社会环境和自然环境。在社会环境之中，家庭和学校掌握了绝大部分的影响因子。在个体进入学龄阶段后，学校成了主要的生活场所，因此学校的培养成了塑造学生人格的主力，这也赋予了教育工作者更大的责任。

而大学生正是处在一个特殊的人生阶段，并且生活在一个独特的社会环境中，因此大学生的人格必定是独特且具有研究、探讨意义的。

大学生，广泛意义上指正在接受高等教育和已经完成高等教育的群体。截至 2021 年，中国各种形式的高等教育在学总规模约为 1.04 亿人。[①] 面对如此大体量的学生群体，已有研究者针对中国大学生的人格做出了不少研究。

刘星光针对青海省大学生人格的调查发现被试群体在宜人性维度上得分最高，在神经质维度上得分最低，且不同人格维度的得分在性别、年龄和专业上有显著差异。

姚若松、梁乐瑶对广州大学生的研究发现被试群体在责任性、外向性、开放性、宜人性、神经质维度上的得分依次降低。

总的来说，处在生理、心理发展高峰期的中国大学生的人格主要在

---

① 教育部发展规划司：《2021 年全国教育事业统计主要结果》，http://www.moe.gov.cn/jyb_xwfb/gzdt_gzdt/s5987/202203/t20220301_603262.html。

责任性、聪慧性、兴奋性、外向性、宜人性等正向人格维度得分较高，在神经质等负向人格维度得分较低。在年级上，高年级学生大都比低年级学生更乐群、外向，处世更为精明、冷静和理智。

这些研究结果展现出中国大学生大都拥有积极向上、自我独立、敏锐判断、主动适应、勤于创造的积极心态特征，并且年龄上的人格差异也显示出，经过大学四年的发展和成长，大多数学生的人格特征呈现出逐渐完善且正向发展的趋势。

就中国的普遍情况来看，大学生处于刚脱离青春期的成年初期，上大学是大部分学生首次离家生活，面对大学生活中自由掌控的课余时间和灵活的学习模式，环境不适应是众多大学生在大一初期出现的问题。处理真实的大学生活和想象中不同的落差也是大学生的必修课题。大学也是学生试着自主处理人际关系的阶段。根据埃里克森的理论，大学阶段也是寻求亲密关系的年龄，正确恋爱观的形成对其日后的家庭生活也有密不可分的关系。大学四年结束后，大学生面临考研、就业和步入社会等一系列角色和环境变化，这对大学生提出了更高的要求。

毫无疑问，大学正是大学生追求自我成长、学业成就、亲密关系和职业导向的复杂时期，但是面对这样一个特殊性和挑战性并存的时期的却是人格和心理仍有待发育和完善的大学生。因此，大学生会产生各种各样的心理问题，如人际交往、恋爱、情绪、自我成长问题等，倘若不恰当处理，很容易在大学时期形成学习上的消极懈怠、生活上的懒散松懈、人际上的冷漠逃避，可能会影响大学生健康人格的形成，最终无法成功步入社会、实现自我价值。

大学生是接受高等教育的社会储备人才，是新思想和新技术的汇聚体，其身上的创造性和开拓性是社会建设和发展的有机动力，大学生是推动社会进步的主要力量。大学时期正是个体人格特质完善发展的紧要关头，近些年来大学生的心理健康也越来越受到教育各界的重视。高校心理问题也受到了党和国家的高度重视，习近平总书记多次在全国性的高校思想政治教育工作会上提出，高校教育并不是一味地向学生灌输专业知识，其关键是培养出品德知识兼具的新时代人才，深入贯彻"立德树人"的教育宗旨。

由此，培养大学生积极健全的人格是大学心理健康教育工作者的职责所在，也是学生进入大学阶段之后，大学心理教育工作者迫在眉睫的任务。我们有责任以学生为中心，采纳多方建议，融汇众多思想，采取多种方式去培养大学生的健康人格。

第三节 "正心修身"对大学生心理健康的影响

众所周知，人的健康包括生理健康和心理健康这两个相互作用而又密切联系的部分。那什么是健康呢？健康不是指单纯的身体没有某种疾病症状，它包括躯体、心理、社会环境适应和伦理道德行为等几个方面的健康状态。这也是世界卫生组织对健康这一名词最好的解释。很多医学专家和心理学者都针对这一点做了深入的研究，并取得了很多重要的成果，为心理健康的发展做出了贡献。随着现代文明的快速发展，社会环境对人各方面的素质要求也越来越高，人们不断面临一个又一个问题及困惑；随着竞争压力的加大，心理健康不平衡的情况会频繁出现，如忧郁、焦虑、猜忌、愤怒、烦恼等，它们不但影响着个体的生活质量，更对社会的稳定运行制造了不安全因素。同样，大学生在心理健康方面也面临着严重威胁，一项调查显示：大学生的心理问题根据他们就读的年级而不同。在一年级，大学生普遍会出现适应方面的问题，如学习问题、生活问题、人际交往问题等；在二年级，大学生情感方面的问题会比较突出，如恋爱问题等；在三年级，大学生的问题则与自身发展和培养能力相关；在四年级，大学生的问题则是与就业相关，兼及一些恋爱方面的问题。大学生是一个被家庭和社会时刻关注的群体，往往肩负着多方的期望。因此，要更加关注大学生心理方面的问题。

大学生仍处于身心状态日趋发育成熟、心理"断乳"两个重要阶段的过渡期，其理性心智还尚稚嫩，无法自行控制内心某些冲动或复杂情绪。近年来，大学生心理问题引发的一些极端事件时有发生，大学生心理健康问题已受到社会普遍关注。大学生心理及健康素养教育内容的实质，就主要在于提高大学生个体的理性身心状态，使之整体达到一个和谐状态。儒家文化对学生正心和修身教育提出了较为深刻广泛的人文哲学思考，在人类实现自身和谐统一问题的道路上始终以道德修身理念为根本，以仁为最高目标，以人生和谐为最终归宿。儒家思想也为促进大学生身心健康提供了一种可借鉴的思想文化资源，其价值体现在如下几方面。

一 修身养性："内圣外王"的人生理想追求及完美人格境界之塑造

"内圣"即进行精神文化道德修养，养成一个圣贤人格，"外王"则主要是指以道德与实践紧密结合的方式建功立业。不断在实践中修养基本道德，形成正确科学的共产主义人生观、世界观和价值观，养成真正高尚完美的人格，这既是成功做人处世的根本、真正实现崇高理想需要的根本条件，也是永远保持自身心理全面健康和谐最为重要的基础条件。

儒家倡导的"内圣外王"思想也对今天人们的思想产生了一系列积极的影响。首先，这种强调正心修身、内圣外王并重的办学思想充分体现了中国历史传统及文化环境中学生自强不息、奋发向上的现代入世文化精神，有助于彻底消除当代普通大学生的消极情绪。基于国内当前大学生的实际发展情况，大学生群体应该吸收儒家优秀道德思想并以社会主义核心价值观追求鞭策和勉励自己，树立并终身践行为祖国富强繁荣而读书，不能只看自己眼前的利益，应该努力兼顾家国与天下。其次，儒家所主张的"内圣外王"也正体现在追求现实社会中自我实现需要与人类自然社会现实需要之间的和谐。儒家主张"己欲立而立人，己欲达而达人"，只有让人人能够充分地满足经济社会生活需要之外的其他条件，才能满足任何其他人类社会主体的所有基本需要，才能保证基本能够实现每个人的全部自我经济价值的追求。要实现全部自我社会价值目标的统一，必须首先做到时刻能意识到任何自我社会价值都永远高于自我经济价值。这一精神思想有助于改变一些大学生过度自私自利的狭隘心理，对于进一步提高当今大学生的道德品质、培养更强烈的社会责任感亦有相当重要的意义。

二 内省：心理自我调节的诀窍

儒家精神强调人类通过社会自我调节方式来真正实现人与自然身心精神的完美和谐统一（正心），这便是自省思想。自省和修养法历来是儒家人物所重视和提倡运用起来的又一种重要儒家思想和修身道德学习方法，是指道德修行之人应当能通过自身时时地自我修养与反省，不断充实并完善这种优秀道德品质。这种自我反省修身的方法也必然要求人们学会时常去自觉反省并检讨自己的言行，尤其是对自己做出的某些主观价值判断和主观思想行为进行反省，剖析其中所蕴含着的善恶是非，不断通过自我学习和自我批评与反思，积极完善自身修养。自省思想已经被证明在现代西方和儒家思想文化的整个哲学历史进程与发展轨迹中，充分扮演了某种重要的角色，具有一种自我意识能力（或可以称之为对于命运的自我把握的能力）的某种深层含义，能够专门用来帮助我们成功地塑造出自己理想而健全的道德人格。

心理学专家的多项研究和结果进一步证明，自我意识增强能够帮助降低在恶意地攻击侮辱别人这种行为过程中悲剧事件发生的概率。正是这种主观自我把握，被社会学家广泛地定义为社会个体存在的处理实际生活情境下所有社会重要物质生活事件中意志和心理情感方面问题的客观自主把握和控制能力。大学生正身处个人心理情绪发展的高峰阶段，其心理个体情绪特征主要有以下几个共同特点。首先是个体多样性。随着人类社会性自我意识活动形式的不断发展，大学生自身必将进一步展现出较为丰富且独特的个人情感，如自尊、自卑、自负等。其次是矛盾性。大学生身上自然表现出来的种种外在的情绪或行为与来自他们内心的真实人生体验之间也往往并不总是完全一致。在应对特殊场合或问题时，有些在校大学生会主动选择隐藏、掩饰或刻意抑制自己的某些真实内心情感，表现出来的只是含蓄、内敛。同成人社会结构中真正的成年人群体相比，大学生的个体情绪往往仍呈现波动性比较强的一般特点，大学生有时会情绪高亢激动，有时会平静淡然如死水，有时情绪较为积极乐观高昂，有时情绪相对消极颓废。最后是易冲动，表现为自己对追求某一种新奇事物带来的刺激情绪或体验都特别敏感强烈，富有探索激情。随着21世纪大学生自我意识的不断发展，他们开始对各种事物都产生兴趣，再加上精力充沛，因此情绪问题一旦爆发也就难以完全控制。

儒家主张在道德修身教化的整个过程中十分积极地以"内省"的方法来调节道德情绪。在怎样应对道德个体的消极心理问题上，儒家也认为首先应从其主观心理意识层面来积极地控制，即发挥个体潜在的社会主观能动性，通过积极控制心理事件过程的进展、道德认知功能的有效转换过程，以及对个体心灵的全面积极道德修养活动来逐步解决心理问题。现代心理学的研究还证明，如果一个人真能坚持用合理有效的生活道德准则去反省审视自己，积极进行某种自我暗示，阻遏过激情绪的产生，就能更加有效合理地预防各种由于紧张情绪突然失控等而必然产生的其他各种健康心理问题。为防止大学生过于悲观、激动、消极情绪等的过早产生，最有效的教育方法是学生通过反思自省来开展自我批评学习与人格自我修正。

三 仁爱：和谐人际关系的法宝

"仁"是儒家道德思想的最高准则，是儒家文化秉承的核心价值，也是儒家处理人际关系的最高境界。儒家主张"仁者爱人"，并将"仁爱"思想放在伦理道德体系中，将道德准则中的"礼义"与道德情感中的"仁德"相互融合，为"德礼义"的认同找到内在动力，实现道德他律向道德自律的转化，体现道德思想的主体性。同时，儒家主张奉行"忠恕之道"，强调儒家仁爱伦理精神思想在我国现实环境中广泛的道德应用，以尊重、仁爱、宽厚、包容的人文主义思想和平共处，让每个个体都能秉承将心比心、关心他人、互相包容的思想，营造和谐的社会氛围。这也对有效促进大学生人际关系网络的和谐构建，实现身心和谐统一具有重要意义。

现代心理学早已把人们是否可以拥有良好和谐平等的人际关系和社会关系环境看作检验一个人心理生活是否健康稳定的重要标准之一。然而，当前有一部分大学生之间的校园人际关系还不那么和谐。究其原因，有以下几个：首先，他们大都喜欢以表现自我个性为思维中心，这些人都只希望看到别人可以理解、尊重自己，却根本没有想到自己更应该做到先尊重、理解别人。其次，他们已开始更加注重人际交往方式的功利性。现代社会生存竞争越来越激烈，大学生就业竞争压力越来越大，为了应对压力，他们已开始更注重人际和交往技能的实用性，只有在自己觉得交这个朋友有用时才选择与其交往，否则就不与其产生社交关系。最后，随着互联网的发展，各种娱乐方式在网上均可以实现，因而越来越多的在校大学生已经开始主动选择了在网上去寻找一个自己最感兴趣的娱乐方式，以此消磨闲暇时光。这忽视了人在群体中所应产生的作用，缺乏情感维系，使得大学生缺少安全感和归属感。"郁闷""无聊""孤独"等成了当代一些大学生的口头禅，这都是大学生活中缺少稳定的情感维系造成的结果。

儒家思想中的"仁者爱人"，表达出了在建立和谐人际关系的过程中仁爱的重要性。从心理层面来说，"仁"是代表一种最真诚的、发自内心的、爱人的情感。因此，大学生首先要培养自己的仁爱之心，追求仁爱和包容，将其作为修养自己内心的方法。其次就是要奉行忠恕仁爱之道以达成仁爱慈悲之仁心，呈现自己内心的最高道德境界。"忠恕之道"是儒家调节人际关系的一种心理规范，是汉代儒家知识分子基于对生活自我欲求满足的内在理性与思考能力而普遍提出来的对一种更为完善的人际关系状态的要求。大学生在日常人际社会交往中发生矛盾时，可以坚持奉行传统儒家文化的宽容、忠恕、礼让之思想，在追求自我欲求满足的同时，也要重视满足他人的欲求，这也就是儒家所谓的"己所不欲，勿施于人"。此外，大学生还应努力做到"己欲立而立人，己欲达而达人"，这样才能实现社会人际关系全面和谐、身心健康和谐统一。

《大学》是一部培养符合儒家思想中"上治国下齐家"的完美君子的教育纲领，这正与高校需要培养道德修养和专业学识皆备的新时代人才的目的有一定契合度，因此高校心理健康教育工作者可以从《大学》中汲取营养，创新教育方法，深化教育思想。《大学》里结构鲜明、层层递进的"三纲领""八条目"设置，也给予了高校心理健康教育工作者一条明确的塑造学生健康人格、培养学生道德修养的路径。

根据现有心理健康的理论，要提升大学生的心理健康水平，就需要从关注并且培养大学生心理活动的积极方面入手。"正心修身"是《大学》传七章的主旨思想，通过严密精练的逻辑论证了"正心"对于"修身"的重要性，为进一步完善大学生心理健康培养体系提供了新理念。

"正心"是修身的前提，是指心思端正，我心有主，心在此间。然而在升入大学后，全新的大学生活带来的不仅是十分自由的时间安排，还有与外界社会频繁的交流联系，最显著的改变还是对生活中大小事务的自主决定权。这样的改变，让心智仍旧稚嫩的大学生一时间接触了太多的信息，也让其拥有了远大于之前的自由、权利。在这样的背景下，大学生就像突然敞开的山谷，外界的风无休无止地涌入，生活陡然间不再单纯。近年来，大学生引出的社会问题频发：有大学生觉得"人生无望、走投无路"，进而采取极端办法结束生命；或者出现"毕业即失业"的说法，有的大学生毕业后变成家里蹲、啃老族；社会媒体中不乏大学生卷入犯罪案件的报道，他们或是作为受害人出现，或是作为嫌疑人出现。为何走入大学这个"象牙塔"之后，接受了高等教育，身负家庭和社会希望的大学生会出现这样一些明明可以避免的问题呢？

伴随着这种社会现象同时出现的，是抑郁、焦虑、人际关系不良、人格障碍等大学生常见的心理问题。我们不能忽视这二者的联系，初入大学时稚嫩的青年需要指导、引导，需要在复杂的生活环境中保持心思端正、不断进取，这样才能真正实现人格的健全和自我的成长，才能实现自我的价值，正如《杨时集》中对《大学》所做之评价："《大学》之修身、齐家、治国、平天下，其本只是正心、诚意而已。"

由此，"正心"就显得格外重要，是一切的根基。王阳明认为"无心则无身，无身则无心"，一个心不正的个体，是没有发展和完善之说的。同样，当一个大学生的心理处于不健康的状态时，连个体基本的正常生活都难保证，又何来实现人生价值和自我追求一说？所以要寻求大学生的心之正，其根本就在于帮助大学生拥有良好健康的心理，在于提前预防和及时发现大学生心理疾病，在于提升大学生对事物的积极情感体验。得"心正"，方可"修身"。

"修身"一说是贯穿《大学》的主题，是"格物、致知、诚意、正心"的目的所在，是"齐家、治国、平天下"的必要前提，是领悟"明明德、亲民、止于至善"的唯一途径，甚至可以说"修身"是儒家文化背景下的中国古人对个人德行最高的教育追求。正如杨震深夜拒金，"正心"之后便正式踏上"修身"的路途，并且修身是无时无刻、无处不在的。虽然"正心修身"是传七章的内容，但是"正心修身"的结果却已写在《大学》传六章结尾，正所谓"心广体胖，故君子必诚其意"。当修身已成习惯，那么心里自然会有"天地刹时宽"之感，心理上的改变影响到身体，便呈现出神清气爽的面貌。如孟子所说"其生色也，睟然见于面，盎于背，施于四体，四体不言而喻"，就是指个体的身体状态会随着心理状态的改变呈现出舒展顺畅的康泰之景。那么对于大学生而言，要追求高水平的心理健康状态，自然要做到修身之举，从而在心理状态和生理状态的相互转化中建立良性循环，为大学生实现人生追求和目标提供源源不断的内在动力。

第四节 "正心"对培养大学生道德人格的作用

人的心从"不正"到"正"，这就是正心。体察内心、了解内心的状态，不偏离正确的道路，就需要人的心保持端正，保持正义和公正无私。孔子建构了一套以"仁"为核心的理论体系，在内心修养方面，他也把"仁"作为正心的基本要求，使一切心理活动都符合道德规范。在孔子思想的基础上，孟子将仁与正心完美融合，提出了"以仁存心，以礼存心"（《孟子·离娄下》），强调以道德原则存养本心。

总之，正心是修身的前提和基础，是先秦儒家内心思想的高度概括和凝练，是自律和他律双重修养的过程。正心主张从人的内在心性出发，净化人的心灵，回归本心，用理性的道德原则来克服和摆脱因生理因素产生的不良情绪，避免外界干扰，使内心能够保持在端正且无过、无不及的状态；同时也要克制内心的私欲，端正内心，发挥心本有的功能。

据考证，"正心"一词虽然仅在《大学》一书中出现，但朱熹等人对"四书"的解读发现《大学》与《论语》《孟子》之间关于心的探讨有着内在的相通性，它们都重视内心的修养，主张克制情绪和欲望，回归本心，发挥善性，从而提出"从心""尽心""存心""养心"及保持内心"一于道"等丰富的正心思想。先秦儒家诸子的内心修养思想丰富了正心的具体内容。

一 慎独：正心的内在要求

先秦儒家主张内心的自我修养，认识到主体内心的自觉能动性，要首先明确内心的状态，并切实地表达出来，不受外物干扰，排除外界的影响及内心杂念的束缚，使内心保持原有的善性。这就需要依靠慎独来保持内心的和谐，既能真正表达内心想法，又能很好地约束自我，实现"从心所欲不逾矩"（《论语·为政》）的理想状态。

人际交往能力一直都是人们关注的重点，人与人之间产生关系对于人的生存和发展来说是十分重要的。因此，是否能够拥有一段良好的人际交往关系，是判断一个人的心理是否健康的标准之一。同样，如果一个人远离人群，自己独自生活，这种情况往往会被他人认为是病态的、不健康的。

但是，如果一味地追求与他人进行人际关系的交往，那么相应地，自己独处的时间就会减少。长此以往，就会缺少自己和内心的沟通。所以对于人来说，社交和独处是同样重要的，两者的平衡需要自己去把握。

对于大学生来说，进入大学，远离父母，没有了父母的监督，属于自己的时间就更多了，拥有了相当多的自主权，可以为自己的独处创造时间与空间。然而大学生的心理正处于飞速成长阶段，他们喜欢在人际交往中展示自己，充分展现自己不同于其他人的个性，不喜欢把自己从人群中孤立出来，因而做到慎独对大学生的人格成长具有重大意义。慎独有利于让大学生积极消除内心消极情绪，更好地独立进行个人自我发展反思并以此促进自我实现。大学阶段，学生职业发展规划任务涉及诸多方面，如合理规划激发自身潜能、设定可实现的目标、建立良好稳定的工作人际关系网络等。慎独对大学生的道德人格发展具有如下几方面的积极作用。

（一）利于自我实现

马斯洛认为，独处是指最能真正达成个人自我目标的人本质上必须具备的一个极重要的生理特征，即虽独处却从不感到孤单，在这种独处中也能发现乐趣，能够做到取悦自己。马斯洛等通过调查研究发现，几乎世上所有希望能在短期内达成某种自我愿望的人，一般都会明显比大多数其他人更积极，更愿意长期独处或长期隐居。积极的独处行为几乎全部可以直接代表着马斯洛所提出来的关于自我意愿实现的观点。因此，独处也有利于促进大学生个体的自我实现。对于普通大学生来说，不论是在与他人交往，还是在独处，都应该将自己调适到放松的状态，自我实现才是人类个体努力追求的终极目标。在大学阶段，学生首先应该能够正确地认识独处，在独处中挖掘自己内心的乐趣，在独处中逐渐去认识社会并努力实现自己心中的那个人生目标。

（二）促进智力发展

智力，是大学生达成学业目标的基础，也是形成各种能力的重要基石。大学生正身处于一个整体智力水平快速提高发展的历史关键时期，独处可以直接对自身智力成就的持续发展进步产生一些正向作用，主要体现在如下几个方面。

从个体发展的角度看，独处能迅速培养在校大学生良好的学习观察力。通过独处，个体也可以深入挖掘出自己内心深处的真正需求，摆脱各种外界事物的干扰，因此可以更好地提高对自己行为的专注力，从而逐渐减少对自己的行为在群体性行为过程中结果好坏的关注。独处时，可以不受外界干扰，将全部注意力都放在自己身上，思考自己的学习与生活，并发现自己的兴趣所在。独处，也是一种很好的自我学习放松方式，独自学习时能有充分的思考时间来让大脑放松，进而提升学习速度，提高工作效率。

除此之外，学生们适度独处有助于进一步提高自己的社交想象力。根据一位神经学家的观点，在一段社交关系中，社交信息的发出都需要参与者得到一些积极的反馈信息才能继续，而一些积极信息的反馈也需要对情绪刺激做出快速反应，需要得到他人大量的情感精神的投入，参与者会很容易为此感到身体疲惫。独处时间可以让大学生主动地摆脱紧张复杂压抑的人际社交情绪，放空自己封闭的大脑，如果学生在这时开始进行一些有意识的主动学习，就能暂时隔绝很多干扰因素，提高学习效率，也相应能做到事半功倍。张弛有度，大脑才能得到良好的休息，以便在工作及学习中发挥更好的作用。因此，独处能给大学生带来许多积极的意义，让大学生在工作及学习中拥有更高的效率。

（三）利于建立人际关系

虽然独处与社交处于截然不同的情景，但独处有利于建立良好的人际关系。实际上，人们为了在群体中更好地生存、发展，会尝试与他人建立社交关系，这也就使人具有社会性。大学生常常为了维持良好的人际关系而约束自己的行为，从而不能展现一个真实的自己。如果大学生仅为了建立良好的社交关系就选择牺牲真实的自己，不去理会自己的内心感受，就无法对自己有真正的了解，更不利于建立良好的社交关系。

独处能为我们提供与自我交流的机会，发现我们到底是谁，从第三者的视角来审视自己在人际关系中所产生的作用。独处的作用就是让自己摆脱社交关系中的复杂情绪，更关注自己的内心世界，对自我做出客观真实的评价。大学生在独处中可通过积极地调整，进而知道自己的内心需求，不断接纳自己，不断进行自我评价和反省，为更好地与人交往创造条件。

二 礼：正心的外在教化

礼仪，是指一种古代人们彼此间及在我国现代社会生活的实践领域中出现的一种为了达到充分自我表示，并通过互相尊重表示被尊重而按需要在行为仪表、仪态、仪容、仪式等若干基本方面分别进行的约定俗成的共同或被相互认可的遵循礼仪的一种道德规范原则形式与程序。

在整个春秋战国时期，礼崩乐坏的分裂局面也使整个周朝以来的中国礼乐制度都遭到彻底破坏，先秦儒家诸子认识到礼有不可替代的作用与价值。在春秋战国时期，孔子是以知仁释礼，而荀子是以法智解礼，直到中国汉代董仲舒提出了"罢黜百家，独尊儒术"的道德大一统的思想，才最终系统地确立了以中国儒家社会伦理道德原则为治理国家纲常道德的思想理论基础，实现了儒学和封建礼法制度的深度融合。之后，礼仪文化则不断地被继承发扬与创新发展，内涵思想也是更加深邃丰富，在其他各方面也都规范引导着中国人正确地对待道德行为标准和处理内心情绪。《礼记·乐记》中特别提到了"中正无邪，礼之质也"，礼学的思想本质就是让每个人变得更加诚信正直，消除人内心的邪念。先秦后期儒家诸子重视古代礼制及其对国人内心思想的规范和作用，孔子主张克己复礼，恢复礼制，以礼制克制私欲，控制内心情绪，最终符合"仁"的要求。孟子在"克己复礼"基础上进一步将礼直接用于存养本心，《孟子·离娄下》中提出"君子以仁存心，以礼存心"的主张，直接把遵循礼制作为存养本心的主要方法，并把以仁和礼存养本心作为君子与常人的区别。

在现在的社会中，有很多地方是与千年前的儒家文化理念相冲突的，但是如果仔细分析，就会发现儒家文化中的一些基本精神在现在看来还是具有一定的合理性的，对于社会的发展还是存在一定的意义和价值的。比如，现今的经济发展十分迅速，但与此同时，一些不积极的思想也开始被广泛传播，如拜金主义等。更有甚者，一小部分人对于这些消极的思想非常地推崇。目前，大学生受网络上的西方文化影响非常大，从生活方式到价值观，各个层面都渐渐发生改变。有些大学生的价值观、人生观还不稳定，受到外来文化的影响后，可能会使自身的道德观念发生改变，甚至失去自我控制的能力。所以，在这种事实背景下，加强宣传传统文化，让大学生感受和学习儒家文化中的思想，激发起他们学习礼仪文化素养的兴趣，最终达到立德修身的目的。

礼仪文化方面的中国传统道德教育，可以说对当今许多人可能产生深远的影响。意识层面上的礼仪文化大都是一个人在某种意识观念形态意义上掌握的各种传统道德典章制度、经籍文化知识等；心理无意识层面上的礼仪文化指的则是中国人本身固有的各种特定现实与文化心理结构，也即中国人民本身特定存在的一种精神状况和某种社会心理定势。礼仪文化建设本身及其推动当前的大学生社会道德修身的立德实践行为，都多多少少会有积极教育意义。

古礼制时代我国形成的各种传统社会典章制度、经籍文化传统道德等传统知识体系，都可以有效地帮助广大中国现代大学生在实践中进一步学习提高其社会道德规范体系认知水平。所谓客观现代社会道德体系的认知，指的主要应当也是促使人们进一步在具体实践环境中形成的对各种现代道德制度及规范价值的更为系统整体化的宏观科学认识，对现代各个具体道德范畴、道德原则、道德规范价值体系等的客观全面的理解，以及最终形成的基于对未来人们行为能力状况判断的全面客观的现代道德体系判断。道德主体自我认知发展过程也是每个人道德行为活动形成的一种内在心理先导，它同样应当是当代社会人成年以后形成的一种个人道德行为过程，也起着更加成熟理性与清晰客观的指导作用。道德理性和认知的发展程度及水平等的高低，直接深刻影响并制约着未来世界人们的整体道德思维的判断与分析能力的高低和运用综合整体道德理性与控制整体行为能力的高低，应当说它也是衡量将来社会人们德行修养高低好坏的真正客观基础。只有拥有较高的道德理论修养，才能形成良好的道德认知水平，要想形成这种修养，必须对本民族的道德知识进行深入学习。我国在周代封建礼制社会产生的一系列传统典章制度、经籍文化都可谓博大精深、兼容并蓄，号称有"经礼三百、曲礼三千"（《礼记·礼器》），《周礼》《仪礼》《礼记》等也被后来人合称为"三礼"，是中华民族古代礼仪文化艺术史上公认的经典之作。从孔子到孟子、荀子都详尽论述了礼制在正心方面的积极作用，礼是君子安身立命的基础，不能离开人的自我修养。在《礼记》中，儒家注重以孝为仪规，以德治国，重视个体修养方面的全面发展。这些论述对有效培养大学生良好的个人道德修养意识及高尚人格，有较积极有力的启发帮助作用。

先秦儒家正心思想从主体道德意识出发实现对内心的修养，正心思想以其深刻的文化内涵和精神底蕴丰富和完善儒家德育思想，其在今天仍然可以熠熠生辉。希望通过探究儒家正心思想及其对大学生人格发展的积极意义，让正心思想在今日仍能焕发光彩。

根据已有研究中对道德人格内涵的研究，正心可以从提升主观幸福感、增强自我决定性两方面去培养大学生的道德人格。正心帮助大学生提升主观幸福感。所谓"正心"，就是心在此间，我心有主。生活在"象牙塔"里的大学生，还不需要承担多少社会责任和生活压力，但是却已有了相当大的经济和事务决定权，因此在面对众多选择、众多诱惑时容易失去本心，沉溺物欲。朱熹在《大学章句》中对此种现象进行了辩证讨论，认为个体不愿受到道德约束、放任自流是不可避免的人之常情，但要追求个体发展的更高级的幸福，就必须控制自我的欲望。

正心也指对当下的认真感悟，传七章中"视而不见，听而不闻，食而不知其味"的描述正是一个迷失本心之人的表现，其如同行尸走肉一

般，对生活失去兴趣。自我幸福感正是一种体验，是自我的审视和感
受，是对自我状态的满意程度，是对自我生活的肯定评价。因此自我幸
福感正是建立在用心生活的基础之上，"正心"是自我幸福感的前提。

正心帮助大学生增强自我决定性。自我决定性主要指的是个体在当
前条件下做出理想自我选择，并在此基础上不断努力的人格品质。因此
只有心正才能对个体所处环境和自我有充分客观的认知；必须正心，时
刻在困难挫折和诱惑迷茫中保持心思端正，坚持本心，做出符合发展轨
迹的决定，实现自我决定和积极人格的良性循环。只有端正心态、立志
向学，并有持之以恒的决心，方能塑造积极人格，实现自我成长，真正
求得大道。

第五节 "修身"培养大学生道德人格的目的与路径

修身，即通过学习、培养和锻炼来提高自身的道德修养水平。在儒
家思想中，修身思想占据着举足轻重的地位。历代儒家学者都强调修身
的积极作用，认为这是人生在世的根本，是实现个体人生价值及不断完
善人格的重要方法。对于一些大学生来说，在大学阶段他们形成良好的
世界观、人生观、价值观等，并会因此逐渐开始向较为完善理性的学习
阶段发展。现在由于互联网的发展，很多社会上的新闻都会传播给大学
生群体，其中有正能量的新闻，当然也有负面的消息。当代大学生的个
性思维较活跃，对外界新事物和新观念的快速接受传播能力相对都很
强。与此同时，某些因社会经济快速发展产生的消极思想也对当代大学
生产生了一定的影响。传统文化中的某些价值理念至今仍有积极意义，
尤其是儒家文化中的修身思想。我们可以取其精华，去其糟粕，为提升
当代大学生的道德修养及人格完善提供有力依据，塑造具有完美品质与
道德的共产主义接班人。

一 培养大学生道德人格的目的

儒家修身思想是中国传统文化中的宝贵财富，主张以自律来实现道

德修养，强调人的社会价值。中华传统文化集结了中国人数千年来的智慧，是具有本民族特色的文化。正如庞朴在谈论本民族文化时所说："传统是一个民族在共同生产生活中的共同语言和共同的心理状态，这样的传统构成了一个民族的文化，没有了传统也不能称其为民族的文化。"在大学生道德实践中推广修身思想，不仅可以让当代大学生不断完善自我、塑造积极健康的人格，对传统文化产生认同感，更能让其对中华传统文化中的优秀成分进行继承和发扬。培养大学生道德人格的目的主要有以下几方面。

（一）培养道德自律精神

儒家的修身思想对于道德是否拥有自觉性是十分重视的，并通过是否自律这一点来判断是否拥有道德价值。突出儒家修身的主体化，强调培养人道德的自我规范，从而实现道德上的自觉。在修身的过程中，儒家思想不仅重视时刻反省自己的言行，不断完善自己的道德品质，也强调慎独，即在独处时仍能够约束自己，遵循道德规范，保持良好的道德品行，这就是人在道德方面的自律。在现实生活中，人们遵守道德标准通常分为两种情况，一种是本身就具有自觉性，另一种是出于外界的某些压力，如舆论等。但是，如果一个人遵守道德标准需要他人的监督，那么这个人就不是真正的有道德的人。要做到自觉、自愿，不论在任何情况下都能言行一致，恪守规范才行。

现代社会为人们提供了开放多元的生活环境，每个人都是其中的一分子，不但需要社会道德规范及法律的维护，更需要社会中每一个人的高度自觉、自律来与公德意识淡薄和道德缺失的行为做斗争。大学生还处于人格不断成长的阶段，由于道德意识的不健全及自觉能力较差而做出的违反道德的行为会给周围的同学或老师造成诸多不利影响。比如，在校园中随手将垃圾扔到地上、在图书馆等场合大吵大闹、在购物或打饭时插队等现象都对周围的人产生了不好的影响。这就要求大学生要注重修身，培养自觉的道德意识，在群体关系中注重自己的行为，在独处时更要坚持道德自律。因此，继承并发扬传统文化中的修身思想，有利于提高大学生的道德自律意识，为社会道德风尚的建设打下坚实基础。

（二）建立良好人际关系

儒家思想重视人际关系的和谐，修身思想中与人交往的准则可以用"己所不欲，勿施于人"来表述，这就是与人交往的基础。儒家提倡在处理人际关系时要以己度人，多为别人着想，自己不喜欢的事物也不要强加到别人的身上，以积极的处世态度让自己获得成功并帮助别人也获得成功。儒家强调以仁爱之心对待他人，正如孟子说人不但要用仁爱之心对待他人，也要学会尊重他人。想要得到别人的尊重必须先学会尊重他人。孔子也说要对人恭敬，这样别人也会恭敬地对待你。即使这种修身思想已经跨越了千年，但爱人、尊重、关心、团结互助等仍是现代大学生不可或缺的精神品质。《论语·八佾》中说道"君子无所争"，是说君子在为人处世时不要时常与人争长短，面对纷争要以礼相让。如果双方都能互相礼让，不但能平息双方矛盾，化解纷争，并且有利于实现人与人之间的和睦相处。随后又说道"必也射乎，揖让而升，下而饮，其争也君子"，这是以射箭为例，对君子立身处世的风度做出了解释，如果竞争不可避免，就要以相互尊敬的礼仪开始，有规矩地竞争，做到光明磊落，不在背后耍手段，竞争双方都应始终保持人文性的礼貌。主要是说不要为一点小事就与他人产生争执，也不要怕与别人产生竞争，并强调不要用卑鄙、狡诈的手段与他人竞争。现代社会经济发展迅速，在物质欲满足的同时淡化了人际关系，如果大学生能在日常与人交往的过程中应用"己所不欲，勿施于人"的儒家思想，遇到误会或冲突时，能站在对方的立场上思考一下当前的情况，那么就一定能拥有一段良好的人际关系。

（三）提升社会责任感

儒家强调修身为本，只有先做到修身，才能进而做到齐家、治国、平天下。想要最终达到治国、平天下的理想，仅实现"内圣"还不够，还要切实做到"外王"，就是真正把实现个人价值追求的过程与实现自我社会价值理想的过程紧密联结。儒家思想主张既应承认实现个人价值是个人社会价值实现的主要组成部分，也应当强调个人社会价值目标是真正实现个人价值的根本物质保障。《孟子》中"达则兼济天下"句突出地说明了，儒家思想理论中提出的社会修身意识不应该只是独善其身，还要积极地服务社会建设并积极改造人类社会。这个核心思想对于全面提升我国当代大学生的人文社会责任感有非常重要且深远的历史启示及意义。人必须依赖集体和社会而存在，也必然要在集体和社会中履行一定的义务，承担一定的责任。现在高校在培养人才时，往往只关注学生是否掌握了专业知识，但是在道德品质方面，重视的力度还不够，有才不一定有德，如果一个人道德素质不健全，没有社会责任感，不能将所学用于服务社会和人民，即便再有才华也不能成为国家、社会所需要的人才。儒家思想认为修身能够实现"外王"的目标，而"外王"离不开社会责任感，这恰恰需要在修身中培养。"如欲平治天下，当今之世，舍我其谁也？"这是孟子说的话，体现了儒家思想重视社会责任感。在社会主义精神文明建设中，不能只重视培养大学生与学习相关的专业知识，对于社会责任感这方面，也要加以重视，使大学生能在儒家思想中体会到社会责任感的重要性。

二 培养道德人格的途径

大学是大学生人格形成的重要阶段，也是必要阶段。根据中国大学生年龄分布的普遍情况，绝大多数大学生正处于埃里克森所言的"合法延缓期"或"心理延缓偿付期"，即青年的自我同一性发展将出现停滞状态，以便更好地进入社会预留缓冲期。也就是说，处在合法延缓期的大学生必须充分利用这个时间探索自我发展的可能性，需要积极主动整合心理人格，以便更好地认识成年人的社会角色，为将来进入社会、承担责任做好准备。

整合、发展自身人格是青年人进入大学后的必修课题，这也说明了这一时期大学生人格还未定型，还具有塑造空间的特点，因此这就对高校心理健康工作者提出了要求，即引导大学生正确塑造人格，发展并发扬人格心理中的积极正向因素,使道德人格成为大学生树立正确价值观、充实大学生活、成功融入社会、实现自我价值的心理动力。

在大学生进入社会之后,道德人格将会发挥更大作用。疫情影响下的就业压力持续增大,初入职场时复杂的人际关系以及恋爱婚姻等人生大事的重要决定,都需要青年人具有积极健全的道德人格,以帮助青年人在压力和挫折中坚定正确的选择。因此,塑造大学生的积极人格为大学生持续的进取人生预留了一笔宝贵的心理财富和源源不断的心理动力。

"修身"一直都是中国儒家传统文化中极其重要的一部分,继承了孔子思想的儒家经典《大学》中更是使用"自天子以至于庶人,壹是皆以修身为本。其本乱而末治者,否矣"来证明修身对"齐家、治国、平天下"的重要性。古往今来的儒家教育基本都凭借着《大学》中"修身为本"的思想来教导学生谦逊有礼、慎独自省,培养学生对高尚品德和超凡内心境界的追求,以期能塑造出具有传统文化中完美人格的人才。

由此,《大学》中的"修身"思想便可以为培养大学生的道德人格提供具有中国文化特色的教育启示。

立志向学,意念真诚。大学时期正是学习知识的黄金阶段,不同于高中时广而浅的知识结构设置,大学的知识着眼于专业上的精而深,且学习模式更加自由,学习方式更加灵活,这不仅对学习能力提出了更高要求,也加大了对个人意志磨砺的程度。因此大学生在立志向学、格物致知的过程中,不仅收获到了广博的知识,也锻炼了自身心性,培养了优良品格,塑造了坚韧不拔的道德人格。

《大学》所言"所谓诚其意者,毋自欺也,如恶恶臭,如好好色,此之谓自谦"是强调在自我修养的过程中要注意意念真诚,要听从本心,做到对自我的坦诚。因此当大学生面对人际上、学业中、生活中的困难时,不应一味逃避,应坦率地面对自己的缺点与不足,不自欺欺人。做到了意念真诚,便可向"慎独"迈进。慎独是修身中非常重要的思想，并不是只在人前做做样子就可称为君子，君子是如杨震那般恪守德行规范，时刻警醒自己"天知地知，你知我知"。慎独要求大学生拥有自觉的意识，不仅在有老师监督的情况下直面困难、克服诱惑，更需要在无人监督时"学海无涯苦作舟"，在迈入社会后仍然"咬定青山不放松"。在逆境中做到不忘初心，既不妄自菲薄也不夸大自我，将慎独修身纳入自我的道德人格，自然就能做到"精诚所至，金石为开"。

絜矩之道，治国齐家。此言出自《大学》："所谓平天下在治其国者，上老老而民兴孝，上长长而民兴弟，上恤孤而民不倍。是以君子有絜矩之道也。"这也是对孟子"老吾老以及人之老，幼吾幼以及人之幼"的推己及人、以身作则思想的继承。因此大学生在生活中要做到"己所不欲，勿施于人"，在行为处事之前考虑充分、以己度人，学会从他人角度思考，将善意诚心的修养变成人格特质，这样就能做到与人为善，有益于人际关系和亲密关系的发展和维系。

从另一方面讲，大学生也是新时代的带路人，青年人的发展决定着未来的进步，可以说青年人的理想就是国家和民族的未来。因此大学生在学习生活中需要树立远大理想抱负，将个人对美好未来的向往融入到社会对美好生活的追求中，以振兴民族为己任。学习专业知识，培养高尚品德，以身作则，带动身边人，共同实现"修身、齐家、治国、平天下"的历史大任。

修身落在对大学生道德人格的培养上，学校需要将修身思想融入积极教育体系。积极教育体系以培养学生的道德人格为要求，以发现并提升学生的心理潜力为目的，要将修身思想与道德人格相结合，让大学生从大范围的学校环境到小范围的课堂教学，从师生互动到人际交往都体会到修身思想的沁润普及。

（一）营造良好的社会氛围

每个人都是社会群体中的一员，每个人的生活都离不开所处的社会环境。一项调查显示，良好的道德修养环境对受教育者的道德养成具有促进作用；反之，则具有阻碍作用，不利于形成良好的道德品格。因此，高校应为大学生创造良好的道德环境，进而将其推广到社会之中，这是当前大学德育追求的目标。儒家认为良好的道德环境对于提高道德品质来说是十分有利的。修身是从内到外不断完善发展的过程，需要人们在自身的基础上，将自己修到的良好的道德品质转化为道德。与此同时，还要推己及人，帮助需要帮助的人，使更多的人提高自己的道德水平。同样，德育不能只停留在学校教育阶段，更应延伸至个体的终身道德修养上。不同的生存环境会让人形成不同的道德水平，正如孟母三迁的故事一样。因此，社会应该为培养大学生的道德修养提供一个良好的环境，并将德育工作延伸至大学生的终身学习和发展始终。

（二）学校多方位塑造大学生的道德人格

我们每一个个体都是社会中的一员，每个人生活的方方面面都离不开社会整体环境的作用。有调查结果显示，良好的道德环境对受教育者道德修养的养成具有积极的作用，有利于促进形成高尚的道德品质；反之，不良的道德环境对受教育者道德修养的形成具有明显的阻碍作用，不利于个体形成高尚的道德品质。因此，各大高校如何为大学生营造一个良好的道德环境，并逐渐由大学生群体推广到整个社会，使整个社会形成良好的道德氛围，是当前的道德教育追求的重要目标。

"诚意正心"思想认为良好的道德环境对人的道德修养的提高有着潜移默化的影响，正所谓"久居兰室不闻其香"。我们现在都应当知道，道德修养提高并不应该只是对于一个人类个体完成的一次道德的内功修炼任务，它同时还是人们由内而外、推己及人的一个不断地追求向善向上发展的修炼过程。提倡每个人在对自我内在的道德修养的提升过程的认知基础之上，积极努力地将自己的修身成果向外发展为自身道德行为，以真诚的态度去对待他人，推己及人，帮助别人去恶从善。这是一个无限追求卓越品质与不断完善自我的过程，道德教育不应仅仅停留在学校的教育阶段，还应延伸至每个个体的终身道德修养上。所以，在对当代社会的青少年大学生道德养成教育培训中，应努力为学生营造良好和谐的个人道德修养氛围，以环境因素影响道德素养教育。培养学生终身内修的道德修养方式是非常有必要的，当然，这对大学生处理好与同学、老师、朋友、家人之间的人际交往关系也起到了举足轻重的作用。

"诚意正心"思想认为有良好健康的社会道德环境就能够潜移默化提升整个人本身的基本道德修养，人内在的基本道德修养必然会直接受外部环境潜移默化的积极影响，如"蓬生麻中，不扶而直；白沙在涅，与之俱黑"，不同的道德环境会塑造不同道德修养水平的人。人们将其所体现着的为人精神比喻成了一个向外无限扩展着的同心圆，其包含了我们的家庭、社会、国家、世界乃至整个宇宙。杜维明先生所说的"由人们的心灵到灵感再到神明"，意思就是个体与社会是互相作用的。个人能够通过道德修养的提高，将其成果外转为道德行为，感染周围的人，从而形成良好的道德氛围。良好的道德氛围同时也能够反作用于个体，使个体的道德修养进一步提升，然后不断前进，不断向善，永无止境地追求卓越。

对于各大高校来说，在当代大学生的道德教育中要积极努力地营造良好的道德氛围，营造"诚意正心"的校园环境对塑造大学生的道德人格有重要意义。具体可以通过以下方式。

做好宣传和动员对大学生的修身教育而言是很重要的方式。我们不仅可以通过一些常见的方式来进行修身教育，如班会、讲座等，还可以用互联网新型方式来进行修身教育，如新媒体等。充分利用多方的资源，从不同角度传输儒家修身思想的精髓。

在对青年学生群体进行道德文明的修身思想教育训练时，为了真正取得良好的训练效果，除了尽量调动全体学生参加教育的积极性，让所有学生均主动自愿参与其中外，还要有一套完整的制度，使考评和奖惩都有据可依。这样不但可以梳理现有的规章制度，还能继续细化培养要求。这对于推动学生积极参与修身思想的课程，完善自身道德修养有重要作用。除此之外，要对优秀的个人或集体予以奖励，树立模范，宣传榜样的正向精神。同样，对反面的例子也要及时给予帮助，让他们回到正轨。建立健全评价体系，制定合理科学的评价标准，这样可以使高校的文明建设朝着积极的方向发展。

"实践是检验真理的唯一标准"，目前我国各大高校日渐发现道德教育离不开实践的检验，由此相继开展了社团、学生会、社会实践等丰富多样的道德教育活动。然而，一些调查结果显示，把课堂理论知识与日常活动实践相结合的活动数量依旧十分有限，在让学生主动地认识到理论知识的重要性上仍需加强。大学生的道德教育不应该只限于在课堂上进行，而应延伸到每个学生的日常学习生活中去，让学生切实感受到道德教育的成果给自身及周围的人带来的积极影响。通过传授道德修养的方法让学生将课堂所学的理论知识与日常生活学习实践相结合，切切实实提高自身的道德修养。而儒家"诚意正心"的修身教育实际上就是一种修身教育，它提倡通过个体的道德内修，自觉地将自身的"知行"进行统一，从大学生日常生活实践的点滴中对其进行道德教育，以使其形成良好的道德行为为道德教育目标。

"不积跬步，无以至千里；不积小流，无以成江海。"道德教育在点点滴滴中让受教育者养成行为习惯，把道德实践与道德教育相结合，是切切实实提高道德修养的好方法。就像王阳明所提出的"知行合一"的方法一样，他认为每一个接受道德修养教育的人都不能把"知"和"行"分开来做，既不能只做到"行"而不"知"，也不能只做到"知"而不"行"。如果在没有做到"知"的情况下就懵懵懂懂地去任意而"行"，那么这个"行"一定是胡作非为；如果只是凭空想象获得"知"，完全把脚踏实地的躬"行"抛诸脑后，那么这个"知"一定也只是揣摩出来的而已。因此，只"行"或只"知"都不能说是道德修养，都会使人走入歧途。

因此，在当代大学生的道德教育中要想实现"诚意正心"的教育目标，有效地从根本上改善大学生在人际交往关系中所遇到的各种问题，首先应该注重的就是道德教育理论知识和道德实践教育的相关联性，要让学生在课堂学到的理论知识真正地指导其日常生活与学习，包括人际交往关系中出现的种种问题，让学生切实地发现在课堂上学到的理论知识的实用性，从思想源头上，切实把他们自觉学习实践的主观能动性充分调动起来，从"让我学"真正转变为"我要学"。其次，学校的道德教育不能仅仅局限在课堂或者学习中，而是应该把课堂教学的理论知识延伸到学生的日常生活实践中去。那么，这就要求高校在进行道德教育的同时，更加注重传授给学生道德修养的方法，培养其在日常生活中灵活运用道德实践教育方法形成的良好的道德习惯，真正地做到理论与实践相结合，切实提高学生的道德修养。

从学校的角度来说，还可以将修身及相关文化与心理健康活动相融合，通过举办知识竞赛或团体辅导等形式的活动寓教于乐，在校园中营造修身的积极文化氛围；对负责心理健康课程的老师进行修身思想的培训，增强教师对修身文化的理解，帮助教师形成修身教育的系统理论，进而融会贯通，灵活运用于课堂。

从老师的角度来说，则要注重修身思想在课堂上的交流与传播，注重帮助学生在塑造道德人格的过程中对修身思想的领悟学习，关注学生在过程中的体验和积极情绪。同时老师也需要注重自身的示范作用，将道德人格品质的修养纳入职业规范，"发挥德行，镕范身心，为事上之轨模，作臣下之绳准"（武则天《臣轨》）。教师本人的言行举止将修身与道德人格的概念具体化，贴近学生生活，对学生领悟修身文化和形成道德人格具有积极的推动作用。

（三）学生要将"修身"思想贯穿自我发展始终

最后从学生的角度来说，运用"诚意正心"这种儒学思想提出的现代自我评价和教育行为方式，至少有两个方面要求：第一，学生自己要能树立一个积极正确远大的道德教育目标，应如先贤孟子所说，要有"持志"思想，同时还要有一个正确远大的教育行为目标和一颗积极坚决的向善的心；第二，就是要学会慎独自省，能够正确认识自己，并且在独处的时候，也能够严格地自律，自觉地要求自己去恶从善。

修身可以与自身教育相结合，以课堂上的学习为启发，辅以课后活动的体验，用动静结合的方式内化修身文化，最终落实到道德人格的塑造中去。如要修身，则必自省，"君子求诸己，小人求诸人"，唯有个体做到自我认知上积极主动的心理改变，才能将修身思想渗透到生活学习的方方面面，不断更正错误的自我评价，强化自我的积极认知，培育自我的道德人格，最终实现自身的良好发展。

第八章 "正心"与大学生情绪

第一节 "正心"中"中"的概念与要求

作为中华优秀传统文化重要组成部分的儒家文化中蕴含的丰富的教育思想至今仍然可以给予我们智慧启迪。大学生正处于成长成才的关键期，容易产生各种心理健康问题，我们可以利用儒家思想中的教育智慧对解决大学生心理健康问题的路径进行探索，本章着重对大学生的情绪管理进行探索。

一 "正心"的概念

《大学》有言："身有所忿懥，则不得其正；有所恐惧，则不得其正；有所好乐，则不得其正；有所忧患，则不得其正。"这句话的意思就是说，我们如果被愤怒、恐惧、贪图享乐、忧患的情绪所围绕，我们的心灵就会被污染，也就无法实现修身养性的目的。所以，只有通过"正心"，也就是对自身进行心理调节和在道德上进行自我约束，才能够做到视负面情绪而不见。由此可见，这里"正心"的意思就是个体通过对自我的控制，纠正自身的错误和有害思想，以及保持一个积极向上的心理状态。宋朝的理学家朱熹关于正心是这么说的，"正君心是大本"，他认为人们的道德信念也会因为愤怒、恐惧、贪图享乐、忧虑等不良且无益的情绪而产生负面影响，"而其用之所行，或不能不失其正矣"，让人的目标出现偏差。因此，只有通过"正心"，即在道德上进行自我约束和在心理上进行自我调节，才能使自己不被负面情绪所影响，不被物欲所蒙蔽，积极向善。

王阳明是在朱熹之后的心学家，他批判性地继承了"诚意正心"思想，并把这种思想进行了简化，使"诚意正心"思想更容易被世人接受吸收，也可以更快地为当时的人们正心，重新唤醒人们内心的道德良知。"格者，正也，正其不正以归于正之谓也。正其不正者，去恶之谓也；归于正者，为善之谓也。夫是之谓格。"王阳明认为"格物"就是"正心"，是为了正心中的"不正之处"。"格物"是"诚意"的功夫，是"诚意"的手段与措施，"诚意"则是"格物"的目的，"格物"只是服务于"诚意"的。王阳明还说："格物者，格其心之物也，格其意之物也，格其知之物也；正心者，正其物之心也；诚意者，诚其物之意也；致知者，致其物之知也。此岂有内外彼此之分哉。"这段话的意思是说，在本质上，"格物"与"正心"没有内外彼此之分，由此可见王阳明已经在朱熹的思想基础上对"诚意正心"进行了自己的简化理解。

二 "正心"概念中有关"中"的思想的解读

在我国璀璨的古代文化学说中，儒家学派历来都是古今中外学者研究、探索的重点；在心理学中，情绪是个体生命的重要组成部分，也是个体、环境与意义事件之间关系的反映。本节将"正心"从儒家学派"八条目"中摘取出来进行简要的分析和论证，尝试帮助大学生构建健康、端正的身心环境。

"正心"出自《大学》。

> 原文：所谓修身在正其心者，身有所忿懥，则不得其正；有所恐惧，则不得其正；有所好乐，则不得其正；有所忧患，则不得其正。心不在焉，视而不见，听而不闻，食而不知其味。此谓修身在正其心。

译文：之所以说修养自身的品性要先端正自己的心思，是因为心有愤怒就不能够端正，心有恐惧就不能够端正，心有喜好就不能够端正，心有忧虑就不能够端正。心思不端正就像心不在自己身上一样：虽然在看，但却像没有看见一样；虽然在听，但却像没有听见一样；虽然在吃东西，但却一点也不知道是什么滋味。所以说，要修养自身的品性必须要先端正自己的心思。

所以"正心"这个概念其实是一种对于情绪的自我管理与控制，端正自己的内心世界，不断调整自己的心理状态，从而保持一个平静、正直、充满活力、健康的内心世界。

众所周知，"中庸"是儒家文化学说中最核心的观念与理念，我们将"中"单独摘取出来，作为调节自身内心环境与管理自我情绪的方法来使用。保持健康良好的内心意味着自我情绪的良好控制与调节，进一步来说良好的心理状况直接影响着个人生活、学习的方方面面。

（一）"中"的出处

《中庸》中的"故君子尊德性而道问学，致广大而尽精微，极高明而道中庸"，通常被视为儒家智慧人格的最高境界，并通常被简述为"极高明而道中庸"。在孔子那里，"中庸"大意是君子的礼法实践标准和认识智慧。"吾有知乎哉？无知也。有鄙夫问于我，空空如也，我叩其两端而竭焉。"（《论语·子罕》）这种处事方式和处世智慧，即"中"。

（二）"中"的要求

"中"顾名思义就是保持不偏不倚，适宜恰当。在这里我们着重摘取出来是谋求"中"对于个人心理建设的意义，这是一种方法论。"中"要求我们学会用理智来支配、驾驭直接的情绪，从而不被外在因素影响而丧失基本的判断能力。心理活动是看不见摸不着的，但却又时刻发生着，所以我们需要通过检测自动思维想法的合理性，加强自身心理建设。

大学生的心理发展正处在从不成熟向成熟过渡的时期，由此会产生各式各样的情绪方面的问题。焦虑、抑郁等情绪则会直接或间接给个人、环境带来深层次的影响。我们需要有一个可以衡量的尺度来不断提醒大学生什么是正确的价值观、人生观，什么是不正确的心理状态。

如何做到"中"？《论语》中正心篇讲的是摆正心态，用积极心态不断完善自我。"中"要求保持不偏不倚，在对一个事物做评价前，端正地看待事物本身，处事不偏激、不偏信。心境时刻保持平和与冷静，在遇到突发问题时内心保持冷静去面对，不被外界影响自身的判断。

（三）"中"的来源

"正心"中的"中"即"中庸"，是先秦儒家思想的重要概念，有人甚至称孔孟之道为"中庸之道"。《论语》中最先出现"中庸"这个词语，但孔子及其弟子子思都未对其做出具体解释，因此后人对它的解释可谓层出不穷、众说纷纭。

在孔子使用"中庸"一词以前，"中"和"庸"两个字是单独被使用的。根据一些文献记载，"中"这个字最早出现于《尚书》，见于尧让位于舜时，尧曾叮嘱舜"允执厥中"四字，后来舜让位于禹时又提出"人心惟危，道心惟微，惟精唯一，允执厥中"。"允执厥中"，就是指把握中庸这个基本的规律，使事物能正常和谐地发展与变化，对待自然是这样，对待人也是这样。这体现出远在神话传说时期，中国的祖先就已经把"中"作为一个重要的为政思想进行传承。在老子的思想中，也体现了中庸的哲学思维。这也表明"中庸"背后的中国哲学文化的共通之处。郑玄注《礼记·中庸》"君子中庸"句说："庸，常也，用中为常道也。"又说："名曰中庸者，以其记中和之为用也。庸，用也。"程颐释"中庸"说："不偏之谓中，不易之谓庸。中者，天下之正道，庸者，天下之定理。"朱熹说："中者，不偏不倚，无过不及之名。庸，平常也。"又说："中庸者，不偏不倚，无过不及，而平常之理，乃天命所当然，精微之极致也。"由此可知，"中庸"的定义在郑玄、程颐、朱熹等人眼中大致无二，他们认为，"中庸"即"天命所当然"的"天下之正道""常道""定理"。"天下之正道"和"常道"是中庸的本义。万事万物皆有"正道",此乃事物的本性,万事万物的"常道"就是不为而自然的运动规律,这就是老子的"中正之道"。"天下之大本"是儒家提出的一种思想观念,它其实就是老子思想中的万物之本——道,二者本质上并无区别。"中"的状态与老子所讲的"道"的状态有共通之处。而《中庸》中所阐述的"天下之达道",所指的无非就是天下万物自然自息之规律,老子将其统称为"天道"。在老子的思想中,"中"的思想已经蕴含在他对道的阐述之中了,天道是不偏不倚的,是天地万物自身的和谐状态,是自然的"中",万物最和谐的时候就是所谓的"中"。

立足于阴阳对立的二元对立规律是古代老子学派的阴阳守中统一思想,与传统儒家思想的中庸之学有显著的共同特点:第一,同一事物之内部都存在着矛盾对立;第二,对立事物的内部总是同时存在着阴阳矛盾。这二者可以互相制约、互相依存,并向其对立方向转化,这都是自然事物自身存在、发展演化的根本规律。科学方法论观点中的守中思想和孟子中庸处世之道都主张用"中",反对过犹不及,主张人们以这种守中的或中庸处世的思想方式去把握事物矛盾,以掌握如何正确认识外部世界关系和正确处理人类问题的根本。

作为一个整体的概念,"中庸"首先由孔子提出,"中庸之为德也,其至矣乎!民鲜久矣"(《论语·雍也》)。孔子虽然对中庸没有进一步详细的阐释,但这已经为中庸思想的逐步形成奠定了基础。综上所述,可以发现中庸思想其实早有渊源,这是一种从上古时代到孔子时代一直追求的"中"的状态。"中"也从最早的为政之德发展到哲学层面的自在调和的状态。到子思时,"中庸"进一步上升到了哲学世界观、本体论的高度。

(四)"中"的概念

"中庸"为中常之道,反映的思想是对自然界事物本质规律的基本认识,属于东方哲学基础上的本体思想和本体认识论范畴,是古代儒家思想理论的根本哲学基础。《中庸》开篇就写有"天命之谓性,率性之谓道,修道之谓教",这句话也可以被理解为:上天赐予人类的某种秉性叫作性,遵循天性而行叫作道,修明此道并加以推广叫作教。这几句话将中庸思想中最重要的概念联系在一起。下面将对这几个概念做出阐释。

1.《中庸》中"性"的内涵

《中庸》中第一句为"率性之谓道",郑玄、朱熹都将"率"字解释为"循也",即遵循。率性就是遵循自然的本性,既可能是本能地顺从自然的生理本性,也可能是自觉地遵守具有道德性的天命之性。因此,《中庸》中强调修道的重要性,通过修道来遵循自然的本性。"道"的最初含义应该是道路,后多引申为方法、本源、规则、规律等意思。朱熹在《中庸章句》中解释说:"道,犹路也。人物各循其性之自然,则其日用事物之间,莫不各有当行之路,是则所谓道也。"道就像道路一样,人和物也都是一直在遵循自己固有的某种自然本性,在日用事物间也呈现一定的运动规律,这就是所谓的道。道是灵性在日用的事物间流转的一个具体体现。《中庸》之道既包含天道,又包含人道,既是天德,也是人性。但它更偏重"人道",人性由天赋予,将这种人性由人的内在向外在呈现的过程就是道。人道即为天道在人类社会中的秩序。

道循性而行,"性"生于自然,万物需遵性而动,"率"与"性"构成了内在联系,《中庸》中说道:"道也者,不可须臾离也,可离,非道也。"即追求中庸之道,片刻也不能违背人的自然本性,必须时刻遵循人的自然本性,不然就不能称为"道"了。寻求"道"的过程,不仅是率性的过程,也是尽兴的过程,要充分展现出"诚",来让天性自由地发散。《中庸》中又说道:"唯天下至诚,为能尽其性;能尽其性,则能尽人之性;能尽人之性,则能尽物之性;能尽物之性,则可以赞天地之化育;可以赞天地之化育,则可以与天地参矣。"其中讲到"尽其性",说明人的本性中还有很多潜能没有被发挥出来,等待着我们去发掘。人类需要通过"尽其性"来充分展现自己原始的自然生物本性，通过"尽人之性"来达到"尽物之性"，达到"赞天地之化育"，最终达到"与天地参"的理想境界。就如儒学大家徐复观所说："'至诚'即是'尽其性'。此性乃由天所命而来，一切人物之性皆由天所命而来。至诚、尽性，即是性与命的合一。"

2.《中庸》的理想人格

天人之道是《中庸》人格理论的基础，这里的"天"不是静态的，而是从天道创生的作用上体现的。子思以"诚"述说天道、人性，体现了天道之"善"的法则和人性中的道德，天命在物中彰显自己的性，天道规定了人与物所应该发展的方向，物的天然本性即"诚"，而人则需要通过"择善固执"的反思才能将其应成为的呈现出来。中庸之道就存在于人们的日常生活之中，通过日常实践的具体活动就可以彰显出来。体察万物之情，把握物我、内外之共性，便是修中庸之道的核心。中庸的人格养成途径是以中为体、以和为用、由中致和的过程。

在孔子以前，"中"就已经被视作与德相关的概念，可见中庸并不能被当作一种认识问题的方法，而是与个体的教养息息相关；它不是一种实实在在的工具和方法，其本质上是关于人的道德修养和人格教养的概念。孔子曾提到"中庸之为德也"，而《中庸》中也有一些类似的道德言论，"中庸其至矣乎，民鲜能久矣"意为中庸当然是一个最高等级的儒家道德标准之一，可是劳动人民已经相当长时间不能做到了。可见中庸不仅是一种做事的方法，更是一种与人的道德修养相关的内在原则。真正的遵循中庸之道做人行事，就是实现中庸最难的地方。所谓"中"，与个人的心性修养不可分离，是人所拥有的德行在日常生活中待人接物行为的实践，从而赋予人客观行为的"德"的价值。

《中庸》从性情角度对"中""和"做出了最基本的解释。"中"是喜怒哀乐等情感未发时的本真的自然状态，不偏不倚、平静淡然，是每一个个体生来就被赋予的不会消逝的自然状态。这不仅是逻辑上的抽象概念，还是可以被感知的真实存在，与个体在现实世界的生存处境密不可分。然而，个体一旦与外物产生联系，就必定会释放出喜、怒、哀、乐等感情。"和"即有礼有节地应事接物，与"中"相互协调，就构成了"中和"。"中庸"是从心物的角度阐释人是如何在行为处事中达到适时适度；"中和"则是从性情上阐释，人之为人就是在于人心性的活动，人的现实活动就是个体与客观世界产生联系的活动。"中和"着眼于内心性情的涵养，在以情应物的过程中运用它，便是"中庸"。

（五）"中"的要求

"圣人"和"君子"，是中庸思想提到的次数比较多的两个概念，是指人作为这个文化主体，在一种中庸状态下应该努力追求达到的人生终极理想状态和最高目标。君子一定要能做自己，不轻易为外境所干扰，这是中庸思想学说里比较多地被人们提到的另外一种思想观点，包括做一些小事情，包括个体独处的时候，"君子慎独"也是这个意思。君子道德修养都可以通过自律、慎独来获得提高，并且可以主动自觉地向着天命之性去靠近，这一点也从侧面体现了作为君子自觉主动地向自己天命之性去靠近的积极性，君子自然是绝对不会去坐等这个天命之性降临到自己的身上，而是要主动出击。因此，这可以体现人的道德修养行为是自觉自愿的。

"故曰：'苟不至德，至道不可凝焉。'故君子尊德性而道问学，致广大而尽精微，极高明而道中庸，温故而故新，敦厚以崇礼。"（《中庸》）没有达到最高的德行，伟大的道理就不会凝聚。道德修养并没有真正修为到最高境界，就无法达到宽广博大的宏观境界。所以，对于君子来说，最重要的就是达到德行的最高境界，从而在自己的身上将天命之性完美地演绎出来。君子追求的一种修身的目标，应当是达到中庸这样的一个超功利化的思想状态，表现在形成一套良好的思维、行为习惯，通过思考、复习、巩固已经学过的知识内容，结合具体实践去得出新领域的新知识，同时从行为准则上一定要做到谦恭循礼。在古代中庸哲学思想框架中，君子道德应该遵循的准则"礼"具体表现为五达道、三达德，即君臣、父子、夫妻、兄弟、朋友和智、仁、勇。君子所修德行均为一些被法律规定归为家国范畴的传统社会角色。在君子修德实践的发展过程中，难免会受到传统角色的消极影响，因此，首先要去做的工作就是对这些传统家国角色兼容并蓄。

如果追求道德高尚的君子本身就是中庸思想追求中所成就的一个目标，那么，中庸的思想追求中，对于君子本身的最终极追求便是希望能够早日成为道德圣人。因为君子对人类道德与完善人格的追求都具有一种非常强的主观能动性，并且通过在自身实践生活中去不断地充实自我，提升自我修养，努力向成为圣人的目标一步步靠近。"唯天下至圣，为能聪明睿知，足以有临也；宽裕温柔，足以有容也；发强刚毅，足以有执也；齐庄中正，足以有敬也；文理密察，足以有别也。"圣人的五种德行主要表现为聪明睿智、宽裕温柔、发强刚毅、齐庄中正和文理密察。如果一个君子具备了这些德行的话，那么，他才可以被称为"圣人"。实践主体追求的最高德行目标，就是能够成为圣人。

第二节　情绪的概念、构成、主要分类与大学生情绪的特点

一　情绪的概念

"情绪"一词是西方舶来品，在儒家典籍中，以一个"情"字来概述现代心理学中的情绪。儒家认为人的情绪与生俱来，故说："喜、怒、哀、惧、爱、恶、欲七者，弗学而能。"（《礼记·礼运》）这清楚地阐明人生来就具有喜悦、愤怒、哀伤、恐惧、仁爱、厌恶、贪欲等七种情绪，它们是人内在的天生情感。《礼记·乐记》："夫民有血气心知之性，而无哀乐喜怒之常，应感起物而动，然后心术形焉。"说明人虽有血气心知的本性，却不会在长时间内处于喜、怒、哀、乐，一定要有外物刺激，才会引起相应的情绪与行为。

这里需要区分的是"性"与"情"。《中庸》："喜怒哀乐之未发，谓之中；发而皆中节，谓之和。"元朝陈瀚《礼记·乐记》："六者之动，乃情也，非性也。性则喜怒哀乐之未发者是也。"喜、怒、哀、惧、

爱、恶、欲等表现是"情"而不是"性","性"是一种静止的状态，是人之本性。现代心理学称之为"心境"，指人比较平静而持久的情绪状态，具有弥漫性。"性"是喜、怒、哀、乐没有产生的状态，即《中庸》中的"中"的状态；"情"是心被外物刺激所引起的反应。所以《礼记》有云："人生而静，天之性也。感于物而动。"

现代心理学认为情绪是个体生命的重要组成，也是心理健康的重要指标。情绪是个体伴随着认知和意识过程产生的对外界事物的态度，是以个体的愿望和需要为中介的一种心理活动。就如一个人内心世界的晴雨表，人的生活中随时都会有喜、怒、哀、惧等情绪变化。

由此可见，儒家文化下的情绪观与西方研究类似，情绪有主观体验、外部表现和生理唤醒。首先，情绪的主观体验是指主体因个人需要的满足度对不同情绪和情感状态的自我感受，如喜、怒、哀、惧等，是一种带有独特色调的知觉或意识。其次，情绪的外部表现是指在情绪状态发生时，身体各部分的动作量化形式，主要包括姿态表情、面部表情和语调表情。最后，情绪的生理基础指在情绪活动中产生生理变化，这种变化不仅维持和支持着情绪，而且影响着情绪的持续时间和强度，不同的情绪生理反应不一样。

情绪感受指人类在日常社会或生产经济活动环境中，因外界客观环境、事物、行为符合他们自身情感的内在需要程度的不同，而产生的各种态度方面的感受体验。人自身在主动与其他客观外部世界事件产生感情联系并共同进行社会某项具体交往活动时，接触体验到某些事物后，总会自发产生一定形式的态度、行为和感受。这些感性态度和感受本身所要反映的并不都是某种事物及其特定的社会客观属性，而是要反映一个具有一定特征的主体之间与外界客观的事物环境之间的关系。因此，情绪是认识主体对客观心理世界态度的另外一种相对特殊的直接反映形式。

对人世间一切的主观心理认知及经验反映的情感也叫作情绪，是人类多种心理感觉、思想认识和认识行为总和产生的某种心理感觉和情绪状态。喜、怒、哀、愁、乐、惊、恐、爱、恨等情感是在日常生活交往中最常遇到的心理情绪状态，当然这里还有一些比较敏感、细腻或微妙、平日交际中又不太易被人们表现出来的心理情绪，如羡慕、嫉妒、骄傲、羞耻、自豪等。心情、性格、脾气、目的等行为因素经常与一些情绪因子相互作用，当然，荷尔蒙受体和某些神经化学递质受体等精神因素同样也会时常影响我们的情绪。然而，无论我们是产生正面积极的情感，还是消极负面的情感，都会反过来影响各种行为，改变着人们日常行动时的动机。

与生俱来的人类基本生活情绪和经过后天学习获得的人类复杂生存情绪是人们最常见的两大基本情绪类型。与生俱来的基本生活情绪受了人类社会许多基本生存模式的影响，甚至有时可以说与它们息息相关，而其必须经过人们后天与他人之间产生心理连接、面对面深入地进行沟通或交流以后才能被完全理解，所以说我们每个人对情绪的定义和理解都不一样。关于情绪的确切含义，心理学家和精神哲学家都已经研究过至少 100 年了，他们发现情绪至少有 20 种表达方式，尽管它们不尽相同，但是几乎都认定有三种成分组成了其主要部分。第一，身体器官的各种变化必然会互相影响产生情绪，情绪的多种表达及形式也伴随这种身体变化过程而产生。第二，情绪往往是作为一种有意识行为的心理体验。第三，认知行为也是我们主观情绪的重要成分，对外界事物情感的认知评价过程也经常涉及其中。但是，一般人所说的认知情感、态度则经常与认知情绪混淆，所以，认知情绪本身与认知情感、态度两者之间的对应关系是我国目前在情绪研究方面比较重要的有争议的方面。

二　情绪的构成

情绪既是指我们在大脑内部产生的一种主观生理感受，又可以是对人体的一个客观的生理行为反应。情绪具有目的性，即向现实社会表达自己。另外，情绪运动也是一项多元、复杂变化的自然综合状态事件。理论上认为，当多种情绪交替发生活动的时候，在相当短时间范围内可以协调、同步地进行变化的基本要素包括五个。

认知系统评估：当外界突然发生某一个特定事件时，大脑系统就会先自发地去调动身体的认知系统，然后去主动、客观地评估这件事应该具有怎样的感情色彩，接下来就是评估这个事件所引发的心理情绪反应。例如，假如人们亲眼看到了自己最心爱的小宠物突然死亡，这件事可能就会马上在其主人大脑里的认知反应系统中被自动地评估为对自身有重要意义的负面影响事件。

生理反应：情绪是大脑对外部或内部刺激的反应，它们通常在大脑的杏仁核、垂体和下丘脑等区域产生。产生情绪时，大脑会释放化学物质以调节身体反应。例如，意识到自己已经无法挽回宠物的突然死亡，主人神经系统的自我觉醒度降低，然后逐渐感到浑身乏力，甚至心跳变慢。

感受：个体内心所能感知到的某种主观情感。例如，在宠物死亡一年后，主人自己的主观生理机能和主观心理也会逐渐变化，产生一系列新的情绪反应，这些新变化都被主人自身的主观情绪意识系统所觉察，这些主观情感意识体验便被主人称为"悲伤"。

表达：情绪主体可以随时通过自己面部表情的微妙变化和声音节奏的细微变化等表现出来，这通常是表达主人及时向自己周围的人传达对这件事的主观看法，同时表达他本人的心理行动意向。例如，看到一只宠物突然死亡后，主人便会马上皱紧眉头，同时伴有嘴角自然向下并哭泣的现象。不同年龄的个体之间，对同一情绪的表达既有人类共通的情感部分，也有人类个体独有的情感成分。

行动倾向：情绪波动会促使人产生一些行为动机。例如，悲伤痛苦的时候，就会自己找几个人去倾诉；快乐开心的时候，则会与一群人来分享。

三 情绪的主要分类

人可以产生数百种的情绪，除此之外还有很多混合、突变及仅有细微差距的情绪，人类语言所能表达的范畴在表达一些情绪的微妙之处时显得有些词不达意。理论上讲，只要人活着，情绪就不太可能被完全消灭，但是我们可以利用一些方法，对一些负面的情绪进行有效的疏导、调节、管理。从一般意义上讲，情绪一般分为积极情绪和消极情绪。还有哪些心理情绪属于人类基本心理情绪及人心中到底存不存在基本情绪问题，是现在很多心理学家一直在争相研究讨论的话题。美国加利福尼亚大学的心理学家保罗·艾克曼的新发现，在一定程度上证实了每个人具有相对少数的几种基本核心情绪。艾克曼教授研究后指出，人类特有的四种基本面部表情系统分别与四种面部基本的情绪系统（喜、怒、哀、惧）相对应。这种认知逐渐为世界不同国家和地区的传统文化学者所认可，也包括一些没有学会文字，尚未接触电影、电视作品的年轻人群。这足以说明，情绪特征在这部分人心中确实具有普遍性。

按照情绪发生的速度、强度和持续时间对情绪进行划分，可将其分为心境、激情和应激三种。

（一）心境

人比较平静而持久的情绪状态被称作心境。心境持续时间的长短有较大差别，引起心境的客观刺激的性质是造成这种差别的主要原因。

另外，心境的持续时间也受个体的人格特征的影响，一个人对某一事件的心境影响可能会比较小，而另一些人心境受此影响则可能比较大。心境一经产生，便会保持较长的一段时间，对人的学习、生活、健康等产生影响。积极向上的心境可以让人精神抖擞、思维活跃，使人对未来充满希望，并且有益于身心健康；消极悲观的心境会让人萎靡不振，丧失信心和希望，所能看到的都是不顺心、不如意的事情。

（二）激情

激情是一种激烈的、爆发性的、迅速而短促的情绪，对个人而言，有重要意义的事件会引发这种情绪，这种情绪虽然表现猛烈但持续时间不长。激情状态来临时，强烈的生理行为表现一般会伴随其中。激情状态容易导致人思维狭隘，出现认知范围变小、理智的分析能力和自控力变弱、所做出的行为不可控等现象，甚至使人做出鲁莽的动作或行为。

（三）应激

人对某种不可提前预知因素导致的新环境下的刺激变化所必须做出反应的这种适应性行为反应一般叫作环境应激。应激行为状态的具体产生往往受每个人当下所需要面对的环境条件及当时对他自身反应能力程度的自我认知状况差异的影响比较大。当人们自己暂时没有反应能力来应对当前所可能发生的变化，并事先意识到变化的严重性的时候，就会立刻感觉到紧张与不安，随后进入应激状态。人身上的各种调节机体代谢的生理变化反应会在某种应激环境状态刺激下被重新引起，如神经肌肉紧张度、血压、心率、呼吸功能及全身腺体活动程度都会突然出现一些明显的新变化。这些应激变化将使人体更好地适应一些急剧变化的生理环境或刺激，使个体功能活动的内在完整性得到维护。加拿大病理学家汉斯·塞里把这种变化称为"适应性综合征"，并特别指出了这种适应性综合征至少包括神经动员、阻抗和功能衰竭三个生理阶段。因此，在某种严格意义上，应激因素是人在某些复杂情境刺激下有可能发生导致躯体疾病的行为的基本机制之一。

四　大学生情绪特点

情绪是心理学的概念，是具有丰富感情的人应对外界的各种刺激所产生的一种状态，通常表现为喜、怒、哀、乐、惧等，是人的思想、行为在生理和心理上的综合反应。对于大学生来说，大学阶段是人生发展的重要阶段，是一个人的世界观、人生观、价值观逐步成熟和稳定的关键时期，在这个特殊的时段里，情绪变化丰富多彩、变幻不定。大学生情绪具有如下特点。

（一）情绪延迟性及趋向于心境化

就大学生整体水平而言，在情绪特点上，表现为乐观、活泼、开放、热情、精力旺盛、积极向上、充满朝气和激情。相比青少年情绪反应往往被外界情境左右，来得快，消失得也快的特点，大学生的情绪反应往往会表现为一定的延迟性，趋向于心境化。

（二）情绪体验更加深刻、丰富

大学生的情绪体验更加丰富多彩，并随着自我意识的不断发展和各种需要和兴趣的扩展而表现为更加丰富、敏感、细腻和深刻，并带有对社会内容的情感体验。

情绪的细腻性是指个体情绪体验上的细致特点。大学生已逐渐克服了儿童时期情绪体验的单一性和粗糙性，情绪表现变得越发丰富和细致。而且，有些情绪感受并非直接由外部刺激引起，而是加入了许多主观因素。例如，许多大学生在阅读了一部文艺作品之后，会长时间地沉浸在某种情绪之中，这种情绪的产生不完全是由于书中的内容，还由于他们的主观思考和遐想。

（三）丰富性与复杂性

大学生的情绪是一个由不成熟到成熟、由简单到丰富的渐进过程，并且内容变得丰富多彩。随着年龄增长，大学生情绪的内容和形式日渐丰富，道德感等高级社会情感迅速发展。评价他人和自我都有独特的道德标准。有强烈的求知欲，追求科学和真理，不愿盲从，敢于挑战权威，由对事物的表面兴趣发展到对事物的本质兴趣。同时，大学生情绪所涵盖的内容十分丰富，有政治、道德、经济方面的，也有社会、家庭、恋爱婚姻及人际交往、事业等方面的。大学生这类处于较高文化层次的青年人情感的丰富性不仅表现为具有更多"智慧的欢悦"，也表现为具有更多"智慧的痛苦"。

（四）波动性与两极性

相较于中学时期，大学生的情绪稳定性有了很大进步。中学生正身处于青少年时期，正在通过不断地学习各种知识，了解这个社会日新月异的科技发展及其进程，处于世界观、人生观、价值观逐渐形成的时期，情绪变化最为突出。大学生已经进入青年时期，虽然也仍在世界观、人生观、价值观的形成时期，但由于当今信息媒体的发达，大学生可以从多种渠道获取信息，已经对各种社会现象有了诸多了解，能较好地控制自己的情绪。因此，相对于中学生来说大学生积极情绪已经有了一定的稳定性。

但大学生的心理发展也处于从不成熟向成熟过渡的时期，会产生各种内心矛盾与冲突，如独立与依赖、自尊与自卑、理想与现实等，这些矛盾和冲突常会打破大学生的心理平衡状态，引起情绪的波动起伏，在情绪状态上存在着两种情绪并存的特点。一方面，相对于中学生，大学生的情绪趋于稳定和成熟；另一方面，与成年人相比，大学生的情绪带有明显的起伏波动性，容易从一个极端走向另一个极端。情绪有时会表现为大起大落、大喜大怒的两极性。

（五）外显性与内隐性

情绪的外显性是指在情绪表露过程中，自觉或不自觉地带上了表演的痕迹。青少年在团体中有时为了从众或其他一些想法，会给情绪加上一层表演的色彩，即在情绪的表露上失去了童年时那种自然性，带有造作痕迹。外显性是大学生的积极情绪呈现出的主要特点，相比中年人他们显得更加外露和张扬。在大多数情况下，大学生高兴的时候，情绪表现是很外显的。但是，现在由于许多大学生已经走向成年，情绪已经相较于整个中小学时期趋向稳定，大学生慢慢具备了一些自制力、自尊心及人格独立等意识，在这个阶段，对他们而言，情绪上的内隐性和外显性并不能保证总是一致。例如，在遇到敏感问题时，他们总会掩饰自己的真实想法，如恋爱和遭遇不幸等，他们一般不会将自己相关的情绪显露出来。随着成长发育和青少年自身情绪心理环境等的改善或渐趋达到心理上的成熟，他们可能会懂得更加理性地向自我表达这些内心独有的情绪。现在，大学生也越来越普遍地在追求自己更和谐舒适和更加稳定安逸的现实社会生活条件，也追求更为纯洁浪漫的爱情，对周围一切新奇的未知都能抱有好奇心，并且乐于在日常的生活和学习中感受生命的美好，寻求精神上的充实。因此，大学生的情绪表现得越来越丰富。

尽管大学生情绪有外显性特征，但并不排除大学生的情绪具有内隐性、掩饰（文饰）性特征。随着大学生身体和心理趋向成熟，情绪表现已经不像青少年时期那样坦率直露。不少大学生已经学会控制自己的情绪，有的能够很好地将情绪包装和内化，表现为外在行为与内在体验的不一致。明明遇到不开心的事情心里非常难过，却在公共场合装作若无其事甚至很开心的样子；在男女交往中，明明非常倾慕对方，却故意装作毫不在乎，敬而远之，甚至矜持冷漠。情绪的这种内隐性特征，心理学称为情绪文饰现象。情绪文饰现象就像带着一副面具，使旁人捉摸不透大学生真实的内心世界。

（六）冲动性与理智性

当遇到自己无法接受和处理的紧急或突发事件时，容易莽撞行事。但由于大学生自我意识的发展与成熟，大学生的理智感也逐渐增强，具有一定的自我控制能力，能够对强烈的情绪反应进行调适。

（七）阶段性变化明显

学生在大学每个阶段的培养重点不同，教学方式和课程设置也因此有所区别，大学生所面临的困境也会在每个阶段出现不同的变化，大学生的情绪呈现出阶段性的特点。在大学生刚进入校园的阶段，已经没有中学时期的升学压力，必然对大学中的环境产生新鲜感。在面临新的同学、新的老师、新的环境时必然会产生情绪的波动。新生的自卑感与自豪感混杂，对一切新的事物还处在适应阶段。在学生大二、大三阶段，大学中的陌生环境开始逐渐发展为熟悉的环境，新交到的朋友也随着对环境逐渐熟悉而数量逐渐增多，同时整个中学时期面临的巨大升学考试压力一般也慢慢消失，课余锻炼时间开始更加灵活充足，业余学习生活内容日渐丰富。这时，大学生中的一些积极乐观情绪总体来说逐渐趋于稳定。到了大四，找工作、毕业论文（毕业设计）及考研等压力出现在大学生的面前，其情绪又随之产生一定的波动，巨大的压力会使他们产生很多消极情绪。另外，大学生的情绪还具有层次性，在大学的不同阶段，他们的情绪会呈现出不同的特征。在新生阶段，由于面临着诸多的新鲜事物，情绪波动较大，往往会呈现出时而积极、时而消极的情绪；在大二、大三阶段，由于没有太大的学习和竞争压力，往往会呈现出积极的情绪；在大四阶段，由于毕业、考研、找工作等压力，往往会呈现出消极、悲观的情绪。因此，大学生的情绪还呈现出层次性的特征。

大学生正处于朝气蓬勃的青年时期，这正是他们观念形成的关键时期，大学生要特别注重调节自身的情绪，以最饱满的情绪状态学习和生活，养成良好的情绪品格，为自己的理想抱负、人生规划奠基。

第三节　大学生常见的情绪问题

一　焦虑

焦虑是一种复杂的综合性负面情绪，包括了恐惧、不安、不愉快的情绪状态，但是与恐惧不同的是，焦虑是个体对未来潜在的威胁所体验到的不愉快，是个体主观想象出来的，通常包含着为避免威胁的到来而在此时此刻做出大量的努力及对这种威胁到来的无力感。人们在社会生活环境中，对于可能造成心理冲突或挫折的某些事物或情境进行反应时的一种不愉快的情绪体验。个体主观上预料到将会有某种不良后果产生，但因无法明确不良后果的性质和内容，从而无法采取有效的手段加以控制，便产生焦虑。其表现是：惶惶不安、忧心忡忡，似乎要大难临头，却又说不出究竟怕什么或究竟会发生什么样的灾难和不幸。焦虑是一种情绪，虽然是每个人都有的一种相对较为普遍的情绪状态，但在类型、程度上，不同的人群会有明显的差异。其中存在焦虑问题的主要群体之一就是大学生。《2022年大学生心理健康状况调查报告》研究表明30.44%的大学生打算读研，而打算读研的焦虑风险更高。因此，焦虑的情绪必然带来一系列的身心负面影响。无论是普通教育科研工作者，还是在读大学生，对此都应当积极地重视起来。

焦虑是大学生常见的情绪状态，当他们在学习、工作、生活各方面遭遇挫折或担心需要付出巨大努力的事情来临时，便会产生这种体验。焦虑对大学生的影响是复杂的，既可以成为大学生成才的内驱力，起促进作用，也可以起阻碍作用。

（一）焦虑的种类

1. 适应焦虑

大一至大四各年级呈现的焦虑种类各有不同，如大一表现为大学生活适应焦虑，大四表现为就业压力。

2. 考试焦虑

它是由考试压力引起的一种心理障碍，主要表现为在备考及考试期间出现过分担心、不安、恐惧等复合情绪，同时伴随着各种不适的身体状态。

考试前的紧张焦虑感是指个体因为将要面对下一个或者即将来临的考试，表现出明显的各种难以控制自身情绪波动的紧张心理或恐慌感，出现比较明显而异常的各种心理躯体状态，如会感到手心发热出汗、呼吸短促不畅、心跳加速、头疼头晕、恶心想吐等。考试焦虑其实还可以再拓展为一种学业压力焦虑，一切与个人学业成绩有关的社会活动，如公开演讲、论文、团体技能竞赛、学术报告、论文写作答辩等一系列活动，容易引发大学生焦虑抑郁情绪的几乎都属于此类。

3. 选择冲突焦虑

大学生普遍面临人生重要方向的选择，最常见的就是选择考研还是毕业后直接去工作、申请出国留学还是留在国内学习、留在大城市工作还是回家乡发展等。除此之外，对绝大多数在校男女大学生群体而言，选择犹豫与情感冲突也都会体现在大学生日常生活中。根据世界著名的心理学家勒温的心理冲突理论，心理冲突大概可分为四种，即双趋的冲突、双避的冲突、趋避的冲突和双重的趋避的冲突。当大学生站在一个人生路口时，他们马上就会同时发现自己将面临多个人生选择，且每个人在选择方向上又都是有适合于自己人生方向的某些独特的优势和劣势（趋避冲突），在这个关键的时候，个体的内在强烈和复杂的冲突、矛盾、紧张、焦虑、愤怒等心理问题也就被激发出来，严重时，有的个体还极有可能发展为神经症。

4. 拖延焦虑

时间管理一直是人生中的一项必修课，任何人都是如此，大学生也不例外，时间管理至今依然是大学生要去思考并着手解决的一个重要问题，突出表现之一就是人们口中通常所说的"拖延症"。大学生普遍的紧张焦虑心理往往会受拖延性行为的影响。拖延往往与大学生容易分心、注意力不能高度集中有关。个体的自控学习能力明显不足也是造成学习拖延的一个重要内在原因。在手机互联网、各种终端智能设备逐渐普及、外部新闻媒介信息刺激过于快速的今天，每天接收的大量信息内容是碎片化、琐碎化的，这也导致大学生注意力难以维持，容易被其他更新奇的信息吸引，进而引发行为拖延。因此增强对大学生时间规划管理、目标管理等技能的培训有助于减轻大学生因拖延而产生的焦虑，提升其整体心理健康水平。

5. 人际焦虑

人际焦虑是大学生在人际交往中面临的情绪问题，包括朋友关系、异性交往关系、师生关系等，大学生在人际交往关系中遇到的情绪问题层出不穷。不同个体具有不同的生活习惯、性格、兴趣等，大家在人际交往中难免发生矛盾。有些大学生由于性格上敏感多疑、以自我为中心、敌对等，一方面害怕与他人主动沟通，另一方面又担心不被别人接纳，造成心理困扰。例如，独生子女占据了整个大学生群体相当大的比例，比较习惯于凡事以自我为思维中心，甚至因自我意识能力过剩，个性较为突出，很容易与班里其他一些同学产生矛盾，引发一系列人际焦虑。在行为模式上容易产生人际回避，以消极的态度对待与其他同学的人际关系。在与室友相处时感到紧张、孤独、失落等。除此之外，还有其他类型的人际焦虑，如与异性的交往、与父母的交往。如果这些问题得不到及时的解决，就可能会发展成对人际关系的恐惧，严重影响大学生的个人生活。

6. 就业焦虑

适度的就业焦虑可以促使大学生产生忧患意识，从而为就业和自身发展做出积极的努力，而若长期处于焦虑情绪中会严重影响其正常的学习和生活。

（二）焦虑的等级（由轻到重）

1. 焦虑情绪

指正常人在面对困难或有危险的任务时，预感将要发生不利的情况或危险情景时产生的焦虑，这种焦虑是一种正常的心理状态。只有当这种焦虑程度超过一定的范围时才构成焦虑症。

2. 焦虑性神经症

以焦虑为主要特征的神经症，表现为对没有事实根据也无明确客观对象和具体观念内容的事提心吊胆和恐惧不安。

3. 精神病性焦虑（躁狂发作）

表现为三个主要特征：首先是情绪高涨，患者表现出兴奋喜悦，情绪不稳定，易激惹；其次是思维奔逸，口若悬河，思想天马行空，患者所发表的见解都是肤浅的、重复的思想；再次是活动增多，精力异常旺盛，有始无终，终日忙碌。

（三）焦虑的影响因素

1. 遗传因素

家族史调查结果表明，焦虑障碍的家族聚集性很大程度上与遗传因素有关，双生子研究显示，焦虑障碍的遗传度为30%～40%。[①]

2. 躯体疾病

焦虑过度与躯体疾病或者生物功能障碍有关，这些疾病或障碍往往成为焦虑症的诱发因素。

3. 个性因素

患有焦虑症的大学生往往具有谨小慎微、情绪不稳、缺乏韧性、追

① Dan J. Stein, Michelle G. Craske, Barbara O. Rothbaum, Samuel R. Chamberlain, Naomi A. Fineberg, Karmel W. Choi, Peter de Jonge, David S. Baldwin, Mario Maj, "The Clinical Characterization of the Adult Patient with an Anxiety or Related Disorder Aimed at Personalization of Management", *World Psychiatry*, Vol. 20, No. 3 (2021): 336 – 356.

求完美、自尊心较强、低自我评价的特点。

4. 压力性生活事件

环境因素是诱发焦虑情绪的最重要的原因。如丧亲、经济困难、学业困难、患疾病等都会给大学生的心理带来巨大负担。

5. 饮食习惯

不良的饮食习惯也是诱发焦虑情绪的原因。例如，缺乏叶酸与维生素 B12 可能引起焦虑症状。研究发现，在对 935 位随机抽样的20～93 岁女性的调查数据显示，DHA 与焦虑显示出线性关系，DHA 摄入量最低的组更容易患焦虑障碍，因此，Omega - 3 也被当作焦虑环节的补充剂。

二 抑郁

抑郁情绪就是一种感到压抑和忧愁的消极情绪，其显著特征是心情低落，并常常伴有痛苦、羞愧、自卑和厌恶等情绪体验。

抑郁情绪是当今社会群体普遍面临的一种心理失调现象，尤其是在大学生群体中较为常见。诱因更多的是个人无力妥善地平衡自己面对外界因素造成的种种消极压力，影响并怀疑自己处理自身消极负面情绪和变化心理的自控调节能力等问题。多数情况下，性格突出表现为比较内向、孤僻、敏感、脆弱而又多疑、不合群，长期挣扎在很努力学习但始终得不到太好回报这种状态之下的普通在校大学生群体，往往还会逐渐产生类似抑郁症的复杂负面情绪。一些未学习自己真正热爱的专业，或者平时存在人际关系矛盾、处理不好各种情感问题而感到困扰的大学生，也都或多或少会受抑郁情绪的影响。

处于抑郁状态之下的大学生，经常生活在低欲望、情绪低落的状态之中，对自我评价偏低，且对前途抱悲观态度。他们感到孤独，但却排斥与老师或同学交流沟通。他们常会出现学习注意力高度不集中、情绪极度低落、反应极其迟钝等问题。这些大学生虽普遍有过强的自尊心和想要追求成功的主观愿望，但是因为在独自面对重大挫折的时候，往往抵抗能力普遍较弱，无法独自接受重大失败后带来的严重精神打击，于是常常会在失败后感到挫败、失望和焦虑。

抑郁是较为普遍的情绪体验，世界上绝大多数人在生命中的某个时期可能会出现抑郁。抑郁更是大学生中常见的负面情绪问题，大学生几乎人人都有过这种情绪体验。但对于大多数大学生来说它的出现是短时的，很快就会消失。少数大学生可能长期处于抑郁状态，最后导致抑郁症。

（一）抑郁的表现

包括兴趣减退甚至丧失；对前途悲观失望；无助感；感到精神疲惫；自我评价下降；有自杀意念和行为；躯体或生物学症状等。其中抑郁的躯体症状主要集中在以下方面：心血管疾病、消化系统疾病、睡眠紧张、认知功能障碍等。

（二）抑郁的等级（由轻到重）

1. 抑郁情绪

生活中常听到的"郁闷""低落"等词都是抑郁情绪的代名词。抑郁情绪与抑郁症不同，正常人的抑郁情绪基于一定的客观事物，事出有因，是对特定生活事件的反应。

2. 抑郁性神经症

指以一种持久的心境和低落的状态为特征的神经症，常伴有焦虑、躯体不适感和睡眠障碍。

3. 抑郁性精神病（抑郁发作）

抑郁状态下首先表现的是情绪低落，患者感到疲乏无力，观念消极，睡眠出现问题；其次就是患者感到思想迟钝，严重者还会产生被害妄想，自责自罪；最后是运动技能受到抑制，动作缓慢。

（三）抑郁的影响因素

1. 遗传因素

双生子和家庭研究表明，46%的快感缺失归因于遗传因素，抑郁症患者的一级亲属表现出快感缺失相关表型。[①]

2. 躯体疾病

抑郁情绪往往在躯体疾病之后出现,而且抑郁情绪随着躯体疾病的好转而消失,抑郁情绪一般是可逆的。

3. 人格因素

具有高神经质和精神质,即情绪不够稳定、易激惹、焦虑、执拗、自卑、孤僻等人格心理特点的大学生极有可能产生抑郁情绪。

4. 应激性的生活事件

应激性的生活事件是生活中突如其来的造成个体心理应激并可能损伤个体健康的重大事件。研究显示,人际关系方面的负性生活事件是导致大学生抑郁情绪产生的主要因素。

5. 适应不良的家庭教养模式

早期父爱、母爱的缺失对孩子成年后抑郁情绪的形成产生不同程度的影响。

6. 缺乏社会支持

当大学生遇到困难时,如果没有得到足够的社会支持,就容易感到孤独、无助、自我价值降低,进而产生抑郁情绪。

三 愤怒

青年时期的大学生正处于充满朝气、精力充沛的阶段,与人发生冲突或遇到不顺心的事情时往往会表现出好激动、易怒的特点。愤怒是个体的目的不能达成或者一再受阻,从而逐渐积累紧张而产生的一种消极情绪状态。一般包括敌对的思想、生理反应和适应不良的行为。

有的时候,大学生会因为别人批评了他一句话就立刻暴跳如雷,与周围人大声地争吵起来;有的甚至因为自己与他人之间产生一点矛盾就怒不可遏、恶语伤人;有时因为别人和自己的观点相左就怒从心中起。

[①] 王薇、聂昭雯、刘忠纯:《抑郁症快感缺失发病机制研究进展》,《神经损伤与功能重建》2023年。

这种情绪的产生是缺乏理性的思考导致的。愤怒的发泄往往只图一时之快，不考虑发泄愤怒的后果，会造成人际关系破裂或其他恶果。这种易激动、愤怒的不良情绪特点会对大学生造成有害影响。

人一时气愤、怒不可遏带来的破坏力往往超乎自己的想象，也是事后难以弥补的。"一朝之忿，忘其身，以及其亲，非惑与？"（《论语·颜渊》）

大学生正处于激情澎湃、热情高涨的青春期，他们的情绪一旦被激发就很难控制，容易发火是他们中常见的一种不良行为。有的大学生常常因为一件不顺心的事，甚至一句不顺耳的话，就可能失态，他们轻则出口伤人，重则暴跳如雷或挥拳相向，盛怒之后却又后悔不已。因此愤怒情绪非常不利于大学生的健康成长，它会限制人的正常思维，降低人的理智水平，可能导致损物伤人，甚至违法犯罪。大学生中相当多的违法违纪事件都是在愤怒失控的情绪下产生的恶果。

（一）愤怒的表现

愤怒往往表现为嘲弄、讥讽、怒骂、沉默不语、生闷气、发脾气、勃然大怒等。

（二）愤怒的阶段

1. 被触发

愤怒总是有一个触发因素，可能是外部的，也可能是内部的。外部触发因素包括生活事件、他人的伤害性言论等。愤怒的内部触发因素可能是一个人的想法和感受。

2. 愤怒的积累

在你被触发后，你的大脑会告诉你一个关于为什么你的愤怒是有道理的故事。它可能会借用最近发生的事件来编织故事。当这种情况发生时，愤怒开始在你内心积聚。

3. 准备行动

一旦你的愤怒达到某个阈值，你的身体就会开始为你的行动做准备。

4. 有行动的冲动

既然你的身体已经为采取行动做好了准备，那么接下来需要做的就是推动你采取行动。这种"推动"被认为是一种行动，如大喊大叫、说刻薄的话、拳打脚踢等。

5. 对愤怒采取行动

当你对自己的愤怒采取行动时，一根难以关闭的消防水管就会打开。在几分钟之内，你说的话和做的事情都是出于敌意。在这个阶段，你的战斗或逃跑本能控制着你，你不能理性思考。

6. 救济

当你通过行动释放愤怒在你内心积聚的压力时，你会感到如释重负。你瞬间感觉很好。表达愤怒可以减轻负担。

7. 恢复

在恢复阶段，愤怒的"暂时疯狂"结束了，人开始冷静下来。

8. 修理

在最后这个阶段，人会反思自己的行为并从中总结教训。如果觉得自己反应过度并且受到伤害，会道歉并修复人际关系，可能会计划在未来采取不同的行为方式。

四 嫉妒

嫉妒是自尊心的一种异常表现，在大学生中普遍存在。嫉妒情绪产生的主要根源是别人在整体或局部上比自己强。具体表现为当看到他人学识、能力、品行、荣誉甚至穿着打扮超过自己时内心产生的不平衡、痛苦、愤怒等感觉；当别人身陷不幸或处于困境时则幸灾乐祸，甚至落井下石，在人后恶语中伤、诽谤。嫉妒是一种情绪障碍，它扭曲人的心灵，妨碍人与人之间正常真诚地交往。长期处于不良的嫉妒情绪状态会产生压抑感，容易引起忧愁、消沉、怀疑、痛苦、自卑等消极情绪，会严重损害身心健康；影响大学生自我发展，大大降低学习的效率，给自己带来不良的人际关系。

自尊心若表现得过于强烈就会变成嫉妒，是一种异常表现，也是近年来十分普遍存在于当今大学生群体中的情绪。具体来说，其可表现为，当看到朋友的学识、品行、经济状况良好或者某些方面比自己还优秀时，内心会产生比较强烈的不平衡、痛苦、愤怒等感觉。当看到自己曾经嫉妒的那些人身处各种极端不幸的境况时，也许会幸灾乐祸，甚至很可能落井下石。在嫉妒他人时，背后就会进行一些恶语诅咒和蓄意中伤。嫉妒本身是人类的一种人格情绪障碍，它会逐渐地扭曲人们的心灵，不利于人与人之间关系的和谐发展。长期处于一种被压抑的心理状态，就比较容易产生精神压抑感，产生诸如忧愁、怀疑、自卑、焦虑等消极或负面的心理情绪，个人的人格思想及身心健康容易被其严重危害，并因此极容易对周围的一切良好人际关系环境造成破坏。研究表明，虚荣心较强、占有欲过高、幼稚或者个性不成熟的大学生更容易产生嫉妒心理。

（一）嫉妒的表现

1. 由现实差距引发的显性嫉妒

学习嫉妒、容貌嫉妒和经济条件嫉妒。

2. 由潜在差距引发的隐性嫉妒

对他人能力才华的嫉妒、人际交往嫉妒，以及情感交流嫉妒。

（二）嫉妒的特点

1. 潜隐性

嫉妒者表面上（甚至内心）不承认自己在某件事上存在嫉妒心理，且有意无意地去掩饰这种嫉妒。因此，有的心理学家认为，嫉妒不完全是理性的产物。

2. 对等性

嫉妒总是产生在与自己性别、年龄、文化、地位、职务相类似而状况发生了改变的人群身上。

3. 行为性

在社交中，嫉妒感往往导致嫉妒行为。这类行为诸如讽刺、挖苦、挑拨、中伤、诋毁等，普遍具有程度不同的破坏性，并且其破坏性不仅直接危害被嫉妒者，也危害嫉妒者本人。

4. 变异性

就是当被嫉妒者的优势转为劣势，特别是拥有比嫉妒者还要多的劣势时，原先存在的嫉妒感便可能发生变异，比如转变为同情感、怜悯感、幸灾乐祸等。

五 自卑

自卑是个体在和别人比较过程中，由于自己生理或心理缺陷以及其他原因，对自我过低评价，这是一种消极、不健康、带有自我否定倾向的情绪体验，主要表现为看不起自己，怀疑自己，担心自己失去他人尊重。自卑和自满是两种完全相反的心理品质，却都是大学生常有的心理表现。

有自卑感的大学生往往对自己的不足和别人对自己的评价很敏感，常把别人无关紧要的言行看成对自己的轻视。他们不承认自己的不足并竭力掩饰，以使他人觉察不到自己的自卑。这一切都是为了掩饰自卑并由此获得一种补偿。因此他们经常逃避参加集体活动，在竞争中退缩，遇事害羞、胆怯，感到焦虑，害怕失败，甚至还有一些生理症状，如失眠、心悸等。

（一）自卑的特点

1. 过低的自我评价

这是自卑情绪的实质，也是大学生产生自卑情绪的主要原因。如认为自己的外貌、身高以及学习、交往能力不如他人。

2. 有泛化的特点

大学生由于某种原因产生的自卑情绪容易泛化到其他方面上去。如：一位男同学因身材不好而自卑，并认为同学看不起他，感到自己的言谈举止及社交能力均不如别人，这就是不合理的泛化。

（二）自卑的影响因素

1. 自我认识不足

过低评估自己。每个人总是以他人为镜来认识自己，如果他人对自己的评价过低，特别是较有权威的人的评价，就会影响对自己的认识，从而过低评价自己，产生自卑心理。

2. 家庭因素

部分学生由于出身贫寒，生活困难，觉得自己家庭经济条件太差而感到自卑，自我评价过低。在家庭因素中，父母的教育方式也有重要作用，父母经常打击孩子、暴力倾向和忽视孩子都是造成个体自卑的重要因素。

3. 个人的性格

气质抑郁、性格内向者大都对事物的感受性强，对事物带来的消极后果有放大趋向，而且不容易将消极体验及时宣泄和排解。

六　恐惧

恐惧分为两种情况，一种是对常人一般不害怕的事物或情景感到恐惧，就是人们通常说的胆小；一种是体验过于强烈，持续时间太久，远远超出常人的反应范围，呈现出病态，成为恐惧症，此处所说的就是这种情况。常见的大学生恐惧症主要是"社交恐惧症"，患有社交恐惧症的大学生往往表现出明显的焦虑心理或回避行为，其主要特征是在人际交往时，害怕见到陌生人，特别是在人多的场合或者有异性尤其是自己心仪的异性在场时，就感到紧张、焦虑、出汗，有语无伦次、手足无措的情绪反应，非常尴尬。

七　冷漠

冷漠情绪是指任何个体在面对某些外界环境刺激的时候内心可能缺乏相应的冷静情感及反应，在真实生活经历中遇到需要自己表达情绪的情况时表现出无动于衷。对所有的事情都表现出漠不关心是其主要特征。个体会对外界刺激缺乏相应的情感反应，对生活中的悲欢离合无动于衷。具体表现为对凡事漠不关心、冷淡、退让的消极情绪体验。如有的大学生对周围的人和事漠不关心，对集体和同学态度冷淡，对自己的前途命运、国家大事等漠然置之，把自己游离于社会群体之外，独来独往，对各种刺激无动于衷。这种冷漠的情绪状态多是压抑内心情绪的一种消极逃避反应。具有这种情绪的人从表面上看可能平静、没有波澜，但内心却往往有强烈的痛苦、孤寂和压抑感。如果大学生长时间处于这种情绪状态下，巨大的心理能量无法释放，超过了一定限度，就会以排山倒海的形式爆发出来，致使心理平衡遭到破坏，影响身心健康。

自我冷漠是消极处事后的又一种负面情绪状态，大多是为了逃避内心情感压抑的一种状态。从表面特征看，具有这种忧郁情绪特质的人看上去是十分平静、冷漠的，但是一种强烈的痛苦、孤独、压抑感则往往时刻充斥在他们敏感的内心。长期处于这种消极负面心理情绪状态下的大学生，有巨大的负面情绪，始终无法得到充分释放。当体内这种积极负面心理能量蓄积超过一定的限度时，人就会马上采取另外一种排山倒海式的宣泄方式爆发出来。这会使大学生的心理产生失衡，长此以往会形成严重的心理疾病。

八 抱怨

抱怨是大学生中一种较为普遍存在的不良情绪体验，抱怨情绪源于受伤感，受伤感既是抱怨情绪形成的起点，又是持此种心态的人最基本的生命感觉。大学生受伤感源于学习、生活压力过大；学校教育管理体制和教学效果不尽如人意；就业和发展前途非常渺茫；社会腐败、不公正等失范现象迭生；在交友、恋爱中出现的人际交往和情感障碍无法消解等。抱怨反映了大学生压抑、郁闷、空虚、迷茫的心态。抱怨是因为感到受伤，意识上把外界刺激认定为对自己的冒犯，打破了内心平衡，引起情绪激动。抱怨者总是外向归因，把受到伤害的根源归于他人、周围环境、社会等外部因素（有时也会自怨自艾）。抱怨有时表现为内心隐忍和压制，有时则会发泄出来，其方式有直接抱怨、私下抱怨及第三方抱怨。因受伤感而产生的抱怨如果得不到及时调适，就会转化为怨恨或者自卑，危害性非常大。

九 孤独

孤独是一种主观上的心理不适，是一种对社会交往或人际关系不满状态下的不良情绪体验。大学生正处于埃里克森人格发展学说的第六阶段（18~25 岁），这一时期人格特质的发展任务是获得亲密感，避免孤独感，体验爱情的实现和融入社会，建立和维持与他人的人际关系，以从中获得激励和归属感。

有研究表明，大学生与其他人群相比，孤独感表现得尤为强烈。国内许多调查与研究也表明，我国大学生的孤独感程度偏高，孤独感覆盖面广，可以说，孤独感已经成为大学生心理问题的一个重要方面。

（一）孤独的类型

一是情感孤独。

二是社会孤独。

（二）孤独的四种基本假设

第一，孤独并不是客观的社交孤立状态，至少部分是主观的，受个人的期望和感觉影响。

第二，孤独产生于社交不足与人际关系缺陷，并只在人际关系中才会产生。

第三，孤独的体验是不愉快的。

第四，孤独具有动力性，会促使个体通过自身努力去减轻孤独。

大学生正身处生理、心理状况及精神价值观念等快速变化的重要时期，因此，他们整个的生活心理环境状况及心理精神情绪状态等往往也都会处在相对不稳定的时期。大学生目前并没有真正地踏入社会，并未直接感受到社会环境的磨炼，因此往往在心理承受能力方面也表现得较差。

第四节 大学生情绪问题的成因及情绪管理与调节

一 大学生情绪问题的成因

(一)社会环境

随着社会经济的高速发展及对高素质人才的需求，社会环境带给大学生的压力无论在广度还是深度上都有所增加。当代大学生面临的挑战越来越多，过重的压力会给大学生心理造成严重负荷，引发心理失调，产生负面情绪。在面临社会竞争的压力时，大学生要根据社会的发展需要适时调整自己的情绪。然而，现在大多数的大学生都是在平和、安定的环境中长大的，生活道路的平坦、父母的精心呵护等都使他们很少遇到较大的困难和挫折，虽然已经有很强的独立意识，但他们经常会缺乏适当的自控力。

(二)家庭环境

俗话说望子成龙、望女成凤，父母总是会对子女怀有某种过高的期望。父母的这种期望心态，无疑会进一步给子女造成过重的心理负担，甚至最终使其产生诸如焦虑、不安等消极情绪。学生因为害怕不能满足父母对自己的殷切期望，而产生严重的焦虑和苦闷，从而给自己造成心理障碍。部分学生因感受不到父母或教师对自己的爱和关注，也会产生不良情绪。

(三)自我认知偏差

大学生很可能在中学阶段是人群中的佼佼者，但大学是一个群英荟萃、人才辈出的地方，每个人不但拥有较好的成绩，还有自己的特长。一部分学生可能会因为这样的落差而产生失落感，从受人追捧直接变成了普通人，心理受到一定打击，严重的可能会产生自卑心理。所以，每个身处这种情境的大学生都应该努力调整自我，将自己摆在正确的位置上。相反地，如果过高地估计自己，容易骄傲、自满、目中无人，但是面对比较大的挫折或困难时又会自暴自弃、知难而退。正值青年的大学生普遍对自己的未来充满了信心，目标感很强，具有充分的主观能动性，自我期望值也很高。但现实与理想之间往往隔着一条巨大的鸿沟，不可能时时尽如人意。倘若大学生在向目标前进或者遇到困难时，付出了一定的努力最后仍没有达成自己预定的目标或者解决自己遇到的困难，就会产生深深的挫败感，以至于心中的理想破灭，陷入情绪低落的恶性循环中。

（四）自我闭锁

大多数大学生都希望参加社群实践活动，与其他同学相互交流，建立良好的朋友关系。但为何有许多的大学生会出现这种排斥与他人交流及沟通的尴尬心理，担心自己日后在社交场合中不善言谈，担心未来自己在各种社交活动中不能真正充分地展现自己的个性，不被其他人接纳。有些学生在主观上很希望能与其他学生交流沟通，却因为自己性格内向，存在思想顾虑，总是在社交场合中充当类似"多余人"的角色。可能偶然一次的社交挫折就会给他们造成巨大的心理创伤，导致整个大学生活中都自我闭锁，在今后也可能对社交产生消极的情绪。

（五）恋爱受挫

随着年龄的进一步增长，大学生对感情的追求欲望日益加强，这个时期，大学生非常渴望与一些异性进行交往，追求纯真浪漫的爱情。但由于大学生虽然从年龄上来讲已经称得上是个成年人，其心理尚未趋于成熟，情绪会有不稳定的状态，且很多时候不能勇于面对所遇到的困难和挫折。他们从内心来说非常渴望浪漫美好的爱情，但是他们对爱情的理解也往往因过于向往浪漫美好而脱离现实，人生观、价值观和爱情观都有待完善。因此，一旦个人在婚恋情感道路上屡屡遭受严重挫折（如失恋、单相思等），难免灰心丧气、自怨自艾，甚至可能有人会走向极端，采取自我毁灭的过激行为。

二　大学生情绪管理与调节

独生子女占据了我国大学生群体中相当大的一部分，他们都处于身心发育的特殊阶段，情绪特点也是他们这个年龄阶段所特有的。他们选择情绪表达的方式具有多样性。当下大学生表现出强烈的自尊、自卑与自负等情绪特征。大学生正是血气方刚的年纪，非常容易情绪冲动。大学生群体的个体自我意识往往非常强，主观能动性容易被调动起来，他们对任何事物的发生都表现得比较敏感，再加上他们年轻，精力旺盛，不太容易克制自己的情绪，所以一旦情绪爆发就难以控制，在激情状态下容易产生负面影响。有效地管理情绪可以产生以下积极意义。

（一）促进学业进步

学习受自驱力、动机、兴趣、认知等方面的影响，在学习活动的过程中，拥有良好的情绪可以有效地保证活动开展。学习动机成功的三个有力心理保证因素之一就是大学生有良好积极且稳定向上的心理情绪，当大学生总是处于一个积极健康的学习状态时，就会渐渐变得更乐于去学习，对所学的知识充满了兴趣与好奇。在社会高速发展的背景下，大学生的积极情绪对其学业的进步有着非常积极的影响。

（二）建立良好人际关系

情绪作为人特有的一种表达方式，可在人际交往中发出不一样的信号。在大学生进行人际交往时，情绪信号有利于个体增进对自我的认知，调控和把握人际关系中的信号交流，使双方产生共鸣，更好地增进彼此的感情。此外，情绪的表达也是人际交流沟通的重要方面之一。一项研究显示，人际交往中情绪独特的表达方式——表情，比语言更富有冲击力。在沟通交流时，个体通过表情或肢体语言来表达自己的情绪，以此来反映自己的意愿。同时，也可以通过他人的情绪表达来体会他人对自己的态度。总之，能良好控制自己情绪的人，通常可以拥有良好的人际关系。

（三）利于身心健康

良好有效的个人情绪调节可以使人体内各个器官、系统协调工作，利于大学生个体身心方面的和谐健康发展，并且有助于促进他们在个人与他人相处时始终保持开朗、积极的乐观态度，同时可以在今后生活及学习活动中更富有个人激情和创造力，有更强大的内心去面对学习生活中遇到的困难与挫折。不良的情绪波动会引起大学生一系列的心理蝴蝶效应，首先它会最终造成大学生身体机能失调紊乱，大脑皮层正常的高级的心智活动功能逐渐被它抑制，最后减弱个人的意志及判断力。

第五节　"中"对大学生情绪管理的调节作用

中国的心理学研究是从借鉴西方心理学研究的问题、理论和方法入手的。然而中华民族作为一个有几千年文明历史的古老民族，其心理特质是几千年中国文化的结晶，所以当代中国人的心理和行为无不带有深深的民族烙印。如果仅从当代中国人的外显行为入手来研究当代中国人的心理难免会"断章取义"，极易造成研究的偏差。因此研究中国人的心理必须借鉴中国古代心理学思想。中国古代尽管没有专门的心理学学科，但在漫长的中国社会历史演变中仍然形成和发展了许多宝贵的心理学思想，它们是植根于中国文化土壤的心理学思想，符合中国人的哲学传统和思维习惯，能真正反映中国人心理发生、发展和变化的规律，虽然其中有些内容反映了人类心理的共性，但多数内容都与西方心理学思想有区别，这些思想最能反映出中国文化因素对中国人心理与行为的影响。其中儒家的仁学思想尤其值得关注。仁是儒家思想的核心，"仁者人也"清楚地表明仁和人是分不开的。人是有感情的动物，因此仁也必定含有情感的内容。以往解释"仁"就是从"仁者爱人"出发的，认为仁就是由人的同情心出发，推己及人。仁即人之性情之真的及合礼的流露。

中庸所追求的情绪目标是一个"中"字，是一种人的内心及人际关系都处于和谐的状态，在对我国人民"幸福观"的研究中发现，大多数人对幸福有着辩证的观念，即追求自身内与外（与自身、与环境）的和谐的理想。中庸是中国传统文化中比较典型的思维方式，《中庸》提出"喜怒哀乐之未发谓之中，发而皆中节谓之和"的情绪观。每个人都会产生喜、怒、哀、乐的情绪，《中庸》重视这些情绪的体验，并且告诉人们以什么样的方式将其表达出来。这涉及人的深层心理，"中"表达了人在情绪未产生时的状态，在没有发展时要控制在合适的度之内，达到不偏不倚的状态；"和"的状态表现在人应该把自己的情绪表达出来但也要有度，这种状态要求既不伤害自己也不伤害别人，这是中庸情绪思想的核心。

一 中庸思维与情绪调节间的关系

情绪是随着历史、生物、社会进化演变和适应社会文化变化的心理产物，现代西方社会文化观点也认为，社会发展或文化的建构形成了情绪，个体的情绪和身体的各种机能受社会文化和生存环境的影响。情绪的产生、发展、维持、恢复的过程会与人所处的具体的社会环境及社会文化所赋予他们的思维、认知方式有关。中庸强调整体、大局、多方、长远、实效，当情绪产生时，中庸思想将影响情绪的调节过程，通过调节自身情绪来增强自身的幸福感。中庸思维可以调节个体的表情，降低对社会适应产生的消极后果。在中庸思想的影响下，情绪调节需要自我认知的参与来调整情绪的表达程度。吴佳辉、林以正等指出，中庸主义思想内容相当庞杂，中国人实际的认知心理模式和思想行为往往是建立在孔子中庸思想理念的引导框架下，在多种思想角度指导下思考某一件实际事情，在深入具体全面地分析思考了不同类型的实际想法问题之后，可以逐渐找到能够平衡与顾全自我认知与世界大局认知的行为方式，最终的目的是兼顾自我及和谐的人际关系。

二 "中"的思想对情绪管理的重要意义

（一）"中"是情绪管理的一把标尺

"中"是一个很笼统、很广大的概念，其本质上是个人自我修养达到的极高境界所产生的概念。前文中说过，"中"是一种标准，是一把衡量个人价值和心境的尺度。要达到什么样的效果呢？顾名思义，做事不偏不倚，行为处事恰当。那更深层次的研究则可以进一步细分下去，对这个概念做出进一步的解释和规范。

《礼记》中说过，修养好自身的品德首先要端正自己的内心。这是因为自身有所愤怒，内心就不能端正；自身有所恐惧，内心就不能端正；自身有所嗜好，内心就不能端正，自身有所忧患，内心就不能端正；心不在焉的时候就视而不见，也就会听而不闻，所以内心就不能端正。我们知道喜怒哀乐是人心理情绪的不同表现方式，不同的情绪给自身和他人带来的影响也是不同的。所以，需要这样一个标准来告诉我们什么才是正确的、端正的、健康的心理环境。

这里引用《中庸》中一句话："自诚明，谓之性；自明诚，谓之教。诚则明矣，明则诚矣。"什么意思呢？由真诚而自然明白道理，这叫作天性；在明白道理后做到真诚，这叫作为人的教育。真诚自然就会明白道理，明白道理后自然也会做到真诚。看似很绕口，实则人真正想要达到大智慧、大境界，最后其实都是需要扪心自问的，那就是自己的心灵智慧能达到什么样的地步。儒家文学伟大之处就在于，其不仅对这类问题做出阐述与解释，还提供了解决问题的方法与途径，从而让普通人都能凭借着这套准则达到自我精神领域的极高境界。

（二）"中"是情绪调节的一种方法

《论语》中有这样一句话"子绝四：毋意，毋必，毋固，毋我"。这句话翻译过来就是说人是一种很自我的动物。到底是怎么回事呢？人，从起心动念处，就喜欢无根据地妄加猜测，表达观念的时候喜欢主观武断，行动起来喜欢固执己见，做事情的时候更是自以为是。孔子对自己提出的要求，就是要杜绝这四种毛病。

所以，可以看到经典儒家学说很重要的一点，就是做到"知行合一""格物致知"，知道了什么是对、什么是错，就要尽量避免错误的产生，而对于已经犯的错要及时改正。在实际探究儒家的过程中，我们很容易发现"中"不是一个绝对的概念，它没有要求我们做到绝对的不偏不倚，也没有要求我们压抑自己内心所有的欲望。所表现出来的

"中"不是"中性",展现更多的反而是"中和"。表现出来的内容是一种情绪和行为层面的自我控制,其实质上是为了解决问题、达成共识所提供的方法。

从心理学角度来说,我们发现对于个体从心理发出的信号,要及时关注跟进,去挖掘深层次的潜在信号。在这个过程中,我们需要有一套判断的依据,明白哪些信号是正常的,哪些信号是异常的,哪些信号是需要格外关注的。心理学中有自己专门的方法和标准去定义这些心理信号所蕴含的含义。但是如果我们从儒家学说中引用一套适用于心理学的方法来印证和探讨,会发现心理学中绝大多数解决问题的方法都可以从传统儒学中找到。例如,对于一些非理性的信念,我们所谓的换位思考、改变认知模式,不也可以用儒学中"己所不欲,勿施于人""人不知而不愠"这类话语去回答吗?

三 "中"对大学生情绪调节的作用

1. 中介作用

情绪调节通常在人的特定社交环境中使用,中庸思维作为儒家的思维方式,强调在人际环境中做出权衡,并对此做出适当的呈现,由此引起的情绪变化表现出谨言慎行、自我掌控、收放自如的特征,这种思维模式指导人怎么做而不是做什么。因此,中庸思维在个体情绪中是以情境为中心调整自身与外在要求,并以自我和人际和谐为导向的认知历程。也就是说在进行情绪调节时,中庸思维是一种具体的方法,可以在多方面对情绪产生影响,在情绪的调节中起到中介作用。自我认知会用中庸的方式对情绪进行评估,从而对情绪产生影响。

根据中庸在情景中的定义,当个人处于情绪表达的情景中时,秉承中庸思维方式的人会尝试广泛地听取别人的意见,然后对其进行整合,最终采取相对和谐的方式来表达。在有冲突的情景中,个体可通过中庸的思维方式采取解决策略,以达到情绪调节的目的。情绪表达在人际交往中有很大的影响,而中庸思维就是强调人际关系的自然和谐、调节社会关系。因而情绪中被表达出的一部分内容就容易受到社会文化的影响，一项研究显示，情绪表达的文化背景会对个体的主观体验及表达行为产生调节作用，但不会在改变情绪时产生生理影响。情绪的稳定要求个体在不论任何情况下都能表现出泰然自若的状态，尽可能发挥个人能力，甚至超水平发挥。当个体的辩证思维和中庸思维整合在一起，将注意力放在宏观的框架视角来看待事情时，个体可以从事物的多方面来看待，而不是仅限于自己身处的环境及自我的情绪体验之中，将自身的注意力放在他人与自我的关系上，并缩减他人与自我的差异，这种思维方式的融合可以让人对事情做出更好的判断，和谐处理个体所遇到的问题。因此，中庸思维会在情绪的调控及后续结果中起到中介作用。

2. 调节作用

在个体的情绪表达中，中庸思维对情绪表达起到了正向的调节作用。只有在高度的中庸思维模式下，才能在情景中表达出正向的情绪。因为中庸思维更多地考虑人际关系，强调人际关系的自然和谐，有意地通过情绪的调节达成更好的沟通结果。不具备中庸思维的个体在情绪的表达上是以自我为中心的，不注重积极情绪所能带来的好的人际关系，即便处于积极情绪之中也不愿意将其表现出来。中庸思维注重人际关系的特点使得人们愿意将自己的积极情绪在人际交往中表达出来，同时，中庸思维可以对情绪的表达强度起到正向调节作用，这说明中庸思维并不是要求个体在人际交往中情绪妥协，一味地隐忍不发，而是《中庸》中所说的"发而皆中节"的收放自如。对于秉承中庸思维模式的个体来说，在维护人际关系和谐的同时也注重自我和谐，以积极的态度在自身所处的环境中表达情绪。

中庸的思维程度越高就越不容易引起负面情绪。对于秉承中庸思维的个体来说人际交往中的表达抑制策略并不会引起负面感受的增多，而不具备中庸思维方式的个体在表达抑制时会产生负面情绪增多的状况。研究表明，个体积极地表达自身情绪是有利于身心健康的，一方面能促使自己以积极的情绪态度应对自身所处环境中发生的事情，另一方面也能在人际交往中释放出积极的信号，与人更好地沟通，获得较好的社会支持。表达抑制意味着个体内在被激发时，主动减少情绪表达的行为，这是一种主动克制并积极调节自我的方式。有研究认为，这种情绪的压抑表现为行为上忍气吞声，认知上委曲求全，心中充满焦虑、悲愤和不悦，长此以往会给身心健康造成巨大伤害。而在中庸思维的调控下，表达抑制并不会给个体带来过多的负面情绪。究其原因，中庸思维方式的辩证观使得个体不会对情绪的抑制产生"吃亏"或"胜负"的观念，可以从认知的转化将其改变为自己占上风的感觉，这种思考方式与西方学者提出的"正向错觉"（positive illusion）类似，可以舒缓情绪。个体对情绪的抑制目的之一是避免人际冲突，维持人际关系的和谐，这意味着个体之间在价值观及个人喜好方面存在差异，导致了人际冲突，因此个体意识到自我与他人之间的差异，进而包容人与人之间的差异，合理进行情绪调适。中庸的思维方式能在个体做出行为的反应之前从他人视角看待问题，因此即便由于情绪抑制产生了负面情绪，但借此同理心去体会他人的立场，可以有更大的可能把负面情绪抽离。从更高的层次来看，中庸的追求是致中和，顺应这种思维模式所产生的行为抑制所体现出的是个人修养。

总之，对于不具备中庸思维的个体，表达抑制可能仅是一种行为上的顺从，以牺牲自我来谋求人际和谐，最终还是会对自己产生不利影响，增加负面情绪。但拥有中庸思维模式的个体能在表达抑制后积极寻求认知改变，避免赋予其消极的意义，这样就能在自我舒适与人际和谐之间达到平衡。

综上所述，中庸的思维方式对个体的身心健康有积极作用。中庸之道实际上是一种处事原则，它教人们如何乐观积极的生活，提倡以一种平和的心态在社会之中生存。杨中芳也认为心理健康是实践中庸之道的终极目标。中庸思维能增强个体的积极情绪体验。有位研究者曾提出了儒家中庸与实践性思维理论对研究当代青年大学生心理及健康管理教育实践的启示借鉴作用，即可以引导大学生发现和发挥自身的优势和长处，激发其潜质，追求自我实现。大学生要重视中庸思想的积极作用，继承和发扬优秀的中国传统文化，提高心理健康水平和幸福感。

第六节 "正心"调节大学生情绪的方法与路径

一 欲正其心者，先诚其意

儒家情绪调节的思想，以礼乐为工具，和谐性情；以静坐为手段，修养心性；还通过自省，养心调性。可以说，儒家的方法策略是着眼于大处，先让心性守正，从而使情绪的表达合宜。具有很强的整体性观念。儒家的情绪调节方法，体现了贵在预防的思想。

（一）礼乐之教

孔子说："性相近也，习相远也。"由此可见，孔子关注人的发展层面，人的本性会受到社会环境实时、短暂、偶发的刺激以及长期教育洗礼的影响，从而促使人的性情产生变化。因此，儒家文化对情绪的调节一方面以礼乐为外在调节的工具，另一方面也以个人的修身养性为手段。"兴于诗，立于礼，成于乐。"（《论语·泰伯》）表明孔子以礼为个人立身处事的基础。《礼记·坊记》："礼者，因人之情而为之节文，以为民坊者也。"礼乐之教就是和谐人的情性。荀子在《乐论》中说："先王之制礼乐也，非以极口腹耳目之欲也，将以教民平好恶而反人道之正也。"荀子认为人生来有欲，遂以"礼"养欲求、争乱，主张"礼"能使贵贱、长幼有等差分别，使贫富尊卑轻重有异，因此"礼"是所有事理的准则，"礼"不仅用来被动地节情养欲，也可积极地修情化性。

楚简《性自命出》在论证了礼乐生于情的基础上，强调了用《诗》、《书》、礼、乐进行教化。"圣人比其类而论会之，观其先后而逆顺之，体其义而节度之，理其情而出入之，然后复以教。教所以生德于中者也。"这就是说，通过论会、逆顺、节度、出入等方式，养性理情，使德生于心中。《尊德义》中讲得似乎更明白："由礼知乐，由乐知哀。"为什么能"由乐知哀"呢？因为"至乐必悲"，至乐最能激发人崇高悲壮的情感,并通过忧、戚、叹、辟、踊,最后使得内在情感得以宣泄,进入一种悲剧性的审美。这既不会抑制人,也不会失礼,可以使人情绪平衡、身心和谐,达到以乐养性、以乐怡情的目的,最终使礼乐之教落到实处。

(二)哀伤之礼

儒家对亲人亡故的哀伤之礼也有独特的看法,即"毁不灭性"。《礼记》中说:"三日而食,三月而沐,期而练,毁不灭性,不以死伤生也。丧不过三年,苴衰不补,坟墓不培,祥之日,鼓素琴,告民有终也,以节制者也。"毁不灭性观的核心思想是:对于亲人的亡故,固然要表达哀伤,但不应无节制地哀恸以致伤己,而是要尽心、适度、合礼,否则就过了。承认亲人亡故的悲伤是人之常情,接纳悲伤,辅之以礼节仪式对悲伤之情进行无声的疏导和引导,显示了儒家情绪调节思想与西方的不同之处。

(三)自省静坐

儒家还通过自省、静坐等操作方法来调养内心,自省就是体察自己的言行是否合乎礼仪。子曰:"内省不疚,夫何忧何惧?"孔子提出九思,其中"忿思难"意即人们在发怒的时候应该想想发怒可能带来的后果。通过对情绪后果的思量,抑制将要发生的愤怒表达。这个过程体现了西方的认知重评的调节策略。儒家还通过"静坐"来"明心见性"。朱熹说:"盖精神不定,则道理无凑泊处。""须是静坐,方能收敛。"朱熹还总结了静坐的操作方式。"'坐如尸,立如齐',头容直,目容端,足容重,手容恭,口容止,气容肃'皆敬之目也。"西方的研究表明,静坐可缓呼吸,降血压,长期静坐可以缓解焦虑,增进心理健康。

二 大学生情绪调节的原则

万物一体之仁思想首先设定人人具有仁心,"利害相攻、愤怒相激"则是因"私欲之蔽"。故要调节情绪,恢复仁心本来的一体流行、无牵无滞的"乐"的情感状态，必要"去其私欲"。而"欲"在情感的角度而言即七情有所着。"喜、怒、哀、乐、爱、恶、欲，谓之七情。……七情顺其自然之流行，皆是良知之用，不可分别善恶，但不可有所着；七情有着，俱谓之欲，俱为良知之蔽。"用现在心理学的说法，"欲"就是不良情绪的心境化。因此要调节情绪必须使情绪自然流行而不能郁结。"欲"在伦理的角度就是感性欲望脱离了真己的主宰。"萧惠问：'己私难克，奈何？'先生曰：'将汝己私来，替汝克。'先生曰：'人须有为己之心方能克己，能克己方能成己。'……这心之本体原只是个天理，原无非礼，这个便是汝之真己，这个真己是躯壳的主宰。若无真己便无躯壳，真是有之即生，无之即死。汝若真为那个躯壳的己，必须用着这个真己，便须常常保守着这个真己的本体。"而"真己"便是以万物为一体的"仁"，也就是把个人放在社会群体之中的自我实现的需求。也就是说，要想恢复及保持健康的情绪状态必须明确自己的人生价值和追求，树立远大的人生理想和目标，这样就不会因一时的挫折而灰心丧气。因此，要想保持情绪的健康和畅，必须要用这个"真己"去克自己的"私欲"，必须遵守存心去欲的基本原则，充分发挥人生价值观对情绪的重要作用。

（一）主动原则

情绪不是来自事情和行为本身，而是来自自己内心的体验和感受，而这本身是不容易被别人觉察的，因此个人的情绪管理就显得很有必要和可能。在王阳明的万物一体之仁思想中，"明明德"充分说明了主体的重要性。在"明明德"的过程中，要充分发挥良知的认知、意志作用。因此，在情绪调节的过程中要遵循主动原则。

（二）差异原则

情绪不良的大学生一个突出的问题就是没有正确的人生定位，往往和别人盲目攀比。在王阳明的万物一体之仁思想中，他告诉我们虽然人人可能成就万物一体的大仁，然而却要"随才成就"和"随事成就"。正所谓："故稷勤其稼，而不耻其不知教，视契之善教，即己之善教也；

夔司其乐，而不耻于不明礼，视夷之通礼，即己之通礼也。盖其心学纯明，而有以全其万物一体之仁，故其精神流贯，志气通达，而无有乎人己之分，物我之间。譬之一人之身，目视、耳听、手持、足行，以济一身之用。"因此，我们要根据自己的能力和事情的具体情况做出自己应做的成绩。这就要求我们对自己对他人要有正确的认识，在情绪调节的过程中遵循差异原则。

三　情绪调节的方法

（一）立志

"凡事预则立，不预则废。"做事情是如此，何况是我们的人生。一个人，只有有明确的目标，有远大的理想，才能够确定方向和前进的步骤，并循序渐进，最终实现成功，所以有句话叫作"有志者事竟成"。我国伟大的哲学家孔子就鼓励自己的学生学《诗》，因为他认为《诗》能够激发人的志气。而且孔子对立志的教育这一方面非常注重，在给弟子们上课的时候经常鼓励他们说出自己的志向。孔子自己最初的人生志向是愿和天下人都适得其所，找到适合自己心灵的人生归属，即"老者安之，朋友信之，少者怀之"，可见孔子的志向是多么的远大。

"志"乃心之所向，知止者，所以知其所止，这就是所谓的"立志"。《大学》中又说："知止而后有定，定而后能静，静而后能安，安而后能虑，虑而后能得。"这句话告诉了我们通向成功所需要的六个步骤，分别是知止、定、静、安、虑、得。通向成功的六个步骤不仅是人类心理的循序渐进的过程，它们之间也存在着一种因果联系。"知止"就是"明明德"和"亲民"的崇高抱负，有了崇高抱负之后就会确立志向，并且把它当作终生的奋斗目标。目标和方向都确立以后，心灵就会逐渐地平静下来，不再受到外界环境的任何干扰。这样的话，不管出现什么样的境况，内心都不会存在疑问和忧虑，在面临事物时能够游刃有余、泰然自若，最后实现自己的理想及目标。这当中体现着动和静的辩证关系，动代表人们的积极进取和拼搏向上的精神状态，静就是不管自己处于怎样嘈杂忙碌的环境之中，都能够找到自己心灵的栖息地。"淡泊以明志，宁静以致远"时刻引导着人们在动和静之间找到平衡点。我们每天面对着物质的诱惑和城市的喧哗与吵闹，十分需要一颗宁静的心，在浮华世界的嘈杂中，把实现自己的人生价值始终作为自己的第一目标。而当代大学生不管是在知识的学习还是个人道德修养的提高上，都需要树立起自己的人生理想和道德修养标准，并时时刻刻约束自己、激励自己，努力朝着这个方向前进，最终登顶成功，完成自己的人生理想与目标。现代科技及互联网的高速发展虽然给我们的生活带来了很多便利性，但是同时也带来了很多负面的诱惑与影响。大学生必须坚守自己的人生准则，才能不为境所转，不被任何情绪左右，做一个情绪稳定的成年人。

人人具有万物一体的仁心，但为私欲所蔽不能"心安"。因此要想达到"欣合和畅"的状态，必须首先挺立为己之心，即立志成就自己。只有树立了与万物一体的志向，才会"见大而忘小"，合理地排解消极的情绪。王阳明说："大抵吾人为学紧要大头脑，只是立志。所谓困忘之病，亦只是志欠真切。今好色之人，未尝病于困忘，只是一真切耳。"立志既是端正动机，确立方向，又是手段和过程本身。他说："只念念要存天理，即是立志。能不忘乎此，久则自然心中凝聚，犹道家所谓'结圣胎'也。此天理之念常存，驯至于美、大、圣、神，亦只从此一念存养扩充去耳。"立志要有自信，这个自信就是要立必为圣人之志。圣人以天地万物为一体，圣人就在自己心中。立志和自信是要每个个体充分发挥自己的主观能动性，在具体的修养中实现自律。目标是自己的，行动是自己的，标准是自己的，一切都在自己的意念控制之中，同时心之本体又是以天地万物为一体的，这样又避免了个体的自私倾向。

对于大学生来说，就要通过树立远大的志向，把个人价值和社会价值相结合，并发挥自己意志的力量去排除消极的认知，通过积极的思想和行动调节自己的情绪。

（二）静心

"静"在王阳明思想里有多重含义。作为内心情绪的本真状态，

"静"并不是指无思无虑、舒适恬静，而是一种"定"的境界。作为一种修养功夫，"静"则指静坐、静思。王阳明的功夫论是贯穿动静的。王阳明早年更是提倡静坐并身体力行。"静坐调节法"体现了生理调节与心理调节的结合。在静坐的过程中，身心放松，把纷杂的思虑理顺，排除不良的认知，就会体会到万物一体之仁的欣合和畅。"良知是造化的精灵，这些精灵，生天生地，成鬼成帝，皆从此出，真是与物无对。人若复得他完完全全，无少亏欠，自不觉手舞足蹈，不知天地间更有何乐可代。""悟"就是要悟到自己与世界的息息相关及自己的价值。我们知道王阳明的"悟道之乐"，很多次是在困苦的境地实现的，也就是说在苦难面前通过"悟"实现了自己情感的升华。对于大学生来说，当处于消极情绪之中时，要通过静思、顿悟，明白自己的人生价值，从而体会挫折的重要意义，实现自己情感的升华，从而达至较高的人生境界。

（三）从"事"上磨

王阳明借用了孟子"必有事焉"的说法，说明人的思虑是没有间断的，致良知的功夫也是一贯的。良知只是在"声色货利"中流行，不管事物怎样变化，只要人心中常以良知为主宰，顺应自然天则，内心就会"与天运一般不息，虽酬酢万变，常是从容自在，所谓'天君泰然，百体从令'"，从而达到仁者以天地万物为一体的精神境界。因此，调节情绪必须在"事"上去磨炼。

王阳明在"知行合一"的命题中，通过心与事、物的联系，说明了一切事物都是在知情意合一的自性调节的意识结构之中的。王阳明以"事"释"物"，认为："心之所发便是意……意之所在便是物。如意在事亲，即事亲便是一物。……意在于仁民爱物，即仁民爱物便是一物。意在于视听言动，即视听言动便是一物。"在王阳明的意向世界里，心与物是同一的。心之所发便是意，这个意既可指向外在的物，又可指向虚幻的内心世界。克去内心的私念，也是"必有事焉"。在外部世界中，"明明德"则在于"亲民"。"君臣也，夫妇也，朋友也，以至于山川鬼神鸟兽草木也，莫不实有以亲之，以达吾一体之仁，然后吾之明德始无不明，而真能以天地万物为一体矣。"因此，"达吾一体之仁"就要内心的仁与万物合为一体，这不仅要体会到万物与我原为一有机整体，又要根据自身才力及仁心流行渐次去承担起自己应负的责任。

对于当代大学生来说，既要时刻体会到自己的责任意识，又要切实去做自己该做的事情，如从学习、孝亲、同学关系、师生关系、环境保护上着力。通过这些行为，他们能感受到与世界的和谐统一，从而改善不良的情绪状态。根据格鲁斯的情绪调节过程模型，在情绪发生过程的每一阶段都可以产生情绪调节，即情境选择、情境修正、注意分配、认知改变、反应调整。"必有事焉"调节法几乎涵盖了情绪调节的所有过程，并且为情绪调节提供了系统化的视角。

（四）与自然融为一体

"仁者以天地万物为一体"，既指内心与万物合一，又指外在的人与自然的和谐。通过纵情自然，我们可以体会到这种生生不息又和谐统一的内心状态。前文有述，王阳明一生酷爱山水，但这不仅是对人事烦扰的一种转移，亦是对人事烦扰的一种升华。是在"俯仰天地间，触目俱浩浩"的无限生机之中，感受人是自然界的一员，同时人心的"灵明"又是创造世界的根源，个体的存在又被赋予了新的意义。

情绪不良的大学生一个突出的表现就是心理回避，更表现出人际关系的不协调。"夫仁者，己欲立而立人，己欲达而达人。仆之意以为，己有分寸之知，即欲同此分寸之知于人；己有分寸之觉，即欲同此分寸之觉于人。"这种与友人弟子论道之乐正是源于其万物一体之仁的责任情怀。"孔子犹曰'学之不讲，是吾忧也'，今世无志于学者无足言，幸有一二笃志之士，又为无师友之讲明，认气作理，冥悍自信，终身勤苦而卒无所得，斯诚可哀矣。"通过师友的交流和帮扶，既体会到了万物一体的人际关怀，又对万物一体的人生价值追求有了更切实的体会，同时增强了人生追求的信心，从而摆脱了消极的自我意识和情感障碍。

（五）诚意正心

何谓正心？"身有所忿懥，则不得其正；有所恐惧，则不得其正；有所好乐，则不得其正；有所忧患，则不得其正。心不在焉，视而不见，听而不闻，食而不知其味。此所谓修身在正其心。"这里提到了四种负面的心理状态：忿懥、恐惧、好乐、忧患，这些因素都会影响内心的"正常节奏"。"正心"就是要求我们时时刻刻做到专心致志、注意力集中，倡导人们摒弃外界一些不良因素的干扰，坚定自己内心的想法，从而保持中正平和的心态。思想家荀子说过："目不能两视而明，耳不能两听而聪。心枝则无知，倾则不精，贰则疑惑。""心不使焉，则白黑在前而目不见，雷鼓在侧而耳不闻。"这两句话总的来说意思应该是，我们自己在平时做事的时候要更加专心致志、一心一意，精力必须集中，否则将一事无成。

心正则胸怀坦荡，海阔天空，无私无畏，真诚不欺；倘若心不正，心底阴暗，心胸狭隘，最终会害己害人。可见正心对我们来说有多么的重要。"古之欲明明德于天下者，先治其国；欲治其国者，先齐其家；欲齐其家者，先修其身；欲修其身者，先正其心；欲正其心者，先诚其意；欲诚其意者，先致其知；致知在格物。物格而后知至，知至而后意诚，意诚而后心正，心正而后身修，身修而后家齐，家齐而后国治，国治而后天下平。"说明了"正心"对一个人为人处世、成就事业的必要性。

人的内在力量因为诚意而充沛，可以抵御外来力量的影响。心有定力，就不会被外力所动摇，即使受到外力一时的影响，也能够即时地复正，情绪也会保持稳定。而情绪的稳定程度是衡量一个人心灵是否健康成熟稳定的标志，是大学生进入社会进行正常的社会生产活动的基本保障。由此可见，大学生学会情绪调节是非常必要的。心为人之舵，情绪为心的外化，心为情绪之内表。想要做到情绪稳定，在被外力所转之后即时地恢复，就要学会"正心"。我们都知道，人的情绪会对身心产生非常大的影响，有忿懥、恐惧、好乐、忧患的情绪，我们的心就会受到这些情绪的负面影响而不得其正，此时，心就没有办法正常发挥它的作用，因此我们的各种行为就会受到干扰，所以要时刻正心，不要让自己的心遭受各种情绪的影响而失去其原来面目，使明珠蒙尘，无法发挥其应有的作用。

（六）慎独自省

《大学》对君子慎独是这么解释的："所谓诚其意者，毋自欺也，如恶恶臭，如好好色，此谓之自谦，故君子必慎其独也。""是故君子戒慎乎其所不睹，恐惧乎其所不闻，莫见乎隐，莫显乎微，故君子慎其独也。"所谓的"慎独"就是"慎于独也"，即要求我们一个人独处的时候保持谨慎，这是最考验我们能否按照道德标准要求自己的时候，是一种对人的自觉性的严峻考验。

首先，"慎独"的"独"，指的不仅仅是自己独处，没有其他人共处一室或是监督的状态，它还代表了自己起心动念但是还没有外化为明显的行为表现时别人不能感知的一种状态。情绪未表现出来的时候就是各种各样的念头，这些念头直接关系到我们后面的情绪状态及行为表现。所以，要想做好情绪调节就要从起心动念开始。然而，起心动念并没有实质性的东西可以进行调节，此时能做的事情就只有修养，让良知自然生发，念头本就不会有差错。能做到这些就是功夫，就能有效地调节情绪。君子都能够做到诚其意、正其心，因为在他们的心中，天理良知是自然生发而没有一丝虚伪的，并不是表演给他人看，故作姿态，伪装掩藏自己的各种情绪，君子总是在提高自身的道德修养，修炼慎独功夫，从起心动念处下手，觉察自己的每一个不好念头，然后马上改正。久而久之，外化的情绪表现自然是稳定的。

刘宗周提出"独体"的概念，将情绪上升到本体的地位。因此，慎独功夫就是要"慎"这一"独体"。独体就是天命之性，引导人们向善并且通过心的作用展现出来，人在社会生产活动中的行为表现是有善有恶的，正是因为独体的存在，人们的行为表现才不会沦为情欲，而是能够始终保持最本真的状态。独体又必须附着于心，通过心的各种活动使潜在的独体外显出来。"性情之德，有即心而见者，有离心而见者。即心而言，则寂然不动，感而遂通，当喜而喜，当怒而怒，哀乐亦然。由中道和，有前后际，而实非判然分为二时。"独体乃万物至善之本源，是谓"中"。"独中具有喜怒哀乐四者，即仁义礼智之别名。在天为春夏秋冬，在人为喜怒哀乐，分明一气之通复，无少差别。"独体中本就自然蕴含着人类的喜怒哀乐情绪，情绪在每个个体身上的外化与行为过程就如同自然世界中春夏秋冬四季变化的表现，因此情绪是必然且自然的。把情绪和最高本体——独体相结合，不仅提高了情绪的地位，还表明了进行情绪的调节要从独体着手，也就是我们所说的"慎独"。

　　"慎独"是指一种人在内心静存之时必须进行的心灵道德修养方面的功夫。《学言》："问：'慎独专属之静存，则动时工夫果全无用否？'曰：'如树木有根，方有枝叶，栽培灌溉工夫都在根上，用枝叶上如何著得一毫，如静存不得力，才喜才怒便会走作，此时如何用工夫？苟能一如其未发之体而发，此时一毫私意著不得，又如何用工夫？若走作后更觉得，便与他痛改，此时喜怒已过了，仍是静存工夫也。'""《大学》言心到极至处，便是尽性之功，故其要归之慎独；《中庸》言性到极至处，只是尽心之功，故其要亦归之慎独。独，一也。形而上者谓之性，形而下者谓之心。"因为这个时候喜怒哀乐的情绪还未明显地发作，在这个时候下功夫就好比从树根处下手，只有把源头搞对了，后面的生发大概率也不会出现什么大的差错。但是假如没能在静时下功夫，情绪在刚发之时就会出现偏差；如果在情绪发出后下功夫，那个时候情绪已经过了，所以这仍然是静时存养的功夫。

　　慎独功夫用工日久自然能在情绪快要发作的时候将之忍默、收敛并消化。"愚谓言语既到快意时，自当继以忍默；意气既到发扬时，自当继以收敛；愤怒嗜欲既到沸腾时，自当继以消化。此正一气之自通自复，分明喜怒哀乐相为循环之妙，有不待品节限制而然。即其间非无过不及之差，而性体原自周流，不害其为中和之德。"

　　在这种慎独功夫的不断熏染下，内心的良知和天理会自然流行，人的情绪也能够自然流通无碍，私欲之蔽自然能够去除，达到喜怒哀乐互为循环的情绪表达状态。因此，我们在独处的时候要不断地检视自制能力，诚实地面对自己的内心，它是立诚的开始、成德的基础，也是调节情绪、管理情绪的重要一步。

第九章 "诚意正心"与大学生良好的人际关系

第一节 "诚意"的内涵及发展

一 "诚意"的内涵

何谓"诚意"?《大学》中说:"如恶恶臭,如好好色。"这就像每一个人都闻到了某种恶臭或难闻性的味道后,心中便会突然感到非常厌恶;而当自己看到了一种美好的新鲜事物时,心里自然就情不自禁地生起一股喜爱之情一样。这一切都是人的内心世界中最自然生出的。"毋自欺也",不要试图欺骗自己。诚意必须慎独,在独处的时候也能够自律,可以做到去恶从善,自身的道德修养完全是出自自己那颗真诚的本心,而不是为了表演给别人。由此可见,此时的"诚意"指的是表里如一,不自欺欺人。因而可知,"诚意正心"是中国儒家所宣扬的一种道德与人格的自我修养方式。倡导个体通过保持纯正的内心态度和真诚的行为表现,磨炼自己的心性,同时端正自己的行为,不作伪,念念皆诚,去恶从善。"诚意"就是始终表里如一,真实不欺。儒学家梁漱溟非常推崇的儒将伍观淇在解说《大学》时曾谈到修身,认为儒学所讲的"修身"并不单单是指血肉之躯,而是指自己,修身就是修己。具体该如何修身,他说,真正代表自己的既不是身,亦不是心,是意,"意发于心而形于身"。他认为儒家所强调的修身,功夫其实都在"意"上,"意"发于"心",而后又形于"身"。修身就是要时时刻刻留意自己，留意自己的"心"，留意自己的"行"，这就是"诚意"。朱熹说"诚，实也"，他认为"诚"意思是真实、诚实，要求人自在地为人处世，并且能够经常如实地反省自己。而"情是动处，意则有主向，如好恶是情，'好好色，恶恶臭'便是意"，可知他将"意"诠释为人自身的"主向"，代表了个体自身本自具足的主观能动性。所以，在朱熹看来，"诚意"要有一个较高的道德目标，能够发挥主观能动性并且勇敢地去追求，同时要诚实、真实，在与自己独处的时候也能够做到独善其身，严以律己，时常反省自己，从善去恶，始终表里如一。

王阳明所说的诚意，既包括可善可恶的意欲，又包括好善恶恶的意向。王阳明充分肯定了个体生命存在的普遍价值与社会意义，证实了"人欲"命题之内在合理性，把人存在的精神意义提高到了一个前所未有的认识高度。每个人都能够让自己的心性变得坚定不移，确立向善向上的远大目标，同时诚实不自欺，让自己的道德修养纯粹出于真诚且善良的本心，而非为了达成谋取利益的目的和表演给别人看。

"诚意正心"表示的是人真诚、端正。"诚意正心"的儒学观最早提出是在先秦时期，在往后的时间里不断地被传承和发展，在宋明理学时期该思想得到了很大程度的丰富，理论体系更加完善。在先秦时期，儒学从主观能动性方面解释"诚意正心"，不断强调自身的修养。而宋明儒学则主要从当代人的角度去理解该思想，立足当时的朝代，更看重修身为人，并且提出了许多修身实践的精神，认为人们应该首先加强内心的修养，再由内而外呈现出道德行为，去恶从善，将整体的道德水平提高。

"所谓诚其意者，毋自欺也。"诚意，代表自己的意念真诚，其核心的观念就是不要自欺。众学者对"诚意"都进行了融合自身实践或思想的传承与发扬。例如先秦荀子强调，君子必须做到"至诚"，以修身养性。宋代理学"二程"，将其提升到哲学的范畴，视"至诚"为修身治学的最高境界。朱熹继承并发扬前人观点，认为"诚意"是"自修之首"，"诚意"有助于对宋明理学内部思想的深入思考和理解。王阳明由"诚意"发展出"致良知"的学说。

二 朱熹论"诚意"

朱熹解释"诚意":"诚,实也。意者,心之所发也。实其心之所发,欲其一于善而无自欺也。""意"指心中的意念。换言之,"意"是在不断生成的。"诚"指的是真实和真诚,没有欺骗。朱熹曰:"诚,实理也,亦诚悫也。"诚意是心中善意和真诚的发生。

朱熹对"诚意"的诠释是双向的,分为正反两个方向,正向是"心之所发",反向是"无自欺"。朱熹认为,人自欺是受到了物欲的影响,善的念头里掺杂了私欲,这将导致善的念头不够纯粹,就会出现"自欺",如果能够将其消除,就可以达到"诚意"的境界,自欺是一种表里不一。朱熹对于"自欺"注释的修改,根据记载,前后共有六次。朱子对"诚意"的看重与探索,绝不亚于他的其他学说。现代学者牟宗三先生对"诚意"思想进行了理论分析,他指出朱子认为"诚意"是提供道德。

朱熹对"诚意"和"格物"的关系做出了强调和解释。他提倡由"道问学"再到"尊德性",又强调了"格物"功夫具有优先性,且是不可忽视的,也就是说,欲做"诚意"功夫,必以诚意为先。从时间顺序来看,并不是"格物"完成后,才能做"诚意"功夫。这只是逻辑上的先后,"格物"是前提。

从"格物"到"诚意",指的是一个由"知"到"行"的过程,由认识到行为的过程,这是朱熹一直强调和坚持的观念。"诚意"的反面——"自欺"意味着知而不行,这是行为转化的失败,"自欺"产生的原因主要是在"知"这个环节出现了问题。

朱熹理解的"诚意"具有一个较高的道德目标,并且要诚实地、真诚地发挥主观能动性去追求,要能够控制自己的欲望,能够做到真正的善,去伪存真,表里一致。朱熹看来,"诚意"是一个道德内化的过程,促使道德认识转化为道德行为。

很多学者认识到，朱子的"真知"对于道德行动具有必然性，可以提供道德动力。朱子的真知说逻辑贯穿知—天理—道德行动（诚意）这一过程。关于朱子诚意论，其直接内涵是道德主体在为善去恶时能够实用其力并体验到自快自足，但他担心这会演变成道德主体的勉强而行，于是他强调真知，以此充当动力，实现道德行为的转化，不断地进行道德实践，并由天理来保证。

三 "诚意"思想的发展

王阳明是陆王心学的代表人物，他生活于明朝中期，当时社会矛盾尖锐，政治腐败，官员道德败坏，民不聊生。因此，正人心、救时事，变成了首要任务。

王阳明"诚意""致知"的思想，不同于朱子诚意说的理解，这也反映了心学与理学两者的区别。朱子的特点是逐个落实相关概念，并且把它条理化。因此，朱子是建立一个知识体系，进一步提出他的思想。在王阳明看来，"支离"是需要批判的。王阳明以"诚意"为主来解释《大学》，在他看来，其根本宗旨就是修养到人心本体的"诚意"，这就是良知的呈现。他强调"诚意"具有主导性，因为探究事物需要有一个宗旨，有一个头脑，才有着落。因此，他添上个"敬"字来论述"心"的修养。王阳明认为"诚意"是"良知"，说的是心之本体，也就是道德理性。因此，"诚意"的功夫就是"致良知"。再进一步解释，本体的诚意就是能判断是非，能辨明善恶，这是王阳明强调的良知。他认为，道德理性是心的固有功能，关键在于没有遮蔽，在没有私意遮蔽的情况下，"良知"的作用就能够呈现出来。

王阳明对"诚意"的理解，在于对"意"的独特见解。他指出："身之主宰便是心，心之所发便是意，意之本体便是知，意之所在便是物……所以某说无心外之理，无心外之物。"他提出，"意"可以分为"诚意"和"私意"。王阳明的"诚意"具体是指真实地将本心贯彻在道德实践中，体现在行动层面。在王阳明看来，在成德中仅有一个问题需要处理，即人们不肯根据"良知"推动下的诚意行事。如果人们肯遵循良知和诚意，那么不管是"格物"还是"平天下"都可以做到，关键是良知起作用的过程只在于私意对诚意的遮蔽。诚意乃是一种现成的良知的必然存在，并不需要私智穿凿以求，依诚意而行便是去蔽。

早在先秦的时候，对"诚意正心"的概念就有了最基本的解释。尽管当时对"诚意正心"思想的理解具有一定的局限性，但当时的观念革新与理论成果对我们今天理解"诚意正心"的思想内涵有很大的帮助。《尚书》是古代事迹著作的汇编，向我们展示了中国文明史最初展开的过程，同时也展示了世界的主宰由神逐渐向人转变的思想萌芽。《尚书》中已经逐渐开始发现人本身的力量，并且认为影响人、事或个人命运的决定性因素并不只是上天的旨意，人类自身的道德修养和行为也非常重要。

孔子又不同于当时其他杰出的政治思想家，他主张更加推重人类发展自身德行的基本能力，并且始终相信每个人皆具有提升自身品性的道德能力与能够运用其自身的品行道德修养能力来影响人类进而改造社会的能力。他十分强调人的内在性自我教育，特别是注重"由己"和"求诸己"的内在性动力，同时积极倡导主动挖掘出人主体性的某种主观力量，去主动追求自我价值提升的过程。

孟子与孔子合称为"孔孟"，生活成长在中原各国政治纷争、狼烟四起、生灵涂炭、风雨飘摇的残酷社会中。孟子非常尊崇孔子，在继承发扬了孔子的仁政爱民思想传统的同时，又强调对自身价值的追求和道德修炼，并在总结孔子的言论成果的基础上，提出了"性善论"的思想。孟子认为，"人皆有不忍人之心"，每个人生存的根本是非恶的。如果人们可以断恶，那么"人皆可尧舜"。孟子说："是故，诚者，天之道也；思诚者，人之道也。至诚而不动者，未之有也；不诚，未有能动者也。"他主张"诚"就是"善"，"人之初，性本善"，善是每个人生来就有的，但是单单是有了善还不够，人想要成为圣人只有善是不够的，我们每个人都拥有漫长的几十载光阴，在这几十年中，难免不会受到各种事物的影响，从而产生不善的念头。因此，如果人们都能好好去接受道德方面教育，使内心坚守善心，才能更加彻底、更加坚定，也不可能为这世间的任何一种外物所左右。慢慢地，经过一些熏陶后，人们相信自己修身养性能够坚守善心，成为圣人。就如孟子所言："万物皆备于我矣。反身而诚，乐莫大焉。"这句话的意思是说，做一件事如果没有成功，首先要做的就是反思自己，千万不要自怨自艾、怨天尤人，遇事"反求诸己"。由此可知，孟子不仅对每个人都拥有追求至诚至善的能力表示肯定，并且认为获得这种能力的关键是个体对自我主观能动性的发挥。每个个体的自我道德意识都需要自我觉醒。而"诚意正心"这个概念其实最早是在《大学》中被较为明确地提出来的，即"古之欲明明德于天下者，先治其国；欲治其国者，先齐其家；欲齐其家者，先修其身；欲修其身者，先正其心；欲正其心者，先诚其意；欲诚其意者，先致其知；致知在格物"。这无疑是我国古代传统儒家思想倡导的一种内心道德文化修养的过程，也是我国独有的。

四　当代新儒学对"诚意正心"的诠释

在价值取向逐步走向多元化的社会现实下，儒学思想如何更好地适应当代社会发展的需求，并充分发挥其积极作用，是当代新儒学亟须解决的重要问题。"诚意正心"儒学观的内涵在当代也逐渐被儒学家们重视起来。当代儒学家杜维明在讲到"诚意正心"的思想时也非常肯定"自我"的价值，他说"如果自我修养从心体开始，本体就需要自觉努力"，他认为这是先天之学的一种形式，"正心"并不等于"正物"，因为物是客观存在的，正物是在意欲的对象上自觉地努力。但是心却不同，"心者，身之主也"，心是具有主体性的，它不能被当作客体来正，所以"正心意味着心的自我觉醒"，正像他所说的，这不是通过经验意义上的学习就能得来的，"它甚至是不可学的"。另外，他认为"修身是从意开始"，个体自觉的努力对于恢复心的本体来说是一个不可或缺但还不够充足的基础。他认为"意"发于"心"，但是"意"会因遇见的"物"的不同而有所改变。简单地说,"心"决定"意"之所向。但是因为每个人的经历不同,受周围社会的影响程度不同,"意"会附着于"物"上,而逐渐变得追名逐利,贪图享乐,偏离本心,这样它就超越不了善恶之别。因此,杜维明认为只有通过道德才能够使"意从物的执着里解放出来",让意"再一次成为心体的真实表现"。他强调"正心"和"诚意"之间的关联性,认为"诚意"是从善去恶的具体道路,但如果没有"正心",也就不会有"意"可诚的保证。"诚意"始终依赖于"正心",而"正心"则是靠"诚意"来实现的。

第二节 大学生人际关系的类型与一般问题

一 人际关系的概念

人际关系素质是人心理和健康状况的核心评价与标准内容之一,在关于心理素质评价与人心理及健康问题的理论研究基础上,学者张大均认为个人心理素质评价是"本源",在人个体过程中心理发挥着主导性作用,心理及健康素质是"标"。在人类整个健康心理结构研究中,心理呈现着表层作用,表层人的总体心理及其健康水平,主要反映其作为个体内在层面的心理素质。一般来说,人际关系的概念有广义上的理解,也有狭义上的理解。大学生眼中的现代人际关系主要指我国当代在校大学生在各种日常或人际交往接触过程中,由于彼此相互了解认识和相互交流的情感体验而发展出来的个体间错综复杂的关系。随着社会的发展,当代大学生的人际关系也表现出不同的特点。

二 大学生人际关系的类型

当代大学生的人际关系可以从不同的角度分为不同的类型。

(一)根据交往媒介的分类

1. 亲缘人际关系

一般亲缘关系是指一切以血缘基础为联系纽带而结成的人际关系,

包括个体与父母、兄弟姐妹及其他亲人之间的关系，是一类主要指以传统家庭生活为基础组成的一种直接人际关系。亲缘人际关系通常会伴随人的一生。在其他各种社会人际关系活动中，亲缘人际关系在一生中的发生频率最高，也是彼此相互影响程度最大的一种。从呱呱坠地的那一刻起，个体就与父母之间产生了一种深深的羁绊，父母的一举一动也在时时刻刻影响着孩子。随着年龄的增长，每个个体会有自己的朋友，此时他们之间也会相互影响。入学之后会有老师和同学扩充人际交友范围，彼此之间也会相互影响。进入大学之后，大学生为了弥补父母不在身边的空虚感和失落感，会在宿舍里与室友互称兄弟姐妹，从而消除因环境变化产生的不安。长此以往，对大学生的情绪稳定会起到非常大的积极影响。

2. 业缘人际关系

社会中有各种各样的职业，从事同样职业或者职业近似的人，相互之间会形成一种社会人际关系，叫作业缘人际关系。这种社交关系在大学生的关系活动中也是比较常见的，且一直占据着比较重要的地位。无论何时，大学生每天的第一个任务可能都是上课学习，他们每年在校期间的上课时间大部分可能都集中在一个教室中，所以师生关系一直是培养大学生人际关系最好的支撑点。再加上大学校园有越来越多的社团活动，同时积极地与各种社会团体组织社会实践活动，因此大学生的业缘人际关系圈越来越大，不再拘泥于同学人际关系和师生人际关系，大学生开阔了自己的眼界和认知，锻炼了社会实践的能力。

3. 网缘人际关系

在互联网高速发展下的今天，人际交往媒介也丰富起来，网缘人际关系就是在互联网中产生的。这种关系是指人们在网络中相识，并以此来维系现实中的人际关系。这种人际关系具有不受空间限制的特点，人们可以随时随地在网上进行情感上的交流。而且网缘人际关系还有一个比较受欢迎的特点，就是能够被充分尊重人的个性自由，人们可以在网络上表达自己对事物的见解和看法，增加人际交往的频率，这也为个人潜力发展提供了超大的舞台。大学生是网络群体的重要成员,倾向于寻求网络上的人际交往,并把这种关系作为自己比较重要的人际关系。

(二) 根据交往主体的分类

1. 师生关系

在学校中,教师是大学生的重要他人,是大学生学习、生活的重要参与人,师生关系和师生之间的互动很大程度上能够影响学生的心理。老师往往是学生的一种交往对象,同时承担着知识传授者的角色,与学生亦师亦友。优秀的老师是学生的人生导师,其人格也会被学生模仿。但是大学教育的特点与小初高不同,老师与学生之间的接触有时候仅限于课堂之上,不像中小学时那么频繁,老师对学生的照顾也没有那么面面俱到,长此以往,两者之间的沟通与交流越来越少,只限于在课堂上传授知识,缺乏情感上的交流。因此,"良师益友"关系的普及推广还需要很多的努力。

大学生的师生关系也是大学生人际关系的重要一环。当今时代,社会转型中的师生关系正在变化,也面临着很多的挑战。一些大学生盲目地把师生关系理解为利益关系,只是把老师当作利益枢纽,这是师生关系的一种异化,可能会影响到学生的人际交往健康。有研究表明,不当的惩罚会造成师源性心理伤害,遭遇教师不当行为的学生会对教师产生怀疑,进而产生抑郁、焦虑等情绪。

在高校中,可能存在高校师生的物理距离较远的问题。因为随着各高校的扩张和规模的不断扩大,学生和教师之间的距离在不断扩大,这在很大程度上限制了师生之间交流的机会,导致学生和教师之间的关系可能联系不够紧密等。

2. 同学关系

同学关系指的是个体在学校受教育的过程中与同伴或者是同校学生之间所结成的关系,也是大学生人际交往中的主要对象。大学生与同学之间的人际关系是最普遍也是最复杂的,中间往往交叉着许多其他的关系,比如朋友关系和网缘人际关系。同学之间因为年龄相仿,很多兴趣爱好也比较接近，共同语言较多，很容易在彼此之间产生连接，快速拉近关系，形成同学之间的小团体，而且他们又在一个集体中学习生活，所以同学之间的人际交往关系也是最密切的。很多大学生在进入大学校园之前，都没有经历过集体生活，大学生的人际交往很多时候是在一个生活集体中开展的，包括了宿舍的人际关系。大学生与舍友相处时间最长，据统计大学生一天内在寝室的时间（除睡眠外）平均长达 5.8 小时。① 对于同宿舍，又是同班级的同学来说，生活的轨迹具有很大的重叠度，因此宿舍关系是大学同学关系的重要组成部分。研究发现，大学生的宿舍人际关系与心理健康密切相关，同时宿舍关系对于主观幸福感也有较大的影响。

宿舍人际关系一般可以分为三种。①融洽的。一种是没有摩擦和问题的融洽，这种情况下宿舍基本没有矛盾，在实际中，这种情况的可能性很小。有一种情况是非常多的，这就是有矛盾但是也很融洽。在宿舍中，宿舍成员间大部分时候是和谐的，偶尔存在小摩擦或者是小矛盾，同时也有解决问题和摩擦的方法，能够及时解决问题，让宿舍关系可在短时间内恢复融洽状态，这种宿舍人际关系比较合理。②松散的。这种宿舍人际关系是指宿舍的成员缺乏沟通与交流，对宿舍里的事情不太关心，集体活动也比较少，宿舍成员互相之间不太关心。在这种宿舍人际关系中，其实宿舍成员之间是经常存在问题的，但是问题没有得到及时的解决或者成员们觉得这些矛盾是不能够解决的，往往采取回避的策略。③分裂的。这种关系的形成是宿舍关系恶化的结果。在这样的宿舍关系中，成员感受到紧张、对抗的气氛。良好的宿舍人际关系，也就是融洽的宿舍关系，有利于大学生的身心健康，可以很大程度上减少校园恶性事件的发生。而松散的和分裂的宿舍人际关系属于不良的宿舍人际关系，不但不利于大学生的身心健康，甚至会影响个体社会化过程。

---

① 刘海骅、李冀：《大学生宿舍人际冲突类型及应对方式的实证研究》，《北京教育》（高教版）2013 年第 6 期。

3. 朋友关系

大多数人的朋友关系可能是基于相同的兴趣爱好，或者可能是他们在许多其他方面存在一致性，比如说审美、穿衣打扮风格、三观等。朋友关系大多仅仅是在几个小众群体中存在，多见于同龄人中，没有所谓的"代沟"。朋友关系相较于其他关系来说比较特殊，它包含了室友关系、恋人关系，还有少数的网友关系，多种关系交叉。在这几种关系中，大学生与同学之间的室友关系是最常见的，交往比较频繁和密切。恋人关系也是在朋友关系中相对比较特殊的一种人际关系。而大学生网友关系则是一群大学生之间通过社交网络结识到的个体而逐渐形成的一种朋友关系，是互联网时代的产物，不受时间、空间和年龄等因素的限制，很尊重个体的个性自由意识，很多大学生都比较倾向这种人际交往关系。

三 大学生人际关系存在的一般问题

追求纯粹的自我幸福和享受孤独逐渐成为当代大学生普遍的价值取向和价值追求。人际关系建立困难与社交交往障碍的现象普遍存在。很多大学生依赖于网络里虚拟的人际关系，不愿与现实世界的人开展互动交往。

（一）交往过程中过于以自我为中心

当代大学生有很多是独生子女，物质条件相对丰厚，没有什么生存的压力，也没有弟弟、妹妹、哥哥、姐姐分享玩具、零食，在家里过的都是衣来伸手、饭来张口的生活，对父母也是招之即来、挥之即去的态度。他们的自我意识较强，从小分享和合作意识较弱，较少进行换位思考。进入大学后，便进入了集体生活的环境，从班级到宿舍，他们都不再是唯一和被宠爱的，心理的落差加上个体因素，使很多人际交往中的矛盾一触即发。这就导致了一些负面影响，比如非常自我，遇到事情的时候首先都是站在自己的角度上思考问题，只考虑自己的感受，担心的都是自己的利益会不会受到损害的问题，不能很好地与他人共情。到了大学之后，身边的环境可以说是发生了天翻地覆的变化，这个时候没有了父母无微不至的关怀和家里公主、王子般的生活，大学生难免会产生心理落差。由此，他们把这种心理落差变成了对身边人的要求和期望，比如对同学和室友期望过高，把对父母的情感需求寄托到自己的老师、同学身上。如果这种需求没有被满足和回应，他们内心就会产生负面情绪。他们没有考虑到，自己的同学在家里都是家人最疼爱的孩子，没有责任也没有义务去过多考虑你的感受。长此以往，这种以自我为中心的坏习惯会严重阻碍人际交往。

（二）交往动机越来越功利化

现代中国社会经济事业迅速发展繁荣，一些人变得越来越浮躁，越来越功利化，追名逐利，事物都被明码标价，物质的重要性不断强化，一些不良风气侵染了大学校园。一些大学生在人际交往的过程中存在较强的功利心理，企图在人际交往中获得较多的物质利益，比如金钱、社会地位的提升等。一些大学生在进行人际交往时会刻意地选择对自己"有用的人"，或者是有直接的物质帮助的人，交友标准变得越来越物质化和功利化，逐渐忽略了人际交往最初的目的是自我的提升和情感上的交流，把本该纯洁的同学之情、师生之情变得不再纯洁，使其蒙上了一层功利化的灰尘。这样的人通常自尊心比较强，很在乎他人的评价，喜欢表面的强大。在这种心理的推动下，大学生偏爱与经济条件好的同学进行交往，甚至夸大自身条件来获得认可和接纳，有时候这不仅给自己带来诸多困扰，也会让他人感受到不舒适和不真实，反而阻碍了人际交往的发展。虚荣和过于功利的人只是看到了物质层面的回报，却忽视了在精神层面获得的回报。

（三）在人际交往中缺乏主观能动性

其实大部分大学生都比较认可良好的人际关系能保持心理健康，提升幸福感，并且愿意主动与人交往。但是在日常生活、工作中，很多大学生比较缺少主动性，有些人甚至将自己享受与孤独感奉为圭臬，所以会在日常生活、工作过程中遇到各种各样的人际关系问题。因为平日里不爱积极与外界多沟通多交流，比较缺乏实际交流和实践经验等，很多在读大学生会在建立人际交往关系时表现出种种畏难情绪，与身边人沟通交往极为困难，甚至常常会出现社交恐惧症。具体表现为大学生在处理人际关系或交往等过程中，经常会感到局促不安，并陷入深深的焦虑、痛苦自责和极度自卑状态中，进一步具体的表现是出现回避同学、老师，抗拒与人交谈等行为，由此造成了恶性循环，大学生最后会完全丧失交往的兴趣，排斥与周围人交往，沉浸在自己的世界中不能自拔。再加上现在很多高校里面都开始不再专门设立固定的宿舍、教室，这就必然导致和同班同学、舍友之间正常的交流时间变得越来越少，很多学生开始慢慢习惯在学校宿舍的人际关系圈子中生活，只满足于现状，不愿尝试主动地接触外界的各种丰富多彩的生活。

（四）网络交往过多导致现实人际关系逐渐淡漠

随着互联网的发展进步，越来越多的人选择在网上展开人际关系，尤其是大学生，非常倾向于在网上与人进行互动交流，但是却逐渐忽略了现实中的人际交往关系，人与人之间直接交流的能力慢慢出现退化，有的学生内心甚至有了消极避世的想法。而且，在互联网越来越普及的情况下，大学生的很多功课都需要电脑的辅助来完成，再加上网缘人际关系的发展，因此大学生一天的绝大部分时间都会在网上度过，心与心的距离越来越远，虽然沟通频率在互联网的加持下变得越来越高，但是人心却变得越来越孤独和冷漠。

（五）人人平等的交往理念与现实的不平等间的矛盾

时代在发展，社会在进步，我国当代大学生的科学、民主、自由、平等意识也在逐步提高。新一代优秀的大学生普遍会有很强烈的主体参与意识，非常注重自己的个人修养，能够比较好地发挥个人主体意识，也就是更加关注人与人交往过程中彼此的机会平等，既强调个性自由，又强调尊重他人和尊重自己的独立人格之间的平等，期望在相对平等且更加民主与自由和谐的网络环境氛围中，建立与处理自身和朋友、同学、老师之间的平等的互动关系。大学生群体在人际交往过程中，总是会遭受来自各种各样因素的影响，其中以物质生活水平的差距为主。在我国本科学生的招生资助制度进行改革创新之后，自费学生和大学公费教育并轨，学生需要缴纳高昂的高等教育学费，一些来自贫困家庭、经济条件困难的大学生和一些家庭条件优渥、生活富足的大学生，因为贫富差距，就在人际关系中逐渐形成了两种截然不同的群体。在人际关系中，一些大学生自恃家庭有钱、有权，在人际交往中张扬跋扈，盛气凌人；而经济拮据的大学生往往在人际关系中主观能动性较差，难以收获较好的体验感，甚至还可能产生自卑、偏执、内向、孤独、抑郁等不良心理，同时伴随着不信任他人、排斥社交活动、对人冷漠的行为。

造成以上人际交往问题的原因有以下几点。

一是孤独心理。当人际交往不平衡的时候，大学生容易产生孤独的心理。首先是离开了熟悉的环境，想要融入新鲜却陌生的环境，一开始容易产生孤独感；当与别人兴趣不相投或者不被理解的时候，会感受到无法与他人分享自己的喜怒哀乐，而产生孤独感；由于大学生人际关系的不稳定性，以及对这种不稳定性的不客观认知，大学生对于人际关系容易产生不安全感，产生没有社会支持的孤独感。有这类心理问题的同学常常独自行动，长此会产生抑郁、消极的感受，甚至引起矛盾纷争。

二是缺乏人际交往技巧，对人际交往感到压力。进入大学后，大学生想建立和谐的人际关系，甚至把这个当作自己的主要目标之一。但是很多同学表示，自己无法将真实的想法表达出来，更不能体验到人际交往中的愉悦，害怕解决人际交往中的矛盾。一项对 25 名大学生的深度访谈研究发现，一些同学掌握的人际交往的技巧较少，人际交往圈子太窄。部分同学在人际交往中存在矛盾的心理，渴望与人交往，又不愿意主动交流，他们形容自己是"社恐"。还有一些大学生缺乏与异性交往的经验，在初高中基本都是与同性交往，因此不知道如何和异性交朋友，甚至不知道怎么处理恋爱关系和恋爱中的问题。

三是在人际交往中较为功利。现在很多大学生很难交到知心朋友，同学之间的信任程度较低，大学的交往更加功利化。一些大学生对眼前的利益更为看重，在交往活动中往往会比较看重实际好处，而忽视精神、情感。

四是认知的偏差。①对自我的认知偏差。大学生对自我的认知正在统合，发展的核心问题是建立自我认同感，探索后形成一个稳定的人格框架。由于自我认知还没有稳定下来，大学生很容易过于自我拔高或自我贬低，形成认知偏差，进而阻碍人际交往。②对他人的认知偏差。部分学生缺乏相应的社会意识及换位思考的能力，喜欢用个人的观念去定义他人的想法和观念，从而失去了人际关系中认知的客观性。特别是大学生刚进入学校的时候，带着强烈的交往欲望和对友谊的美好憧憬。他们都带着对友谊的美好憧憬来结交朋友，对朋友的要求较高。但现实中会发现朋友并不像想象中那么完美，有很多的缺点和不足。有的人会主观地用自己的方式改造他人，但结果通常比较失败；有的人会因此远离朋友，疏于交往。有的人经历了几次后，就产生了交往恐惧，害怕与别人交往，害怕失败，对人际关系产生不信任感。

大学生心理和生理进一步成熟，他们离开父母，到大学开始独立地生活，他们对于人际交往有较为迫切的需求。在大学生群体中，人际关系问题占据很大的比例。据笔者统计，人际关系不适应、社会支持较低等方面的问题在日常心理咨询中占近 50% 的比例。了解大学生人际关系的类型和一般问题，有助于了解大学生当下人际交往的情况，帮助他们解决人际交往困扰。

第三节 "诚意正心"对大学生人际关系的影响及启示

一 "诚意正心"对大学生培养良好人文素养的作用

我国自古以来就是礼仪之邦，优秀文化传统之一是崇尚人道，讲究礼仪，充满了人文精神，倡导人与人之间在相处的时候要互相尊重和爱护，强调"与人为善"。随着时代的进步，世界各国之间的竞争的实质逐渐变成人才的竞争，因此培养当代大学生的文化素质等综合能力是当前各大高校教育的重中之重。

前文提到，《大学》最早提出了"诚意正心"的概念。《大学》云"修身为本"，"其本乱而末治者，否矣，其所厚者薄，而其所薄者厚，未之有也"，《大学》认为修身是一切行事的根本。又云："所谓修身在正其心者，身有所忿懥，则不得其正；有所恐惧，则不得其正；有所好乐，则不得其正；有所忧患，则不得其正。心不在焉，视而不见，听而不闻，食而不知其味。此谓修身在正其心。"在这里，《大学》着重强调了人们若想要修"正心"，就必须摒弃偏颇之情，追求纯净至诚的心灵，并用这种纯洁的心灵来时刻检视自身，这就是所谓的"正心"。由此可见，《大学》就如何修正内心给我们这些后来之人提供了一种比较具体翔实的路径。《大学》的核心思想主要是"格物、致知、诚意、正心、修身、齐家、治国、平天下"，毫无疑问，这是有其内在逻辑的，而"修身"就是这个逻辑中的枢纽，《大学》的主要思路就是以"修身"为起始点，然后再外推形成"齐家、治国、平天下"的"外王"系统，内转则形成"诚意、正心"的"内圣"系统。

"诚意正心"之后自然能够"仁者爱人"。儒家思想一直都很提倡"仁者爱人"的理念，并且主张把这一理念应用到每个人的日常生活中，倡导人们用这一原则来处理人际关系，使人与人之间在相处的时候能够互帮互助，多换位思考，以和为贵。"和为贵"这个概念本来就是由孔子提出来的，"礼之用，和为贵，先王之道，斯为美，小大由之，有所不行，知和而和，不以礼节之，亦不可行也"。要求现代人在人际交往中，必须以礼、和为贵，讲究谦让礼仪和恭敬，提高个人的社会道德素养，让一切人际关系能够更加和谐融洽。"己欲立而立人，己欲达而达人""己所不欲，勿施于人"，这些儒学思想虽然已经几千年了，但是历久弥新，并且能够跨越时空教会我们如何更好地构建和处理人际关系，非常具有现实意义。大学生是社会主义国家建设的思想栋梁、社会现代化建设的中流砥柱，更应站在尊重别人价值的长远角度上去思考人际关系问题，从"假如是我遇到了这件事，我是怎样的心情，我会怎么办？"入手设身处地地主动关心别人，也即曾子所说的"君子己善，亦乐人之善也；己能，亦乐人之能也"吧，这一点非常重要，有利于进一步实现青年人人际关系的建立，使在读大学生互相理解、包容、鼓励、关心、信任，能在积极处理人际关系时真正地做到游刃有余。

二 "诚意正心"对当代大学生人际关系的影响

随着我国社会主义市场经济的快速发展，我国社会生活的各个方面都受到影响。在社会转型的关键时期，虽然互联网信息技术的高速发展带动了信息的快速流动，但是大量的西方外来思想也随着我国改革开放的深入发展不断涌入中国。这些现象不仅给人们的生活带来了翻天覆地的变化，人们的价值观也越来越受此影响，尤其是当代大学生刚刚一只脚踏入社会，而且喜欢接受新鲜刺激的观念，此时的他们一时不知道该如何取舍，容易受到各种不良信息的诱惑。在互联网信息技术日益成熟的情况下，大学生更加喜欢在虚拟的网络上接受新的信息和展开人际交往，这一方面有利于大学生加强与外界的各种互动，拓宽自己的知识面，积累经验，在与外界的交流互动中展现自己。但是网络媒介具有趋利性，长此以往，会使得他们的价值判断发生偏离。前文提到网缘人际关系是当代大学生重要的一种人际关系，如果大学生长时间沉溺于虚拟网络的人际交往关系，就会逐渐忽略现实中的人际交往关系。因为对大学生来说，他们的观念系统尚未完全建立，比较容易受到各种消极现象的影响，从而产生消极心理、拜金主义等错误认知。

儒家的传统修为观是中国优秀传统文化中非常重要的内容，且对我国的社会现状仍具有十分有意义的借鉴价值，特别是儒学思想中的修为观和修身育人方式，强调通过自身的努力锻炼坚定的心性，通过内修升华个人的道德修养，以及"持志养气""慎独自省""忠恕成仁""知行合一"的修身育人方式，对培养大量德才兼备的君子和大学生的道德教育发挥了非常积极的作用和影响。我国也越来越重视中国优秀传统文化的不可替代的价值，在中小学阶段就将"诚意正心"引入教育，提前为营造良好的社会风气做铺垫。这样的方式在大学生的道德教育中也同样适用，可以有效提高当代大学生的道德修养。"诚意正心"的儒学思想主要关注个体道德的内在发展，道德修养教育的社会主体应该不是单纯被动消极地去接受教育，而是应该主动积极地努力争取，以此去充分激发、调动一个人潜在的社会主观能动性，并且应该通过自身努力，锻炼坚定善良的精神品格和自觉确立人生向善追求的目标。有调查结果表明，如果经常受到良好的道德品质环境的耳濡目染，人们的道德行为会变得越来越规范。特别是在当代大学生群体中，如果大学生能够"知行合一""诚意正心"，做到表里如一，不自欺欺人，从日常生活的点点滴滴进行实践，那么对其人际关系的改善将会有让人眼前一亮的成效。

另外，儒家思想提倡人与人之间友好交往，以此促成人与人、人与社会的和谐。"诚意正心"的儒学观，虽然主张通过个人内外修善来进一步提高其精神道德素质，但是与此同时，它似乎也在强调，自我道德修养其实应是经过一个由内及外、推己及人的自我不完善的过程。它要求每个社会个体必须在其自我道德修身成果的基础之上，将个人自我道德修身中的思想成果从外转为内部道德行为，推己及人，由个人带动一个群体，帮助他人去恶向善，从而提高全体人民群众的政治道德水平。这与当下我国高校大学生的道德教育理念不谋而合。当前，高校也非常注重对学生的思想道德品质的教育，积极倡导学生发挥主观能动性，并主动提高自身的道德素质，然后再利用自身优秀的道德品质去感染周围的人，最终建立起一个高素质的社会。

三　"诚意正心"对当代大学生人际关系的启示

"诚意正心"的儒学思想经过几千年的发展，其理论含义持续不断地丰富更新，当然，其中追求自我道德完善的内修思想也在不断地完善。在各个历史时期，儒学家对"诚意正心"内涵的解释和实践都有着独特的思想风格，而且也会有一定的历史局限性和时代风格，但是"诚意正心"是儒家传统的道德修身思想，当代人特别是当代大学生的道德教育仍然十分受其中所包含的内修观念和方法论的影响。孔子说："为仁由己，而由人乎哉？"想要做到"仁"就要"由己"而不是"由人"，道德的修养需要靠自身的努力去完成，而不是因为外界强加于己实现的。孔子的这一育人方式非常有利于提升学生学习的主动性。无论何种知识的学习都应该是主动的，而不是被动地接受。

"诚意正心"这一儒学思想中的"止于至善"观念非常有利于促进大学生形成学无止境的良好学习态度和树立终身学习的远大目标。"大学之道，在明明德，在亲民，在止于至善。""止于至善"是中国儒学思想中的第一个终极目标，"诚意正心"这一儒学思想中的"止于至善"观念非常有利于促进大学生形成学无止境的良好学习态度和树立终身学习的远大目标。[①]"止于至善"其实是一个无限求取卓越和不断自我完善的过程。

当代大学生的道德教育其实并不只局限于校内或者学生的学习方面，其是想通过道德修养的提高让学生发挥主观能动性，以此建立一个良好的道德信念和道德目标，或是学习一种道德修养的方法受益终身，并将所学道德优秀成果和体验带到职业生涯中去。"诚意正心"意味着儒学思想在追求着"止于至善"，并且要无限努力地追求卓越。如果一个高校老师能够很积极地使用儒家这种哲学信念精神去培养学生，那么将非常有利于引导学生形成积极学习态度，从而使学生树立一种终身刻苦学习的远大目标。如果大学生对内能够做到诚意正心、表里如一、不自欺欺人，那么，在人际交往中的不良心理，比如攀比心、不平等心、恃强凌弱等就不复存在。这会逐渐形成良性循环，感染自身所在的群体，从而带动整个社会风气的提升。

---

① 朱熹解释"至善"为："止者，必至于是而不迁之意。至善，则事理当然之极也。言明明德，新民，皆当至于至善之地而不迁。盖必其有以尽夫天理之极，而无一毫人欲之私也。"（《四书章句集注》）

综上所述，"诚意正心"这一儒学思想与目前我国大学生的道德教育有着密不可分的联系，二者都关注受教育者的主观能动性，非常看重个体所处群体中的社会价值一致性及"止于至善"思想和大学生终身学习目标的相同追求，充分显示了儒学思想中的传统育人方式完全可以为当代的大学生道德教育提供借鉴价值。

"诚意"之论，是中国优秀的传统文化。"诚意"之说所代表的"真诚""毋自欺""良知"等思想，对于大学生的心理健康发展都有着一定的影响。人际交往和人际关系的健康程度是大学生心理健康的重要维度，"诚意"思想对于大学生人际交往也有着很大的影响作用。

四 "诚意正心"中蕴含的人际关系基本原则

(一) 诚信待人——毋自欺及欺人

"诚意"的含义之一，就是要使因事而发的意志和情感真实不妄，即可理解为真诚和诚信，可以体现在待人接物上面。诚信是一种普遍的心理需要和道德需求，这种需求如果被满足，通常幸福感也会增强。从古至今也有许多思想家都推崇真诚的重要性，例如孟子、莎士比亚等。

人际关系和交往是每一位社会成员生存的需要，人们之间的联系随着社会进步和网络发展变得越来越紧密，这种需要更是日益强烈。如果从人类发展史的角度去考察，人类从产生至今已有二三百万年，人类最初的生存形态就是"穴居"，是以集体的形式生活在一起的。因此人类互相之间的合作和交往是从古至今一直都存在且非常重要的。马克思说过，交往是人们生存的基本前提，历史的发展证明，交往是一种常态，是人类生活的必需品。在人类文明发展的过程中，人际诚信的价值日益显现出来，更是成为一种社会美德，成为一种伦理的评价。其实纵观历史，诚信不仅是一种人际交往、社会合作的法则，也为稳定的交往秩序提供了强大的约束力。

大学生的诚信问题是当今社会一个重大的命题，也倍受社会各界的关注。诚信应该始终贯穿于大学生学习和生活的始终，涉及借贷、就业等。但是，现在有的大学生不是很注重自身的诚信。例如，有的大学生为了走捷径弄虚作假，考试时作弊行为经常发生；也有很多的所谓"贫困生"并不是真正的贫困，只是为了获得更多的经济利益；还有一些大学生在和别人的交往中不太诚信，不仅欺骗同学，欺骗朋友，更在欺骗的基础上为自己谋取更大的利益。这些不诚信行为的出现，使得大学生在人际交往中产生了不信任，出现了信任危机。部分大学生在遭受欺骗后不敢轻易地再相信他人，不敢真诚地对待他人，以至于人际交往和社会支持出现危机。解决大学生信任危机的途径之一是对于"诚意"文化的学习，从传统文化中汲取优秀的价值观，深入挖掘传统文化中的诚信资源，对大学生和谐的人际关系的建立和维持有非常重要的价值，有利于进一步推动社会风气的正向发展，以及和谐社会的建立。"诚意"之说有利于强化大学生的诚信意识，塑造健康人格和价值观。如今，诚信是衡量一个人思想水平和道德水平的重要标准，作为当代大学生，只有信守承诺且言行一致，才能得到他人的尊重和喜爱，也才能在当代社会站稳脚跟。"诚意"之说，有助于大学生形成规范的行为，塑造和培养诚实不欺、平等交往的人际氛围，"诚"是人们和睦相处、互相帮助、团结合作、友爱的基础；离开了"诚"，人与人之间就难以正常地交流和交往，大家都想着如何欺骗对方，人们的正常联系也难以维持。

"诚意"影响之下的情谊是珍贵的，人生在世，有很多值得牵挂和守护的东西，譬如人与人之间真挚的情感、人物内心最坚定的力量、大爱的奉献。

诚信是无形的资本，是中华民族的古老传统。诚信要求大学生在人际交往中做到诚实信用。面对任何困难的事，尽最大的努力去做。如果历经困难后，不能实现自己的目标，则应本着诚意提出理由，而不应有即席解决或对抗的想法。诚信的人是真正的朋友，不诚信就不会被信任，不利于双方的交往。

（二）格物致知——毋敷衍

"格物"是"诚意"功夫的前提，因此在进行人际交往的过程中，

"格物"的意识也是很重要的。

1. 对人对事的认真程度

在进行人际交往的过程中，认真对待别人，认真对待事情是"格物"和"诚意"的体现。了解别人喜欢和讨厌的事物，注意自己与他人交往的分寸，这是个体在人际交往中经过研究后才能得出的经验，很多大学生在家的时候受父母宠爱，共情意识较弱，较少站在他人的角度思考问题，也不太会主动研究如何和他人建立较好的联系。而能够做到"格物"的话，大学生人际交往能力将会更上一个台阶，与之相处的人会感受到他的认真和想要交往的诚心，人际关系的建立和维持也会更加顺利。

2. 矛盾处理的妥善程度

在面对人际交往的矛盾时，大学生一般有几种解决方式：①思考矛盾的成因以及解决方法，积极沟通解决；②简单处理矛盾，武断处理；③回避矛盾，不进行处理。

后面两种矛盾的处理方式都是消极的问题解决方式，忽视了对问题的研究和思考，以至于矛盾一直在累积，达到一个爆发点，甚至对身心造成伤害。"格物"强调发挥主观能动性，主动地思考、沟通及解决。在"格物"的指导下，人际交往能够更高质量和高水平，更理性也更健康。

（三）致良知——善良待人

善良可以产生善意，有善意方有真善美。与善良的人相处，能够感受到智慧的力量，善良的人往往有高尚的情操，心胸更加宽广，目光更加远大。与善良之人相处，不必设防，心底坦然。

王阳明强调，"诚意"需致良知，根据良知判定善恶，从善去恶。他讲："此独知处便是诚的萌芽，此处不论善念恶念，更无虚假，一是百是，一错百错，正是王霸、义利、诚伪、善恶界头。"

大学校园的人际交往，体现着善良和良知，也倡导善良和良知。善良代表有底线，有原则，不会做出损害他人的事情，这对于人际交往中的个体而言是更加有安全感的。在大学校园里，经常可以看到学生互相关心、敬重老师、尊重父母，这些都是有良知的体现。也会有部分同学是没有良知和底线思维的，体现出极端的功利心理和嫉妒心理等，这会导致同学之间互相提防，互相损害，互相拖后腿。

在人际交往过程中，个体人际信任通常是通过感知人性善良的信念或态度而后表现出来的。善良人性信念是个体对他人人性善良维度的评估和总体认知，带来的是正向的影响和积极的作用。善良人性信念可以减少隔阂感，它是人际互动和信任的前提。研究发现，善良人性信念的个体对感恩情绪的关注恰好符合社会认知对情绪优先加工的需要，从而促进个体的人际信任。善良在人际交往中的作用是巨大的，这是信任的前提，是合作的关键，只有合作才能共赢。

第四节 "诚意正心"培养大学生良好人际关系的方法与路径

通过前文的论述，我们可知，目前大学生人际关系的问题，如交往动机过于功利化、与人交往目的不纯、人际交往中缺乏主观能动性、网络交往过多等，归根结底是道德修养的问题。所以，解决目前大学生在人际关系上面临的问题，还是要从根本处，即提高大学生的道德修养上着手。在外来文化和互联网负面信息的影响下，该如何采取大学生比较容易接受的方式，引导他们坚定向善弃恶的决心，并树立正确的三观（世界观、人生观、价值观），是当代高校大学生道德教育追求的重要目标。

一 "诚意正心"儒学观提高大学生人际交往能力的方法

大学生正处于黄金时期，他们对建立良好的人际关系是非常渴望的，从良好的人际互动中能够得到自信、激励和归属感。"诚意正心"中强调的许多思想内容有利于培养大学生形成良好的人际关系。

（一）平等沟通，真诚交往

1. 平等沟通

在人际交往的过程中，人们要平等相待、互相尊重。从心理学的视角看，马斯洛认为人的需要可以划分为五个层次，尊重和被尊重是人人都有的一种心理需求。如果这种需要不能得到满足，人就会不愉快和失望，更高层次的需要也不能够得到满足。大学校园应建立起平等的对话机制，这个机制需要比较直接，能够做到真正尊重人、关心人，以促进同学之间、师生之间关系的健康持续发展、和谐发展。例如，高校可以利用假期的时间组织大学生参与到各种社会实践中，使大学生在实践活动中学会尊重他人，倾听他人的意见和建议，同时能够培养团队精神。由于网络发达，高校也可以利用网络，组织大学生进行线上的沟通交流。

2. 真诚交往

"人无信不立"，只有说到做到、诚信待人，才能取得良好的信誉，树立良好的形象。如果平时言行不一，说到做不到，或是欺骗他人，就会失信于人，这对于自身的发展来说是没有好处的，也不利于个人心理健康和人格的塑造。大学生要敢于说实话，不说假话，如果是做不到的事就不要轻易承诺，信守承诺既是做人的准则，也是人际交往的规则。大学应该培育学生诚信的精神氛围，确立诚信的精神导向。具体可以通过开展诚信主题教育班会、诚信考试、诚信讲座等，引导大学生树立诚信意识，确立诚信原则。吸取中华优秀文化中的营养成分，践行社会主义核心价值观，建立良好的社会主义人际关系。

"欲修其身者，先正其心。"《大学》云："所谓修身在正其心者，身有所忿懥，则不得其正；有所恐惧，则不得其正；有所好乐，则不得其正。"人的一生如果常被负面思想情绪左右，那么心灵自然就会发生扭曲，就必然不能冷静客观全面地审视反省自身，从而修身养性。所以，只有通过"正心"，也就是学会对个人自身情绪心理状况进行理性调节控制和自我道德规范自律，才能够真正做到"心不在焉，视而不见，听而不闻，食而不知其味"，不受其他负面社会因素的直接影响；有了坚定且正确的方向之后，不仅能够使道德修养的过程更加坚定，也不会受到社会中各种不良风气和外在物质世界的干扰，更加容易做到一心一意。就如同打仗的时候，三军有了主帅，"诚意正心"让全身充满正气，行动也更加地有驱动力。而"欲正其心者，先诚其意"，做到"诚意"的唯一方式也就是要慎独自省，能够客观正确地重新认识自己，在与自己独处的时候，也必须能够自觉主动地做到弃恶从善，使自己的个人道德修养完全出于一颗真诚善良的初心，而绝不是惺惺作态，为了达成某种不可告人的目的表演给别人看。真心真诚地与人交往，才能在人际交往中获得认可，友谊才能长久。

（二）团结互助，良好合作

"诚意正心"是一种价值导向，体现在人际交往的合作上，就是要求大学生能够在合作的时候听取他人的建议，互相关心和帮助。大学生不是孤立的，大学的生活环境使得彼此间的合作不可避免，从小组合作到宿舍生活都要求大学生彼此合作，团结互助。例如在别人午休时，应该尽量放轻动作，不打扰他人；同学需要帮助的时候主动提供帮助等。

高校要在大学生中大力倡导互助合作、团结友爱、患难与共的风尚，引导大学生正确对待利益问题，树立正确的价值观。当面对个人利益与集体利益、他人利益，短期利益和长远利益的矛盾冲突时，要冷静思考，以端正的三观处之。在生活中，要倡导大学生扶贫济困，热心参与到公益事业中，发扬团队精神，增强互助意识。因此，学校可以设立"爱心社团"和"爱心基金"，让大学生学会感恩，这样有利于促进大学生之间关系的良性互动。

与此同时，高校要更多地组织一些活动让大学生有机会进行人际合作。高校应该在落实教育教学的基础上，举办大学生喜欢的教育教学活动，例如艺术节、运动会、社团联合会等，不仅可以让大学生展示自我、提升自身能力，更重要的是可以为大学生提供更多交往和交流的机会。这会大大提高大学生参加集体活动的兴趣和积极性，这有利于大学生在人际交往的实践过程中，内化学习到的理论知识，形成各人独有的人际交往风格。另外，举办丰富多彩的文化活动，有助于师生之间形成相互关心、团结一致、体谅包容的文化交流氛围，最终促进大学生科学地进行人际交往，建立和谐的人际关系。

（三）学习人际交往方法，发挥主观能动性

"诚意正心"强调"格物"的重要性，这需要大学生发挥主观能动性，主动研究和学习。"格物"的要求是认真了解和研究，现在许多大学生对于人际关系的内涵和方法其实没有认真了解和学习过，有的学生可能会在失败的经验中不断受挫，形成人际关系上的习得性无助，因此大学生发挥主观能动性，学习人际交往的方法，科学地进行人际交往，积累成功经验是非常重要的。

大学生依靠积极努力可以提升人际交往的能力，高校要注重在日常生活中对大学生自身人格塑造能力的培养，增强他们的人格魅力，这也有利于在人际交往中提升自信。大学生要注重对人际交往技巧和方法的学习，多参加活动，这有利于同学之间的沟通交流，大学生可以趁着这些活动机会向人际关系处理得很好的同学学习，学习他人在人际交往中表现出来的优点和长处，以此不断地提升人际交往能力。

高校也可以通过开设人际关系方面的讲座、组织人际关系主题的团体辅导活动等，来提升大学生人际交往能力。同时，大学心理健康教育应该完善人际交往教学内容。设立明确的教学目标，围绕目标合理设计课程，让学生对人际交往形成正确的认识和人际交往观，引导学生学习合理实用的人际交往方法。

二　校园人际关系的调节及其方法

中小学时期，应试化教育对学生影响较大，要求较为严格，以至于多数学生忙于学习，交流不足，引起心理封闭，最终使得学生在人际关系这一问题上普遍受挫。步入大学校园后，如何认识新同学，彼此友好交流，建立新的朋友圈，是大学生除学习外面对的重要事情。由于个人交友习惯不同、处事方式不同、兴趣爱好不同，再加上青春期个性的不稳定，大学生在人际交往过程中或激动或自卑，产生各种意外问题。人际关系处理不当，则会使得大学生身心健康受到极大影响。

大学生通过学习"格物致知"来解决人际关系问题，要从塑造良好的个人形象以及善用交往技巧两个层面努力。

首先，塑造良好的个人形象，增进个人魅力，这对于与人交往，吸引他人与自己交往都是有百利而无一害的。具体方法有两种：一是提高心理素质，人与人互相结识的过程，是思想的碰撞、语言的相通、能力的匹配、知识涵养的吸引以及志趣相投的体现，某一方面的缺失都会影响到这段关系的好坏。部分大学生在人际交往中存在着社交恐惧、胆怯、羞怯、自卑、冷漠、孤独、封闭、猜疑、自傲、嫉妒等不良心理，这些心理都是人际关系差的决定性因素，因此，大学生要有意识地锻炼自己的心理素质，在与人交往的过程中，始终抱积极向上、真诚的心态。二是提高自我人格魅力，每个人都存在着与众不同的人格魅力，而人格魅力的高低，就取决于大学生本身的涵养，"腹有诗书气自华"即对人格魅力最好的诠释，在初次见面以及初次交谈后，个人的大致形象是彼此是否愿意继续交往的关键，而随着交往的深入，学识逐渐占主导地位。

其次，大学生要学会善用交际技巧。在这里主要提两种：一是换位思考，这是交朋友的首要前提，善于交往的人，通常会善于发现他人身上的美好，以真诚换真诚，将尊重放在第一位，也愿意给予他人信任，在相处过程中，对彼此产生的不同观点，可以不认可，但必须接受它的存在，以宽容大度来面对朋友的无心之失，在可能的范围内帮助他人而不是指责他人。二是善用赞扬和批评，对他人的处事方式或人格魅力不吝发乎本心的赞赏，彼此真诚的赞赏会促进友谊的升温，也会增强彼此的自信，与之对应的是批评，批评是友谊达到一定程度后才能使用的技巧，当同伴犯错时，不能将错就错或碍于情面假装不知，这是对对方的不尊重，甚至伤害到对方；一般情况下，应多赞扬彼此，减少对彼此的

批评，批评不当会破坏朋友间的人际关系，只有当大学生出发点是善意的、用到的方法是合乎实际的，才会获得正面良好的效果，最终彼此共同进步；在进行批评时要足够慎重，观察实际场合与所处环境，做到讨论事情本身而非上升到人格层次，不能因为一件事情的错误否定一个人身上所有的美好，要尽量避免打击对方的积极性，伤害到对方的自尊心，应该斟酌措辞，以真诚的态度与其交流。

第十章 "克己修身"与大学生积极心理品质

第一节 "克己修身"的含义

《大学》在开篇提出"三纲领"之后,接着就讲了实现"三纲领"的具体步骤和途径,即"八条目",且讲明了八个步骤之间的密切联系,依次顺承类推,明确指出了自身修养的方法和实现人生价值的途径。"八条目"体现了儒家德育思想的"内圣外王"之道,其中"修身"是根本。"格物""致知""诚意""正心"是"内圣"的要求,也是修身的基础,"齐家""治国""平天下"是"外王"的表现,也是修身的价值体现,并强调"壹是皆以修身为本"。

"克己修身",是中华传统文化的重要思想之一。对此,儒、道、释都进行了精辟的阐释,尽管各有差异,但都为世界通达和平与安宁的幸福之路提供了具体方法,是一种超时空、超阶级、超民族的人生大智慧。

"修身"为本,是中华民族的优良传统,它要求首先得正确对待自我,立志磨砺自我,不断提升自我;然后要与时俱进,处理好人际关系,努力求仁克己,仁民爱物,这样才能真正实现人生价值,达到天人和谐的最高精神境界。

一 "克己"的含义

"克己"出自《论语·颜渊》:"颜渊问仁。子曰:'克己复礼为仁。

一日克己复礼，天下归仁焉。为仁由己，而由人乎哉？'颜渊曰：'请问其目。'子曰：'非礼勿视，非礼勿听，非礼勿言，非礼勿动。'颜渊曰：'回虽不敏，请事斯语矣。'"

简单释义便是颜回向孔子请教怎么样才能达到"仁"这一境界，孔子便说，要努力约束自己的行为，使自己的行为符合礼的要求。如果可以真正做到这一点，那么就达到了仁这一境界。但这一境界无法靠外界的帮助来达到，而是要靠不断提升自己的心性，规范自己的行为，最终成长为合乎"仁"的要求的君子。颜回又问道，那应该怎么去做呢？孔子回答说，不符合礼的事情就不要去看，不要去听，不要去说，不要去做。颜回听后便回答说，自己虽然不够聪明，但决心按照先生的话去做。

所以我们能够看到，"克己"其实可以理解为达到自身修养品德极高的境界所采取的方法。简单来说是通过约束自己的行为，制止自己内心不正确的想法，克制自己内心不端正的念头的过程。可以理解为克己是方法论，是个人行为指导的准则，是构建内心情绪，平衡身心健康发展的辅助工具。这点对于构建大学生积极心理品质的目标有着深层次的影响。

"克"字有克胜、克服、克制之意，也有克尽所能、克尽厥职的意思。克胜、克服、克制等于说是制伏、镇压自己，是克己的消极面；但克尽所能、克尽厥职是克己的积极面。比如，《康诰》说"克明德"；《尧典》说"克明俊德"。都是说人应该尽己所能，发扬天赋美德，修得崇高德行。这是克己的积极面。

我们再来探索"修身"。"修身"二字可以说是中文特有的词语，其来自《大学》。在《大学》中，曾子还肯定了孔子的意思，说："自天子以至于庶人，壹是皆以修身为本。"意即人不论是贵为天子，或是庶民百姓，都该以修身为敬天、治事、为人、处世的根本修养。

"克己"思想就是一种内求独善其身，外求达济天下之意的思想总和。孔子曾说："一日克己复礼，天下归仁焉"，"仁"是儒家思想的一个核心。要在生活中行"仁",按孔子的说法,就要"克己复礼",因此儒家把人生分为两个部分,一是"克己修身",二是"复礼",即拥有自己的人生信仰和人生目标。人生信仰和人生目标的具体内容根据时代的发展变化而有所变化。所谓"克己修身"就是以礼仪为规范,以道德为约束,不断提升自己的文化修养。

二 "修身"的含义

何谓"修身"?"修"字有修理、修补、修读、修好、修养、修持、修炼等说法。修理、修补是"修"的消极面,而修护、修好也包含有消极的意思,唯修养、修持、修炼等才是修身的积极面。"修身"的"身",非血肉之身,乃伦理之身,即"安身立命"的"身","立身处世"的"身"。换言之,"修身"的"身"指的是人的生活和行为。"克己"的"己",正好指的也是伦理的"我"。"修身"中的"修"不是表面意思上的修整仪表,"修"的是分,即知道自己的本分,明白自己的职责。

"修身"就是在明白事情的道理,端正自己的心性,有了正确的价值观后,提升个人素质修养,提高个人能力水平的过程。格物、致知、诚意、正心在于知,是个人心理层面自我认知的过程。而修身在于行,是处于个人自我认知之后,对个人行为的强化和提升,是从心理层次转化为实际行动的过程。因为修身本质上不是一蹴而就的事情,不是说看了圣贤书,懂了大道理就能够立马达到极高的个人素质水平。一定是通过日常的行为规范,严格遵守正确的行为举止要求,通过不断地自律,让个体最终达到"仁"这一至高的素质水平。修身的实质是一个长期与自己的恶习和薄弱意志做斗争的过程,时时约束自己的身心言行,用诚心、仁爱、谦卑的情操来去除思想中的杂质,解决那些令我们轻浮、骄傲、自大、邪僻的外因、内因。"古之学者为己,今之学者为人",古人学习是为了丰富完善自身的人格,落实到一言一行中而不逾越事理,今人的学习仅仅是为了卖弄学问,与自身的人格修养毫不相干,反而令人生厌。为学过程中千万不要退却，总要好学不辍，仰慕圣贤的人格和智慧，细心考究他们为人的结局、开辟出的人生境界和留给后世的遗产。日积月累，生命的善果就会渐渐成熟，不至于华而不实，所学仅止于口谈而无实质了。

做人必须自觉地致力于提高自身价值。孔子要求"成仁"，孟子要求"取义"，这是为了实现很高的自身价值，在中国历史上也的确有很多人做到了。文天祥说"人生自古谁无死，留取丹心照汗青"，林则徐说"苟利国家生死以，岂因祸福避趋之"，他们把这种信念付诸行动，这才是实现了很高的自身价值。

司马迁说"死有重于泰山，有轻于鸿毛"。其实人活着更有"重于泰山"与"轻于鸿毛"的区别，这就是自身价值有轻有重的表现。而衡量这种价值及其实现程度，又绝不是以自我感觉为准，而是要得到社会乃至历史的评定。

提高自身价值要通过修身，修身才能使人超越原生状态，自觉追求崇高的境界。修身离不开克己，克己并不是叫人一味逆来顺受、忍让退避。要知道一切进德修业的积极行为都免不了要克服自己身上的弱点，例如见义勇为要克服怯懦之心，坚持原则要克服患得患失之心，做学问、创事业要克服怠惰之心，等等。这些都是克己的表现。

要想做到修身，首先应该做的就是正心，即心要正。怎么能知道心正不正呢？那就需要心正与心不正做对比分辨。如果心不正，那么就不能保持一种客观的、理性的、中立的态度，遇到情绪变化，就不能保证心正。

《大学》中提到四种不正的情绪态度，分别是"忿懥""恐惧""好乐""忧患"，这四种情绪态度会使心变得不正。换句话说，要想做到真正的正心修身，就不要武断而鲁莽，也不能畏首畏尾充满恐惧，更不能贪玩享乐。在《大学》中可以看到，能够使我们正常的情绪发生变化的，就是忧患、恐惧等不良的因素。因此，自始至终保持中正的态度，可以使我们去除心中的狭隘、偏执等杂念。

三 "克己"与"修身"的关系

在儒家的《大学》一书中,"自天子以至于庶人,壹是皆以修身为本"诠释了"修身"的根本含义。这句话翻译过来就是:无论是国家元首,还是平民百姓,人人都要以修养品性为根本。

通常来说,"克己"一般会与"复礼"一起使用,但是"修身"却经常被作为一个具有单独含义的词使用。《大学》的"八条目"是指"格物、致知、诚意、正心、修身、齐家、治国、平天下","修身"是其中一部分。在《大学》中,"修身"更多的是指个人的素质与修养,而不是代表某种态度或者思想。"修身"只不过是一件普通而又重要的事情,就像吃饭喝水一样。

"克己"是"修身"的关键所在,需要个体不断学习,努力提高素质与道德水平。

《大学》在开篇提出"三纲领"之后,接着就讲了实现"三纲领"的具体步骤和途径,即"八条目",且讲明了八个步骤之间的密切联系,依次顺承类推,明确指出了自身修养的方法和实现人生价值的途径。"八条目"体现了儒家德育思想的"内圣外王"之道,其中"修身"是根本。

四 "克己修身"对培育当代大学生积极心理品质的重要价值

回过头来,我们重新去看待"克己修身",其含义便不言而喻了。之所以要详细介绍这一套方法体系,根本原因在于这是新时代大学生身心健康、自我价值实现的客观需求。

大学生群体是一个开放的群体,可塑性强,潜力大,相对于其他群体在思想观念、思维方式等方面具有一定特殊性。同时,大学生正处于人格形成的关键时期,这个阶段注重培养大学生乐观、坚强、自尊、自信等积极心理品质,一方面可以有效预防大学生产生心理问题,另一方面可以为大学生身心健康发展提供必要的精神营养和支持,为大学生在日渐激烈的社会竞争中保持良好的心态奠定坚实基础，进而促进大学生自我价值的实现。

所以从积极心理学的角度来说，培养大学生的积极人格具有格外重要的意义。近些年来各地方高校教育的重点之一就是实现大学生健康发展。这就要求必须在学校层面和社会层面帮助大学生树立正确的价值观、人生观，要用积极的方法去培养大学生的积极人格，解决年轻群体的心理健康问题。深度运用手中的各类教育工具帮助大学生摆脱消极心理，挖掘自身内在的优秀品质，提升自身心理素质。这样在面对问题时候，大学生能够有足够的能力去积极解决问题，促进自身的综合发展。

在这种情况下我们一直重点阐述的儒家经典的普世观、价值观就有了存在的合理性和必然性。儒家所追求的达到最终的君子之境和我们所提倡的人生的真、善、美有着异曲同工之妙。儒家学说不朽的地方在于，除了对于价值观的树立和自我认知的判定之外，更多的是以方法的形式来告知通过什么样的方式，运用怎么样的行为，到达怎么样的道德标准，才可以定义为"仁"这一至高境界。"仁"在儒家看来也是"人"。怎么才能算一个真正意义上的"人"呢？孟子曰："乃若其情，则可以为善矣，乃所谓善也。若夫为不善，非才之罪也。恻隐之心，人皆有之；羞恶之心，人皆有之；恭敬之心，人皆有之；是非之心，人皆有之。恻隐之心，仁也；羞恶之心，义也；恭敬之心，礼也；是非之心，智也。仁义礼智，非由外铄我也，我固有之也，弗思耳矣。"所以在孟子看来，人性本善，既然为善，其品质就是不恃强凌弱，而是有恻隐之心，有仁爱之心，行为举止要合乎礼仪，待人诚恳，怀有敬畏之心，也要有明辨是非的能力，不能触犯道德良知的底线。

大学生心理产生问题的重要原因在于对事物本身没有明确的认知，也没有一套正确的成体系的判断标准去使用。通过儒家的学说，则可以很好地解决这一点。孔子的弟子子贡曾经请教孔子，问道："有一言而可以终身行之者乎？"孔子回答："其恕乎！己所不欲，勿施于人。"由此我们能够看出儒家学说一直在不停地阐述完善自身修养，使自身素质达到高层次的方法。

大学生如何解决现有情况下的自身心理问题，构建积极心理呢？总结下来不外乎四个字"克己修身"。当我们知道自身情绪波动会对周围事物产生不同的影响时，遇到外界刺激，产生强烈情绪波动时，首先要做到的便是克制自己的情绪，使自己的情绪归于平稳，冷静下来去正确看待和处理，从而让事件本身对自己和周边其他人所造成的负面影响降到最低。再换句话来说，大学生正处于不成熟走向成熟的过程中，抗拒诱惑、抵御风险、保护自身的能力并没有达到很高的水平。那么我们需要怎么做呢？很简单，克制自己内心的欲望，端正自己内心的情绪，冷静正确全面地对待事物本身。而当我们拥有了强大的内心世界，以及正确的价值观、道德观、伦理观之后，我们不是将之束之高阁，而是要让我们所学所知的正确的价值观、通彻透达的道理、健康积极的心理转化为个人修养的不断提高和个人素质的不断提高，最终成为优秀、强大、充满活力的个体。

第二节 积极心理品质的内涵及影响因素

积极心理学是一门关于美好生活的科学，是关于如何使生命更有意义的学问。积极心理学的基本假设是：人们的美好和卓越，与疾病、混乱和悲痛同样都是真实存在的。因此，积极心理学致力于研究人的积极特质和素质，如善良、好奇、团队合作、价值观、兴趣、天分、才能，致力于开发人的潜在优势与性格美德，致力于培养人的积极心理品格，以使每个人都能拥有持续的幸福，创造有意义、有价值、蓬勃发展的人生。

一 积极心理品质的内涵

"积极"源于拉丁语 positum，指"实际的""潜在的"，现在理解为"建设性的""正向的"，包含积极的个体内在动力与外显行为。其中，积极的内在动力包括积极的个性特质（个性力量、价值、兴趣、能力）与积极的主观体验（愉悦、幸福、感激、成就）。积极的外显行为体现为个体能够进行积极的自我管理、自我导向，以及具备灵活的适应性。心理品质是指一个人在认知过程、情感过程和意志过程中表现出来的稳定的心理倾向，包括智力品质、情感品质、性格品质和道德品质等方面。

1999 年，"positive personality" 的概念被希尔森（Hillson）和马德（Made）提出。2000 年，在《积极心理学导论》一书中，塞利格曼提出了"positive personal trait" 与"positive quality"。两年后，在《真实的幸福》中，塞利格曼用"positive character" 取而代之，同时，他认为美德和力量是积极心理品质的核心，积极心理品质就是不同形式所展现出来的美德。积极品质是美德的不同形式的展现。美德中包含的积极品质都有相似之处，与核心美德有关，但是彼此的含义却有所不同。积极心理学纳入积极心理品质这一研究要点，主要是对于"积极"与"品质"这两词的把握和诠释。马丁·塞利格曼在《积极心理学导论》中提出，积极心理品质由主观幸福感、乐观、快乐和自决等构成，其核心是美德和力量。

克里斯托夫（Christopher）、皮特森（Peterson）等人认为美德包括智慧与知识、勇气、爱与人性、正义、节制、灵性与超越六种，这六种美德对应 24 种积极力量或优势：好奇心、热爱学习、判断力、创造性、社会智慧、洞察力、勇敢、毅力、正直、仁慈、爱、公民精神、公平、领导力、自我控制、谨慎、谦虚、美感、感恩、希望、灵性、宽恕、幽默、热忱。

对于积极心理品质，我国心理学者主要有两种观点。一种观点认为兴趣、自豪等主观的积极体验都包含在积极心理品质内，具有持久性和积极性。另一种观点认为积极心理品质中的"积极"是和"消极"相对的一个概念，并针对两者进行比较分析。

国内学者孟万金从个体的先天潜能和后天成长环境出发，认为积极心理品质是在两者交互作用基础上形成的相对稳定、持久、积极的心理特质，是一种较为持久的、积极的情绪体验。2010年我国积极心理健康课题组对"积极心理品质"的定义是"个体在先天潜能和环境教育交互作用的基础上形成的相对稳定的正向的心理特质"。积极心理品质能够完善人的认知，对行为有着积极影响，是预防心理疾病的强大武器。

从以上分析中可以得出，积极心理品质应该满足"使学习和工作的效率和水平得到提高，主观的幸福感满意度有所上升，预防产生心理疾病"三个方面。"积极心理品质"不断被积极心理学家研究，同样，"积极心理品质"的界定也在不断发展当中。

二 大学生积极心理品质

1999年11月11日，第一次积极心理学会议在美国召开，心理学者们针对积极心理学展开了激烈讨论，明确了相关的重要问题，还对其概念做出界定。这次会议进一步明确了积极心理学未来的发展方向。2007年，众多心理学者在塞利格曼、皮特森等人的带领下，研读了大量的名人著作，如柏拉图、亚里士多德、阿奎那和孔子等。除此之外，还有众多世界名著，如《圣经》《犹太法典》《古兰经》《奥义书》等。心理学者融合了各种教派文化，如佛教、基督教、儒家和道家文化等。在这些书中，心理学者发现了两百多种美德，经过进一步的分析，在这两百多种美德中，他们提炼出了被人们普遍接受的六种公认的美德（智慧与知识、勇气、爱与人性、正义、节制、灵性与超越），这六种美德一起构成了最初的积极心理品质的概念。

青年兴则国家兴，青年强则国家强。新时代的大学生作为肩负新一代使命和责任、满载希望和力量的特殊群体，在认知、情感、意志行为方面都具有鲜明的特征。因此，新时代大学生积极心理品质是大学生个体在先天自我发展和后天物质财富得到满足，追求更高的精神财富的社会环境下形成的稳定、积极的能够使大学生坚定理想信念，练就过硬本领，勇于奉献担当，力求成为新时代中国特色社会主义建设者和接班人。

（一）大学生积极心理品质的特征

积极心理品质具有潜在性、稳定性、创造性、适应性、可塑性、开放性、包容性、普遍性与独特性等特征，可以通过实践教育活动塑造，并成为个体健康人格的一部分。

1. 潜在性

积极心理品质潜藏于个体之中，通常难以被发现和捕捉。由于个体之间的差异性和生活成长环境的不同，个体的心理品质并不直接显现出来，通常是在一定条件下，在个体与外界环境的互动过程中，以个体的思维方式和行为方式显现出来，这种互动也表明积极心理品质可以被塑造和培养。因此，在教育过程中，教育者要不断挖掘和培养大学生的积极心理品质。

2. 稳定性

积极心理品质不能短时间内就完全形成，需要很长的时间才可以。尤其是个体的心理品质，离不开长时间的环境影响，如家庭、学校、社会等环境。由于时间过长，积极心理品质一旦形成，就很难被改变，如果发生变化，会花费较长的时间。所以说，积极心理品质具有稳定性。稳定性是指积极心理品质是在先天因素和后天环境长期作用下形成的，不会因为短期或外界因素的刺激而发生明显的变化。积极心理品质的稳定性主要体现在两方面：一方面，当大学生遇到困难或挫折时，不会让自己陷入消极的情绪或状态中，而是用积极向上的态度面对困难，辩证地看待挫折，化压力为动力，勇往直前，克服阻碍；另一方面，积极心理品质对大学生的影响是持续的，在不同阶段不同环境，都会积极影响着大学生，并随着大学生内在发展和外界环境良好的熏陶使积极心理品质有更高层次的上升，不断地促进大学生的进步。

稳定性是大学生积极心理品质的一个比较显著的特点。积极心理品质不可能在短时间内就完全形成，它需要一段很长的时间才能完全形成，这个过程是缓慢的。如果想要提升或改变积极心理品质，同样需要时间的积累。但并不是说，积极心理品质是完全不会发生改变的，它也会变化，会跟随时间的推移而改变。大学生积极心理品质具有可塑性。个体的心理品质会因为环境因素和机体因素而变化。大学生的心理发育并不成熟，接触到的任何生活环境都可能成为影响他们积极心理品质发展的原因之一。但同时，对于大学生来说，在提升积极心理品质这方面，还有很大的发展空间，我们可以通过改变他们的生活环境，再加上一定的其他条件，通过一定的方法，对他们的积极心理品质产生增强的效果。但是，效果也要因人而异，不同个人的接受方式不同，感受到的情绪和情感也是不同的，最终，他们所形成的积极心理品质也会有所不同。

3. 创造性

创造性的体现在于个体形成健康的人格，健康的人格有利于大学生发挥创造力，促进自我实现。积极心理品质可以激发大学生的潜能和创造力，形成创造性思维，拥有积极向上的精神状态和积极的人格，思维活跃，善于学习和思考，当遇到困难与挫折时能够充分发挥自身的建设性力量，积极探索解决办法，不断实现自我发展。

4. 适应性

适应性是指积极心理品质可以帮助个体在自我发展和与外界环境不断相互影响、作用的过程中，积极地、及时地调整自己的状态，使自己适应环境，也可以激发个体的潜能去创造条件，通过改变环境来促进自我发展。大学生会面临多方面的困难与问题，例如学业、情感、社会交往、择业等，心理品质的强弱差异会影响大学生是否能够妥善地解决问题。拥有良好稳定心理品质的大学生可以根据实际情况及时调整自身状态与解决问题的方式，表现出积极的自我适应性，保持积极向上的心理状态。

5. 可塑性

积极心理品质在个体的发展中占据的地位是十分重要的，它有助于激发个体的潜能，提高个体的创造力。大学生在日常与人或事物接触和互动的过程中，潜在的能力会被积极心理品质激发出来，可以让他们面对挫折或困难时，也带着积极、乐观的态度，让消极转变为积极。在解决困难的过程中，大学生可以对自我及世界有更加深刻的认识。并且，大学生还可以获得更多的积极心理品质。

可塑性主要表现在两方面。一方面，大学生积极心理品质是可变的，虽然积极心理品质具有稳定性，但不代表它是一成不变的，大学生心理发展不完全成熟，外界环境的变化都会对他们的心理品质产生一定的影响。另一方面，大学生积极心理品质是可育的，积极心理学理论解释了个体本身固有的积极因素，且其可变性也说明了积极心理品质是可以通过后天良性环境的影响和良好教育培养出来的。

6. 开放性

开放性表现在两个方面。一方面，大学生积极心理品质能够使个体以开放的态度"引进来"其他良好的、积极的、能够促进个体进步和发展的因素。消极的心理品质会阻碍个体在认知、情感、意志等心理过程中的良好发展，而积极的心理品质会帮助大学生形成正确的认知，使其更加自觉地去接受和吸收对自身发展有利的元素。另一方面，积极心理品质不但有利于大学生挖掘自身潜力，增强积极力量，并且有利于大学生克服自身存在的不良心理品质，有效预防和阻止不良心理品质带来的消极影响。

7. 包容性

大学生积极心理品质的包容性主要体现在"以我为主，为我所用"。在新时代，我国经济、社会、文化等各领域都在不断发展，世界各国不同文化之间交流、融合、碰撞也更加激烈，积极心理品质使个体不断提升自身的素质和性格，积极接受和吸收其他优秀品质，摒弃对个体发展有阻碍的不良心理品质，做到求同存异，为我所用。

8. 普遍性与独特性

在教育模式上，我国的学校和家庭都存在一定的共同之处，这就导致了很大一部分学生的受教育经历和家庭成长经历具有一定的共同之处。从宏观角度来看,大学生的积极心理品质有一定的共同之处。

每一位大学生都是不同的,他们都有各自的特点与长处。受到生活环境的影响,每一位大学生的积极心理品质都会有差别。不过,只要学生是在不断完善并发展自己的积极心理品质,这些都具有积极意义。独特性表现在两个方面。一是差异性,每个大学生都是不同的、独立的个体,在不同的成长和教育环境的影响下,大学生个体形成的积极心理品质在种类、数量和程度上必然存在一定的差异性;二是独立性,大学生个体拥有越多的积极心理品质,就越会表现出思想和行动上的独立性,大学是各种思想的聚集地,面对不良思想或行为的渗透,积极心理品质能够让大学生坚定内心,不受他人和不良思想的影响,甚至能够勇敢地与外来渗透势力做斗争,独立处理事务。

(二) 积极心理品质对大学生成长的独特意义

积极心理品质是一种人格力量,它能够使个体迸发出潜在的能量,体现蓬勃的生命特征,体会生命的价值与意义。

①帮助个体形成积极的思维模式,树立乐观的生活态度。

②强化性格的力量,助力目标的达成。

③澄清与端正价值观,在有限的时间内做有意义的事情。

④激发学习与发展的兴趣,提升能力,成就自我。

⑤改掉坏习惯,完善与超越自我。

三 大学生积极心理品质的影响因素

心理健康是人类积极力量的体现,尽管积极心理学涉及许多领域,但没有哪个领域能像心理健康领域那样和积极心理学有着紧密的联系。积极心理学视角给心理健康的研究开辟了新的思路、注入了新的力量。积极心理健康的兴起也丰富着原有的心理健康教育理论,并推动着以培养和发展个体积极心理品质为核心的积极心理健康教育的发展。

（一）积极心理品质与智慧

在智慧维度的发展水平上，大学生的整体表现处于中等水平，主要有以下几个方面的问题。

在学习上，很多大学生都没有确立自己将要达到的目标。在上大学之前，升学是他们的努力方向、想到达到的目标。尤其是高中时期，他们的目标只有一个，那就是考上一所心仪的大学。所以在成功进入大学，成为一名大学生后，大学生心理上有一种放松的感觉，整个人都松懈下来。除此之外，在之前的学习阶段，学生在学校会接受老师的管理，在家里也会受到家长的监督。相对来说，大学的生活就比较自由了。因此在学习中，只能靠大学生自己约束自己，需要大学生有较强的自我管理能力。

部分大学生的兴趣不能得到专业的发展。在我国，有一个问题是大学生都必须经历的，那就是如何选择即将就读的专业。有一部分大学生不能依照自己的兴趣或者喜好选择自己的专业，而是必须听从家长或老师的意见，这样往往会导致大学生进入自己并不喜欢的专业，大部分是因为该专业的就业或者行业发展前景受到家长和老师的认可。在这种情况下，大学生很难对专业有积极性和主动性。如此一来，大学生的发展就不能朝着个性化和多样化发展，原本在兴趣上的天赋就此湮灭，甚至大学生原本的自主性和独立性也会受到严重打击，从而对学习产生厌恶心理。

在智慧与知识维度，环境这一因素对大学生产生的影响较大。由于成长的地点不同，教育方式、教育条件和教育资源等都是不同的。尤其是城市与农村两类考生之间的差异最为明显。比如北、上、广、深等一线城市的学生，会有发展得十分完善的课外兴趣小组的活动。但是，在一些经济欠发达地区连一些基本的实验条件都不具备。长此以往，学生学习的潜能就会不同。

国内现有的教育形式不利于大学生创造力的发展。在应试教育的大环境下，学生主要通过大量地做题，提高自己的学习成绩。但是，长此以往，这种单一的学习模式一定会被多方面的学习模式比下去，学生的思维和创造力也会因此受到影响。

（二）积极心理品质与智商（IQ）

显然高智商和积极心理品质并不等同。首先，心理品质的状况影响着智力活动的开展。一方面，心理上的长期和严重的不健康状态，如过度焦虑、忧愁、烦恼、抑郁、不安和愤怒，必然会带来一些身体上的不适（如高血压、神经官能症、偏头痛、胃病等）；另一方面，积极心理品质在情绪上的重要表现就是拥有积极健康的情绪、情感，这又能调节人的智力活动。其次，智力水平也会对积极心理品质产生影响。轻度智障学生比普通学生存在更多的心理健康问题，尤其在学习焦虑、对人焦虑、孤独倾向、身体症状和恐怖倾向等五个方面更为突出。主要原因是智力上的缺陷会让他们在学习以及与人交往中体会到更多受挫感和孤独感，从而影响积极心理品质。

另外，阿兰·卡尔（Alan Carr）提出，某些人可能非常有才华或用创造性的方式处理问题，这往往与他们的积极心理品质有关。但目前尚不清楚积极心理品质和其他形式的智能（比如音乐、运动智能）之间的关系。

（三）积极心理品质与情商（EQ）

情商即情绪智力商数，是美国耶鲁大学心理学教授彼得·萨洛维和新罕什布尔大学心理学教授约翰·梅耶于1990年首次提出的，它被定义为个体社会智力的一部分。1995年，美国《纽约时报》专栏作者丹尼尔·戈尔曼出版了《情绪智商》一书，把情商这一崭新研究成果介绍给大众。他是这样定义情商的："任何一个人生气是很容易的，但要对正确的人在正确的程度上、正确的时间里为了正确的事情生气却并非易事。"

情商是积极心理品质的核心。以成人、大学生，以及青少年为样本的各种实证研究结果都表明，情商高的被试出现心理问题或患心理疾病的可能性很低。尤其对青少年而言，情商的高低直接影响青少年的心理健康与身心全面发展。因为，心理和谐的前提是情绪和谐，情商高的个体能够准确地识别、评价和理解自己及他人的情绪，在面临各种情境时就可以做出正确的决策。相反，情商低的个体缺乏这种对自己和他人情绪的识别和理解能力，无法产生相应的行为应对，就会出现诸多不同程度的适应性障碍。

（四）积极心理品质与应对方式

应对方式是个体面对有压力的情境和事件时所采取的认知和行为方式。它是应激和健康的中介机制。已有研究表明：应对方式与积极心理品质有密切的关系，但是积极应对方式和消极应对方式对积极心理品质是否都存在预测作用还存在争议。应对的特质理论认为个体采取的应对策略具有跨时间跨情境的稳定性，且正是这种中等程度的稳定性对个体长期的积极心理品质产生了影响。研究者发现，应对方式可通过三种路径对个体的身心健康造成不良影响；应对可能影响神经化学反应的频率、强度、持续时间和模式；当应对方式涉及过度使用烟酒等有害物质或涉及对生命具有威胁性的活动时，将对身心健康有负面影响；某些应对方式，如否认，可能会妨碍适应性的健康行为。由此可见，应对方式对个体的心理健康水平有着不可忽略的影响，相同的应激由于不同的应对方式可以导致个体心理向不同方向发展。因此，当个体处于应激状态时，采取有效的应对方式是预防心理疾病的关键。

（五）积极心理品质与父母的教养

从依恋双方的关系上看依恋主要涉及三类：亲子依恋、同伴依恋和婚恋依恋。依恋理论认为，人都有与特殊对象建立强烈感情纽带、建立亲近和依恋行为的基本特征，而人们的情绪波动和心理障碍可以归因于对某一对象情感依恋的受阻。最近几年的一些实证研究也证实了依恋对积极心理品质是存在影响的。究其原因，鲍莱（Bowlby）认为，个体在婴幼儿期与主要照料者的密切接触中会形成对自我、重要他人及相互关系等的一种稳定认知，这种稳定的内在心理表征会通过无意识的方式影响到人际交往中的情感、情绪、认知和行为。具体而言，那些有不安全依恋关系的人,其内部工作模式会促使他们对自我和他人持有消极观念,导致自我的无助、无望,这些消极观念进而可能会影响到情绪调节和行为的产生,从而影响个体的积极心理品质。

父母对孩子的成长影响十分巨大。他们是孩子出生后就一直陪伴在孩子身边的人,在日常的生活中,通过一点一滴的相处,无形中使孩子对爱与人性有了最初、最深刻的了解。有些家长对孩子的关心爱护程度太过,造成溺爱。而另一些家长,由于各种原因,在孩子的成长阶段缺席了。这种家庭的孩子往往会渴望父母的关心和爱护。这两种极端的情况对于积极心理品质的发展与塑造都没有正面的帮助。

在学生阶段,父母和老师是学生接触最多,且最容易对学生产生影响的一类人,他们的言行举止会对学生积极心理品质的发展产生深远影响。在这个阶段,如果老师和家长以身作则,用实际行动把一些良好的品行与品质展现在学生面前,时间久了,学生自然而然也会拥有良好的品行与品质,身心健康了,各方面的发展也会共同进步。

父母使用何种教育方式非常重要。被不同教育方式教导的孩子,发展水平也是不同的。如果父母的教育方式不当,孩子很有可能失去自我控制的能力。父母是能够直接影响到孩子的人,这就需要父母学会根据孩子的心理品质发展状况,及时调整教育方法。

道德是一种社会意识形态,对于个体的言行有调节和制约的作用。如果道德水平达到一定的高度,正义感也会强,这样就不会影响到公众的利益和其他人的合法权益。如果大学生的道德水平得到提高,他们就会形成正义的良好品质。这样的人越多,在遇到某些不良行为时,就会有更多的人进行谴责,长此以往,社会上的不良风气就会慢慢减少。长期以来,对于学习,家庭和学校都是非常重视的,甚至过于重视了,从而忽略了德育方面的教育。这就导致了学生承受着巨大的学习压力,心理品质没有得到良好的发展。最终导致学生心理发展失去平衡,不利于学生的全面发展。

大学生缺少挫折教育。在童年时期,有些家长过于保护孩子,溺爱过度，但物极必反。家长对孩子成长中的方方面面都采取周密保护的措施，导致孩子在独自面对挫折与困难时，缺少勇气，会过度依赖他人，总是想寻求别人的帮助，不能够做到独立自主。这十分不利于大学生未来的发展。

大学生比较容易受到不正之风的影响。当今的社会飞速发展，人们生活幸福感大大提高，但与此同时，社会上仍然会有一些不良的社会现象存在。随着自媒体行业的爆火，各地的不良现象频频出现，这时，我们应该多关注大学生这一群体，他们的心智尚没有完全成熟，又正处于学校与社会的交接点，因此很容易受到社会不良风气的影响，对他们塑造积极心理品质产生阻碍。

家长对孩子正义品格的塑造重视程度不够。在孩子的成长过程中，家长会对孩子产生非常大的影响。如果家长具有较强的社会责任感，通过日常的一举一动，就会在无形中教育孩子，使孩子向正义的方向发展。除此之外，在孩子遇到困惑的时候，家长及时出现予以引导，培养孩子的主动性，对于孩子的身心发展有积极影响。父母不良的教育方式会制约孩子积极心理品质的发展。当前经济飞速发展，很多大学生从小就在优渥的物质环境中成长，遇到问题父母会抢先解决，把孩子当成温室里的花朵。这就导致了孩子没有同理心，无法理解、体谅他人的付出，觉得自己得到的一切都是理所应当的。如果孩子长期处于这样的环境，就会阻碍积极心理品质的发展。

虚假新闻会削弱大学生的正义感。现在有很多不良媒体为了获取关注度，没有核对新闻的真实性，或者明知报道内容有误，还宣传报道，导致人们对媒体的信任度降低，大学生的价值观和人生观也会受到影响。

社会事件导致情感逐渐冷漠。近年来，频频发生的社会事件大大提高了人们对道德感的讨论度。在这些事件中，很多行为都与仁爱和善良的优秀品质相背离，他们轻视生命，蔑视利益，毫无道德可言。在这种情况下，大学生的情感难免受到不良影响。

（六）积极心理品质与积极情绪

积极情绪近年来在国外情绪心理学研究中受到充分重视。神经科学家 J. 潘斯凯普（J. Panskepp）研究证明，消极情绪会使注意力窄化，产生只见树木不见森林的结果。而积极情绪尤其是愉悦，可以让思维模式变得更灵活、更有创造性、更完整且更有效。放眼未来，积极情绪可以增强个体对陌生人的忍耐力，提升个体的道德水平。

关于积极情绪的研究在国内外才刚刚开始，许多问题需要进一步深入探讨。积极情绪可以促进积极心理品质，随着对两者关系的深入探索，有研究表明：积极情绪能够通过个人的心理弹性、压力应对、幸福感、信任感、心理健康和身体健康等方面的资源来提高个体心理健康水平。

个体经验对于大学生积极心理品质的塑造是十分重要的。从来源上说，经验来源有两类，一类是亲身经历过的，另一类是没有亲身经历过，但是能够在观察中得到的。一般来说，成功的经验对于增强信心是很有帮助的，可以让大学生对自己未来的发展充满期待，乐观的品质也有所增加。相反，失败的经验会让大学生失去信心，沉浸在悲观的情绪中。

大学生没有较强的自我控制能力。大学生正处于青年的初期，在遇到问题时，不能够用理性的思维去处理、解决问题，不够稳重，并且具有很强的主观性。除此之外，大学生不能稳定地控制自己的情绪。大学这个阶段对于青少年塑造积极心理品质是十分重要的。积极稳定的情绪能够使大学生身心健康，向上发展；与之相反，不稳定的情绪会使大学生处于不良的、消极的氛围中，长此以往，对于大学生心理品质的发展十分不利。

大学生容易受到不良习惯的影响。目前，大学生的不良生活习惯主要体现在三个方面：第一个是作息方面，没有了老师及家长的管理与监督，大学生不能很好地安排自己的作息时间，甚至最基本的休息时间都不能保证；第二个是运动方面，大学生除了在体育课上，很少会接触到有体系、规律的训练，身体素质不升反降；第三个是饮食方面，饮食不规律，做不到健康饮食。合理的作息、规律的运动、健康的饮食可以使大学生的身体处于最佳的状态，情绪积极且稳定。如此，大学生的自我控制水平也会有所上升。

第三节　"克己修身"构建大学生积极心理品质的方法与路径

积极的心理品质是儒家文化的精髓，时至今日，这些心理品质对华夏子孙的未来发展仍然起着重要作用。西方积极心理学侧重研究人类的发展潜力和美德。西方积极心理学研究的积极心理品质与儒家文化提倡的积极品质高度契合。

中华文化有着几千年的历史，从古至今，对于良好品质的研究从未停止。有关良好心理品质的论述古已有之，中国传统文化之中，儒家思想对中华文化影响最为深远，培养美德是儒家学说的核心，最重要的五种美德分别是"仁""义""礼""智""信"，"仁"即爱心、善良，"义"即责任、正义，"礼"则指对他人有礼有节、谦逊与自制，"智"则表示智慧与知识，"信"则指诚信与忠诚。道家对于"道"的平衡与和谐的解释，提倡朴实的、诚实的生活。中国传统文化中"天行健，君子以自强不息""己所不欲，勿施于人""慎独""修身"等都体现着积极品质。所以说，中国传统文化中的积极因素，虽然没有用"积极心理品质"这一概念去约束与规范，但已经深入人心，影响着国人心理品质的发展，这些均为大学生积极心理品质的培养提供了本土化的支撑。

一　新时代大学生积极心理品质现状分析

（一）大学生认知存在偏差

从统计结果来看，大学生认知偏差主要表现在绝对化、过分概括化、灾难性思维三个方面。绝对化就是非此即彼、非黑即白的思维方式，它缺乏弹性，没有看到黑白之间还有无数种灰度的可能，通常和"必须""应该"等词联系在一起，是缺乏安全感，不能接受变化的固化思维的体现，这主要是由过于简单化的高度概括和视野狭隘所致。过分概括化是一种以偏概全的不合理思维方式，往往以自己做某一件事的结果来评价自己或他人的价值，其结果是常常会导致自责自罪，自卑自弃，过于追求完美，无法容忍犯错，不能接纳自身缺点，同时将这种认知方式外延至他人，这种认知方式不利于大学生客观地评价自身，也不利于大学生建立良好的人际关系。灾难性思维就是将事情的后果灾难化，无限夸大事情的危害性和严重性，会导致个体陷入极端的不良情绪体验，不能辩证地认识事情的积极方面。以上认知偏差的形成既与大学生心理发展规律有关，也与家庭和学校、社会环境因素的影响密不可分。

（二）大学生负面情绪较多

大学生负面情绪表现主要有情绪不稳、情绪反应强烈、对消极情绪的调适能力欠缺等。大学生正处于青春期后期，人生阅历尚浅，自我意识仍处于发展过程中，对情绪的管理控制能力较差，情绪易受情景影响，导致情绪波动较大，不够稳定。同时，受大学期间就业、学业、情感、人际关系等问题困扰以及中学、家庭环境的综合影响，易浮躁不安，多烦恼和焦虑，特别是在突发的消极事件面前，情绪反应过强过激，易怒易冲动，易产生攻击性行为。另外，大学生面对当前日益激烈的竞争或者自身无法有效解决的矛盾时，缺乏向社会支持系统的求助意识，容易让自己陷入孤立无援的境地，从而产生抑郁、悲观、绝望等情绪。

（三）大学生意志较为薄弱

当代大学生意志品质薄弱主要表现为追求理想的毅力不够坚定、面对挫折的承受能力不强、自制力不强等。大学生富有理想抱负，但是在追求和实现理想抱负的过程中，容易被外界环境和事件影响，遇到困难容易产生畏难情绪，不能坚持，易选择放弃，缺乏坚定的毅力和顽强拼搏的精神。大学生意志薄弱虽然与个体差异有关系，但其产生的主要原因是自小家长、老师缺乏对孩子意志力、专注力的培养，对孩子应该自己完成的事情常常越俎代庖、过度包办，加上中小学教育侧重应试，过度开发孩子智力，忽略了学生综合素质培养。

（四）大学生学习动机不强

学习是大学生的主要任务，学习动机的强弱直接影响大学生活的质量。调查显示，大学生学习动力不足，学习自主性不高，学习热情、学习毅力偏低。由于我国社会经济的迅猛发展，人们的物质生活越来越富裕，大学生自小生活环境相对优越，加上我国独生子女政策的实施，在比较长的时间里，很多家庭只有一个孩子，父母以及祖辈又经历过长期的物资极度匮乏的时期，对于孩子有严重的物质过度补偿心理，出现了集全家物质力量于孩子一身的现象。孩子自小没有形成吃苦耐劳的优秀品质，导致学习上一遇到困难就逃避，在中学时期家长和老师一边推一边拉，孩子在中间顺势前行，不需要考虑为什么而学，学习书本知识的应试需求也没有让中学生考虑为何而学，大学是需要大学生发挥主观能动性的时期，但他们不知道为什么而学，动力不足，迷茫彷徨，于是用电子产品麻痹自己的现象比较严重。

（五）大学生人格发展不够健全

人格是一个人的灵魂、内涵、素养和精神气质。大学生人格发展不够健全主要表现在空虚懒散、自我中心、情绪极端。目前一部分大学生感觉无聊、空虚、懒散、被动，没有明确的目标或目标太低，缺乏对人生价值和意义的深入思考，生命意识缺乏，从而出现生活学习缺乏主动性和创造性的现象。同时，大学生比较敏感多疑，以自我为中心，习惯于把失败和责任归于他人，自私自利，缺乏责任感，缺乏处理个人与他人、个人与社会、个人与国家之间的利益冲突的统筹思维。

二 《大学》对构建大学生积极心理品质的启示

《大学》开篇指出了构建大学生积极心理品质的目标："大学之道，在明明德，在亲民，在止于至善。"

先来看第一部分"明明德"。《大学》十分重视社会个体的道德修养，它强调作为一个社会人必须内外兼修，达到"内圣外王"的境界。"明明德"就是要求人们追求和弘扬光明正大的道德，通过内修外炼，使自己内心彻底明了，恢复善的本质。作为大学生就应具有本性良知，做一个具有仁爱之心、心性光明的人。

《大学》里《康诰》中"克明德"，可译为"人人都应弘扬光明正大的品德"；《尧典》中"克明俊德"，可译为"发扬崇高的品德"。这些都是要求人们崇尚美好品德，弘扬光明正大的德行，做人要注重道德修养。要求举贤荐能，坚持以德为先的原则，上到国君，下到普通百姓，都应该把品德修养放在第一位，道德品质修养是根本，如果乱了根本，想达到"齐家、治国、平天下"的目的是不可能的。可见《大学》把个人道德修养放在首位，德是修身之本。

第二部分"亲民"，朱熹把它理解为"新民"，就是要不断地自我更新，人们应该弃旧图新。《康诰》曰"作新民"，汤之《盘铭》曰"苟日新，日日新，又日新"，《诗》曰"周虽旧邦，其命惟新"，就是要鼓励人们不断自我更新，激发人们焕发新风貌，不断自我完善，做一个品德高尚的人，与时俱进，这样才能合天理、顺民意、明是非、辨善恶，才能达到一种至善的境界。

第三部分"止于至善"，就是要不断地追求一种完美的"至善"的道德境界。如何做到至善呢？《诗》云："如切如磋，如琢如磨"，意思是说，追求学问、修养美德，就像加工骨器和玉石一样，不断地反复雕琢、打磨。即不断凝练和完善自己的品格。

"止于至善"，关键在于不断地完善自己的道德境界，只有道德境界提高了，才能自觉地做到"亲民"。"止于至善"和"亲民"也是"明明德"的具体体现。

新时代大学生积极心理品质是大学生个体在先天自我发展和后天物质财富得到满足，追求更多的精神财富的社会环境下形成的稳定、积极的能够使大学生勇于奉献担当、追求自我价值、不断自我提升的心理特质。我们对于理论知识的探究最终是为了指导实践，对于大学生积极心理品质培养的理论支撑、背景、原则、内容等的研究最终是为了找到适合当前时代背景、适合我国教育现状、适合当代大学生心理发展的大学生积极心理品质培养的路径。基于我国的教育现状，在积极心理学视阈下，在培养大学生心理品质的实践中，高校思想政治教育仍然应居于主导地位，同时应依据积极心理学的理论与方法促进大学生积极心理品质自我建构，并形成家庭、学校、社会积极的整体环境与氛围。目前中国国内新变化、新发展、新时代的特点，也对当代大学生提出了新的、更高的要求，要求新时代的大学生肩负起实现中华民族伟大复兴的责任与使命，促使自己的思想、心理健康水平和能力不断提升。

如何帮助新时代大学生走上培育积极心理品质的正确道路呢？

（一）对大学生自身的启示

首先在于促进大学生积极心理品质的自我建构。一般来讲大学生积极心理品质的自我建构包括积极的自我认知、积极的情绪体验、积极的意志品质和积极的行为养成。只有通过多方联动、相互协调、相互作用，才能形成大学生积极心理品质培育的最大优势。

1. 积极的自我认知

要正确地对待自我，首先必须认识自我，走出自我盲区，进入自我明察之中。但有的人总是自我感觉特别良好，经常沉醉在自恋、自赏里，总是将别人当面的恭维、逢迎、捧场视为全部的评价，因而自满自足、自高自大、不可一世、颐指气使，根本不能正确对待自己，这是一个极端。另一种则是自卑、自我鄙视、自惭形秽，总是认为自己处处不如别人，因而消极悲观，彷徨苦闷，畏缩不前，这同样是不能正确对待自我，错误在于不知自我潜在的能力。这两个极端我们都要抛弃。只有正确对待自我，只有正确处理好人与自我的关系，才不会影响自我判断，才会从"自恋""自赏"中猛醒，从"自卑""自我贬低"中奋起，积极地去自我开拓，使我们不枉为人，不虚度一生。大学生积极的自我认知源于正确认识、自省、悦纳、欣赏自我。大学生可以在他人评价、与他人对比、检查自身行为的过程中认识、接受、把握、完善自我，并制定前进目标，培养自控力。

2. 积极的情绪体验

大学生积极的情绪体验需要调动学生的主观能动性。大学生可以通过合理宣泄（或倾诉、写作、哭泣）、转移替代、调节呼吸、想象、自我暗示、体育锻炼等方法进行自我放松练习，使自己重拾信心与勇气。

3. 积极的意志品质

在挫折、激励和实践活动中培养大学生积极的意志品质。大学生要正确看待挫折，把挫折看作成功路上的垫脚石和敲门砖，不被其吓倒、压垮。同时，大学生可以运用多种激励方法激发自己的需求动机，提高自己的意志水平。

孔子成为千古圣人，就源于他能在逆境中奋起，他一生艰苦奋斗，周游列国，颠沛流离，困厄万端，但他却苦苦追求，乐此不疲。颜回箪食瓢饮，穷居陋巷也乐在其中。说实在的，这些事本身是毫无乐处可言的，但孔子、颜回却能在艰难困苦中积极进取，努力奋斗，有所作为，化解了身处逆境和物质匮乏所造成的困扰，体会到了一种理性的愉悦。这就是我国传统文化中广为传颂的"孔颜乐处"。这种快乐源于扬弃了外物之累，超越了外驰之心，体认到了个体自身的内在完善，是真善美高度统一的、自由人格的具体体现。

4. 积极的行为养成

大学生积极的行为养成有赖于家庭、学校、社会的合力，有赖于大学生个人知、情、意等积极心理品质的综合促成。"天行健，君子以自强不息。"这是中国人积极人生态度最集中的理论概括和价值提炼，也是人类在认识自我之后首先要建立的安身立命之说。孔子曾说："三军可夺帅也，匹夫不可夺志也。"又说："刚毅木讷近仁。"在孔子看来，作为人，特别是青年人，首先得立志，要有历史的责任感和时代的使命感，努力效法天体运行，健动不止，刚毅有为，为实现崇高理想而不懈奋斗。

（二）对高校德育工作的启示

习近平总书记在高校思想政治工作的讲话中指出："要坚持把立德树人作为中心环节，把思想政治工作贯穿教育教学全过程。"① 这就要求高校德育把学生个人品德教育放在重要地位，这一要求与《大学》中德育理念有紧密联系。《大学》之道强调以修身为本，把修身作为一种精神追求，这与我们加强大学生思想道德建设意蕴相通。"所谓修身在正其心者"，通过修身达到诚意正心的良好道德境界。在当前形势下，把《大学》之道融入高校德育之中，加强学生自身修养，提高学生精神境界，用优秀的传统文化引导当代大学生坚持正确的价值取向，有利于增强高校思想政治教育工作的实效，对于弘扬社会主义核心价值观，增强民族文化自信，构筑中华民族共同精神家园具有十分重要的意义。

1. 制定具有层次性、衔接性的德育目标

高校作为培养国家人才的重要场地，要肩负起全方位育人、全员育人等工作职责。高校的思想政治教育是一个长期性的工作，要将学生培养成为德智体美劳全面发展的社会主义事业建设者。这样的发展定位与《大学》中所指向的真善美的德育目标具有高度的一致性。因此在优秀的传统文化中发掘现代德育的价值也是促进当代大学生践行社会主义核心价值观的重要途径之一。

2. 融入责任担当、道德情怀的教育内容

"齐家、治国、平天下"是《大学》最高的理想追求，也是一种道德情怀的表达。道德情怀是一种心怀家国天下的强大精神力量。将这种理想追求、责任担当的道德情怀融入德育内容中，既关注大学生个体的生命成长、个体尊严与价值意义，又将大学生长期的发展与社会和国家的发展相结合。《大学》及中国传统文化中对人才的培养理念，充满了对道德情操、社会责任、伦理关怀等人文气息的追求，这也是我们当下高校德育工作者，特别是思想政治理论课教师应当思考的地方。

---

① 《习近平谈治国理政》第二卷，外文出版社，2017，第 376 页。

3. 提高德育方法的实效性

首先德育要落实到生活,贴近生活。要通过一定的实践锻炼使教育对象将灌输内容内化于心,外化于行。从《大学》中折射出来的人的情感以及认识论等相关问题中可以看出,现阶段我国的德育目标不仅要引导大学生理性地去认识外在的客观世界,同时也要发挥情感教育的能动性。其次,要以身边的榜样力量去感化大学生,帮助他们在青年阶段树立正确的人生观和价值观,坚守自我,不断追求更高的理想,成为"仰不愧于天,俯不怍于人"的新时代青年。榜样教育法是《大学》中非常重要的一个教育方法,它能够通过生动、形象、具体的身边人或身边事,潜移默化地影响每一个人。

4. 将中华优秀传统文化列入教学体系

传统文化和美德是一个国家和民族的灵魂,可丰富高校大学生精神生活,提高综合素质,促进全面发展。对大学生加强传统文化教育,有利于增强民族文化自信和文化认同感,抵御不良文化的侵蚀。在传统文化中挖掘高校德育工作的资源,并将其进行创造性转化,增强高校德育工作的吸引力。

从完美的道德品质中,我们可以提取出积极心理品质,但不能说积极心理品质等同于完美的道德。道德品质除了包括自身的美好品质,更多的是对他人的贡献与价值。浅层的积极心理品质是指个体自身向积极美好的方面发展,后逐渐上升为个体对社会或者国家的贡献。

"大学之道,在明明德,在亲民,在止于至善。"《大学》在文章的开头就指出了自我教育的目的、任务和要求,也是对儒家"内外兼修,修己治人"思想的概括。明白能够彰显人内心的美好品德,并且将这种品德发挥出应有的价值,这是培育大学生的目标。培养大学生积极心理品质最终的目标不仅仅是个体拥有良好的德行,还要让他们学会推己及人,将自己所获得的积极心理品质传播给更多的人。只有人人都具备了不断进行自我教育的能力,社会、国家才能够安稳和平。

《大学》中的"古之欲明明德于天下者,先治其国;欲治其国者,先齐其家；欲齐其家者，先修其身"和"自天子以至于庶人，壹是皆以修身为本"都指明先修自身，"修身"是儒家的根本思想，人要不断地修正自己，不断提高自身的道德修养，培养道德品质，进而才能做到"齐家、治国、平天下"。

"克己修身"是一个过程，包括自我反省、自我改造、自我升华和自我超越。所以培养大学生积极心理品质时，需要从学生出发，以学生为主体，坚持可持续发展。其间，要根据情况不断调整培养方法，这样才能保证真实有效。

培养大学生积极心理品质需要各方面积极配合，是一项持久共同的工作。其中，不仅需要依靠心理学的相关理念，还需要遵循以下原则。

第一，培养大学生积极心理品质要坚持以学生为根本。在培养大学生积极心理品质的过程中，需要双方共同参与其中，分别是教育者和被教育者。在培养的过程中，要充分尊重大学生的主体地位、思维方式及行为特点，要结合实际，发挥大学生的主观能动性，自始至终做到以学生为本。具体包括以下几点内容。

首先，每个大学生都是独立的个体，都具有独特的心理品质。要培育大学生的心理品质，就要对他们内心中蕴含的品质进行合理的改造。在改造的过程中，我们充分尊重每个大学生心理品质的独特性，基于主体原则，从个体出发，充分发挥个体心理品质中独特的部分，将优势部分发挥出最大的能量。

其次，对于大学生的心理品质要持积极的态度。由于成长环境、人生阅历的不同，大学生的心理品质必然是不同的，除了积极心理品质之外，还会有一些消极心理品质，这是不可避免的。我们要认识到大学生的潜在发展空间，用积极的态度看待，鼓励大学生克服心理上的弱点，以此帮助他们将消极转化为积极，让他们拥有更多的积极心理品质。

最后，给大学生更多的发展空间，充分发挥主观能动性。现在社会飞速发展，科技更新迭代非常快，大学生身处信息变化的前沿，对事物有独特的见解。我们应该对大学生的特点进行引导，充分调动他们的主观能动性，使积极心理品质能够充分健康地发展。

第二，培养大学生积极心理品质时要善于将劣势转化为优势。在培养大学生积极心理品质时，不要只看到大学生的优势，要多想一想如何根据大学生的自身特点，将劣势转化为优势。如果一味地关注积极的心理品质，就会打击大学生接受教育的积极性，甚至产生排斥的心理，完全不能达到想要的目标。

每个人生来都具备积极的因素，我们要从积极的角度，找出处于劣势中的优势部分，充分发掘出大学生的潜力，发现大学生的闪光点。

第三，培养大学生积极心理品质时要从多角度出发，做到全面发展。学生从小接受的教育就是要全面发展，学校实行的是素质教育。在重视考试与成绩的同时，也不能忽略学生道德方面的教育。培养学生积极心理品质日益占据教育的重要位置。在培养大学生积极心理品质的过程中，要坚持发展的原则与培养大学生全面发展的目标，让大学生的积极心理品质能多角度全面发展。并且，全程要用发展的眼光看待大学生的状况，千万不要局限于一段时期，否则将会限制大学生积极心理品质的发展。

大学生积极心理品质的发展是一个不断变化的过程，因为每个大学生的自身情况都不同，如年龄、教育经历、家庭状况等，应充分考虑所有的影响因素，不能轻易、武断地做出决定。结合大学生的发展趋势和自身潜力，帮助大学生多维度地发展积极心理品质。

第四，培养大学生积极心理品质要系统地进行。培养积极心理品质不是简单地叠加几个积极的品质，而是要系统地看待，由内在因素和外在因素结合成一个有机的整体，每个因素既相互制约，又相互促进。

内在因素有"知""情""意"。"知"是指认知。认知有正反两面，一面是正确、合理的，另一面是错误、不合理的。在培养大学生积极心理品质时，首先应该让学生知道什么是正确的，什么是错误的，形成合理的认知，能够客观地进行自我分析，对自己未来的发展趋势能够合理预测，结合目前的情况，进一步完善积极心理品质。"情"是指情绪。在培养积极心理品质时，我们往往会比较容易忽略情绪这个环节。情绪变化是一种直观的感受，积极的情绪体验能带来正面的推动效果。"意"是指意志。拥有意志，可以坚定心中的想法，在构建积极心理品质或者消除消极心理品质时，都是不可或缺的因素。具有坚定的意识的人，往往能够更快建立积极的心理品质。

"行"是外在因素，是指行为。在内在因素"知""情""意"累积到一定的程度时，"行"就会体现出来，这也是人们最能直观感受到的。

只要提到品质，就离不开"知""情""意""行"这四要素，在培养大学生积极心理品质时，要从整体来看，按照发展规律做好阶段与阶段之间的衔接。

5. 营造积极的家庭氛围

家庭是学生最早接触的一种环境，长期处在充满爱意的环境中，对于培养学生的积极心理品质具有很重要的意义。在充满爱的家庭中，充满了各种各样的积极因素，学生的自信、感恩、创造力等美好品质都会在这个环境中显现。建立好的家庭文化，应该做到以下几点。

首先，注重亲子之间的和谐关系。亲子关系是学生接触到的第一个人际关系，和谐的亲子关系可以为学生后来的发展奠定坚实的基础。

其次，树立积极的教育理念。在家庭环境中，教育孩子不能完全使用传统教育理念，从而忽视孩子心理发展情况。家长应该多与孩子沟通交流，及时了解孩子内心的困惑，给予开导和支持。

最后，家长要起到榜样的作用。在家庭教育中，家长的一言一行都会对孩子产生影响，家长应该注重这一点，在孩子面前起到榜样的作用。

6. 营造良好的社会环境

社会环境具有复杂性，会在无形中对大学生积极心理品质的塑造产生影响，这一点往往会被忽视。大学生积极心理品质的培养，离不开社会的支持。

社会应该具有包容性，能够看到大学生的优势与闪光点，还要注重传播的力量，加强正能量的传播，构建积极向上的社会氛围。可以提供更多的实践平台，使大学生发挥自身所学，帮助更多需要帮助的人，增强社会责任意识。

结　语

新时代的大学生风华正茂、积极向上、锐意进取。毋庸置疑，很大一部分大学生存在不同程度的社会价值意识缺失、文化滑坡、社会责任意识淡薄和低道德素养问题，甚至违反职业道德、不文明的事情也时有发生。如果通过现象去剖析背后的问题，其实很大的问题就是当代大学生不够注重自身的精神境界培养。"大学之道"既突出了修养在个人成长发展过程中的基础性意义，也时刻警醒着准备跨越"红线"的大学生，对当代大学生的心理发展具有很强的针对性。《大学》是一部经久不衰的经典，它就像是迷途中缓缓而来的希望，微弱无比的同时又光芒万丈，始终高悬于社会的脊梁之上；它是历史的见证者与记录者，将古代圣贤的思想以及精神记录在册，经过时间的洗涤，留下来的都是正确且有深度的文化，它们以充满智慧的姿态展现在世人面前。《大学》蕴含的思想是多维度的、极其高深的、极具现实意义的，它的神韵及魅力至今仍然令人心神俱往。

"物有本末，事有终始，知所先后，则近道矣。"万事万物的发生都是有因才有果的，只有先了解了事情的来龙去脉，才能知晓事情的轻重缓急，最后达到至高的"大道"境界。知晓始终，可以帮助人们更清楚地了解自己所走过的道路，在这个利欲熏心的时代，许多人已经慢慢丢失了本心，或者本末倒置，妄图一夜暴富，抑或妄想一步登天。千万不要再去取笑他人，或许我们本身的思维中的许多地方已经受到了太多外在的干扰，导致自身的思维轨迹出现了偏差，当自己看到端倪后，不妨再去读一读《大学》，感悟先哲的思想，让自我的心灵平静下来，重新回到当年最纯真的自己。

《大学》里有这样一个词——"知止"，对于大学生而言，"知止"是必须理解的一个概念，每个人的心中对自己的定位都是不同的，想要实现的理想抱负也有所不同。当一个人的心中有了理想与抱负，就会产生强大的意志力，自发地为此付出努力，朝着既定的理想大步向前。追求理想固然是美好的，但是，《大学》中提出的建议是"知止而后有定"，在大学生前行的整个旅途中，自己必须知道在某些方面适可而止，因为资源是无限的，权利、金钱、诱惑都是无限的，追求永无止境，人的贪欲也是永无止境的，但是大学生所能控制的时间是有限的，旺盛的精力也是有限的，自身所拥有的力量与之相比更是微不足道的。所以，大学生的心理需要受到教育的引导，当自己的追求到达一定高度后，适当放空自己，给自己一点休息的时间，而不是非要将自己的追求定至高不可攀，以无意义的重复劳动去奢求奇迹的出现。

大学之道，首重"明明德"，将明白道理、修习德行放在第一位，启示大学应该注重对大学生品性的培养。大学生要主动学习诸多典籍，明晰究竟何为良好的品德。孟子曾明确提出明德的"四端说"：善良与否的恻隐之心、道德与否的羞恶之心、谦恭与否的辞让之心、明理与否的是非之心。作为当代大学生，要时刻自查自省：自己是否真的理解了道与德的意义？当自己对他人不道德的行为表示不耻时，是否关注到了自己的不作为？所以大学生要建立自身科学且道德的思想、积极的生活方式、正确的价值理念。一个大学生在自己不断成长进步的过程中，需要积极关注别人的行为、社会的改变，并注重推己及人，以形成良好的人际交往环境，同时也要有强烈的社会责任心，并积极地为别人的幸福成长和社会的良性发展奉献自身，以彰显自身的社会价值观。大学生也应该明白自己是作为社会个体存在的，"事不关己，高高挂起"从来都不是一个合格大学生应有的表现。要充分意识到，自我价值需要以社会为媒介才能得以实现，即儒家思想中的"齐家、治国、平天下"。大学生应树立远大的目标，将个人理想和成就与周围环境，甚至与时代要求紧密联系，从而实现人生价值。

"止于至善"是修行"知止"的最高标准，对自己追求目标道路上的落脚点有明确的界限，即在人生旅途中，根据自身实际情况去规划理想，合理运用自身能力，努力达成既定目标，这才是充满意义的人生，而不是随大流，在物欲横流的世界里迷失自我。现实中，诸多大学生贪图享受，在网络世界里放飞自我、在现实世界里吃喝玩乐，最终荒废学业、碌碌无为，这正是自身欲望无止境的表现，没有目标、没有动力、无所事事，离"至善"的境界越来越远。所以，大学生作为国家教育人才的体现，首先要确立近在眼前的大学生活中的目标，其次确定自己人生中最后需要达到的最高目标，同时做到躬身实践，真正将学习作为生活必需品，坚持不懈，做到尽善尽美，切实提高自我。同样，"知其所止"也为大学生树立了生活中的标准，当面临各类繁杂挑战时，要坚守道德底线，绝不能有半点逾矩。

"格物致知"，最终目的是充分发挥自己的认知能力，深入地了解一切，在淋漓尽致地探索事物真相的过程中，避开大多数的障碍。这一点对于大学生来说尤为重要，但诸多大学生往往会觉得自己在大学中接受道德教育，对道德修养和思想认识能力等层面的提升并没有太大作用。这正是因为大学生还不能真正从根本上认识已经了解到的东西，只能浅尝辄止，还不能进行更加深刻全面的认识和实践，这就要求大学生必须摆脱传统思想与说教的桎梏，主动参与校园和社区的各类有价值的社会实践活动，在不断的实践中总结，从而进一步提升思想认识能力，认识自己、认识世界。人贵有格物致知精神，大学生全面发展更需要重视。

"诚意正心"对世人的基本要求就是拒绝欺骗。由此可见，"诚心"从古至今都是世人推崇的道德品质的一种。作为当代大学生，学习未必能顺心如意，但做人一定要求"真"，对人对物都不要带有欺骗性，与人交往要讲究真诚，办事一丝不苟，不凭空妄想，不眼高手低，遵从事情的本质法则，如此方可有成就。但现在部分大学生在心性上缺乏自信，缺乏自信的根源就在于对自己不负责，遇事总是抱有过得去就行的态度，以至于真正面临突发情况时，只能通过猜测与臆想去做出反应，从而忽视了问题的根源在于无知。思想不端正，做事的方式很快就会出现偏差，也就不会获得良好的结果。"诚意正心"是德行修养的基础，是现代社会人际交往中必不可少的美德，也是大学生自我修养的一个重要部分。

"克己修身"在道德教育方面首屈一指，在社会教化方面则是循循善诱。在儒家看来，修身是一个人成为"圣人"的起点，也是提高个人能力、保持家庭与社会和谐，甚至实现治国能力的基础。作为当代大学生，修身是必不可少的环节，要做到时时纠察自身，才能少犯错甚至不犯错，展现出中国年轻人的道德素养与精神面貌。随着社会不断发展、生活水平不断提高，人们无穷无尽的欲望也难以得到满足，而"克己修身"则是抑制欲望泛滥不可多得的良药。

结合全书，"大学之道"作为"初学入德之门"，内容极为充实，通读《大学》，理解其蕴含的深意，对大学生的三观形成有积极的引导作用。《大学》蕴含的"道"，以德行修业为基础，因其底蕴深厚的儒家智慧、源远流长的人文情怀，为人们构建起一种和谐社会所接受的价值观和实现路径。

参考文献

阿不都热西提·阿不都热依木、刘剑：《大学生人际交往现状及对策探讨》，《教育教学论坛》2021 年第 17 期。

白光霁：《中华优秀传统文化与地方高校大学生心理健康教育》，《华夏文化》2021 年第 4 期。

陈晨捷、李琳：《"仁"与祖先祭祀：论"仁"字古义及孔子对仁道之创发》，《东岳论丛》2021 年第 4 期。

陈晓蕾、单常艳、田云平：《当代大学生身心发展特点和规律》，《科教导刊》2011 年第 3 期。

陈延斌：《传统家训修德教化：内涵、路径及其借鉴》，《甘肃社会科学》2023 年第 2 期。

崔丽伟、李文婷：《大学生人际交往的特点及引起的心理障碍》，《鞍山师范学院学报》2004 年第 4 期。

《大学》，中华书局，2006。

杜维明：《仁与修身：儒家思想论集》，生活·读书·新知三联书店，2013。

杜维明：《儒家传统与文明对话》，彭国翔译，河北人民出版社，2007。

方朝晖：《〈中庸〉是关于中庸的吗?》，《孔子研究》2021 年第 5 期。

冯友兰：《中国哲学史》（上），华东师范大学出版社，2000。

傅小兰、张侃主编《中国国民心理健康发展报告（2019～2020）》，社会科学文献出版社，2021。

高芳芳：《中华优秀传统文化融入大学生心理健康教育探究》，《中国民族博览》2021年第16期。

高运：《就业压力背景下大学生就业心理问题及对策研究》，《大众标准化》2021年第8期。

葛枭语、侯玉波：《君子不忧不惧：君子人格与心理健康——自我控制与真实性的链式中介》，《心理学报》2021年第4期。

顾晓鸣：《论"象"在文化理论中的意义》，《复旦学报》（社会科学版）1986年第5期。

郭矩铭：《朱熹注解"明德"的思路与意义》，《广西大学学报》（哲学社会科学版）2021年第3期。

国智丹：《传统文化引入大学生心理健康教育路径研究》，《湖北开放职业学院学报》2021年第8期。

韩星：《仁道：多元文明对话的价值基础》，《人民论坛·学术前言》2022年第21期。

洪谦主编《西方现代资产阶级哲学论著选辑》，商务印书馆，1982。

黄存良：《中国传统文化对当代大学生心理健康的介入与治理》，《社会科学家》2020年第1期。

黄希庭：《人格研究中的一些辩证关系》，《西南大学学报》（社会科学版）2011年第1期。

黄希庭、郑涌、李宏翰：《学生健全人格养成教育的心理学观点》，《广西师范大学学报》（哲学社会科学版）2006年第3期。

雷震：《中国传统儒家伦理的逻辑》，博士学位论文，黑龙江大学，2011年。

李承贵：《"心即理"的奥义》，《社会科学战线》2021年第10期。

李金德、刘惠珍：《中国大学生应对方式与心理健康关系的Meta分析》，《中国健康心理学杂志》2013年第2期。

李立霞：《新时代大学生心理健康教育问题及解决策略》，《心理月刊》2021年第9期。

《梁漱溟全集》（第四卷），山东人民出版社，2005。

廖友国、何伟、吴真真：《中国大学生心理健康影响因素的元分析》，
《扬州大学学报》（高教研究版）2017年第5期。

林崇德、李庆安：《青少年期身心发展特点》，《北京师范大学学报》
（社会科学版）2005年第1期。

刘复兴：《教育政策价值分析的三维模式》，《教育研究》2002年第
4期。

刘海骅、李冀：《大学生宿舍人际冲突类型及应对方式的实证研究》，
《北京教育》（高教版）2013年第6期。

刘星光：《大学生人格特征与宿舍人际关系的相关研究》，硕士学位论
文，青海师范大学，2013。

刘义林：《综合积极情绪疗法及案例集》，清华大学出版社，2017。

吕坤维：《中国人的情感：文化心理学阐释》，谢中垚译，北京师范大
学出版社，2020。

《论语》，中华书局，2007。

麻彦坤：《奥尔波特人格理论述评》，《心理学探新》1989年第3期。

马爱菊：《君子证成：曾子"慎独"思想辨析》，《孔子研究》2023年
第1期。

马富春：《高校大学生人际交往存在的问题及解决对策》，《国际公关》
2021年第3期。

马军海、胡海波：《儒家的修身传统及其精神价值》，《广西社会科学》
2014年第10期。

牟善英：《中国传统文化在大学生心理健康教育中的价值与积极作用》，
《高教学刊》2019年第9期。

聂晶：《学业拖延的影响因素研究：个人特质还是环境因素？》，《北大
青年研究》2018年第1期。

宁静贤：《以修身为本的教化哲学——〈大学〉"亲民"说证真及其思
想价值解读》，《教育学报》2022年第6期。

彭菊花：《天人合一的宇宙观及其时代价值》，《湖北大学学报》（哲学

社会科学版）2023 年第 1 期。

乔纳森·布朗：《自我》，陈浩莺等译，人民邮电出版社，2004。

乔文达、张宏伟：《论医学生心理健康教育中的心理干预》，《继续医学教育》2013 年第 5 期。

乔治·H. 米德：《心灵、自我与社会》，赵月瑟译，上海译文出版社，2008。

商原李刚、张志建：《儒、道互补视阈中的道家社会和谐理念》，《西北大学学报》（哲学社会科学版）2015 年第 5 期。

《尚书》，中华书局，2007。

宋爱君、张玲、黄敏：《传统文化视域下大学生和谐人际关系的路径探索》，《才智》2020 年第 21 期。

宋晓东、施永达：《美国中小学心理辅导综合模式及其对我国的启示》，《外国中小学教育》2010 年第 6 期。

孙德玉：《论〈大学〉"止于至善"的价值意蕴》，《高等教育研究》2017 年第 6 期。

孙红梅：《试论当代大学生心理发展状况及对策》，《攀枝花学院学报》2004 年第 4 期。

孙宁：《大学生就业心理问题及对策研究》，《现代商贸工业》2022 年第 7 期。

孙志德：《马克思主义人学视域下大学生人格成长规律探析》，《中国成人教育》2016 年第 24 期。

谭红、刘喆：《大学生人际关系中存在的问题及对策》，《湖北经济学院学报》（人文社会科学版）2015 年第 3 期。

汤一鹏、任芷宇、蒲小萍等：《人际真诚在同事互动及团队工作中的作用》，《心理科学进展》2021 年第 4 期。

唐君军：《积极人格特质研究综述》，《文教资料》2018 年第 30 期。

唐为民：《大学生人际关系的特点及转换的印象知觉对其影响的研究》，《心理科学》2001 年第 1 期。

佟月华：《大学生应对方式与心理健康的关系研究》，《中国行为医学科学》2004 年第 1 期。

汪凤炎：《中国文化心理学新论》（上），上海教育出版社，2019。

王德信、杨晓莹、陈光磊：《中国优秀传统文化在学习困难大学生心理健康教育中的作用研究》，《高教学刊》2021 年第 12 期。

王光强、白卉、曾国权：《师生关系对大学生抑郁情绪的影响：链式中介效应》，《中国健康心理学杂志》2023 年第 1 期。

王强：《王阳明"致良知"认知模式的探析》，《西北大学学报》（哲学社会科学版）2008 年第 6 期。

王蕊：《当代大学生"群体性孤独"现象的审视与克服路径》，《教育探索》2023 年第 1 期。

王仕民、黄科：《从"君子人格"到"时代新人"——中华优秀传统文化的传承与创新》，《理论探索》2022 年第 4 期。

王新波：《中国中小学生积极心理品质数据库建设新进展》，《中国特殊教育》2010 年第 4 期。

王鑫强、谢倩、张大均等：《心理健康双因素模型在大学生及其心理素质中的有效性研究》，《心理科学》2016 年第 6 期。

《王阳明全集》，董平、吴光等编校，上海古籍出版社，1992。

王振宏、吕薇、杜娟、王克静：《大学生积极情绪与心理健康的关系：个人资源的中介效应》，《中国心理卫生杂志》2011 年第 7 期。

维克多·埃尔：《文化概念》，康新文、晓文译，上海人民出版社，1988。

魏源：《拖沓与情绪的关系》，《中国临床康复》2005 年第 36 期。

魏则胜、苗存龙：《道德是什么：发现与发明》，《学术研究》2022 年第 8 期。

吴霞：《改革开放以来大学生心理健康教育研究》，博士学位论文，西南大学，2015 年。

鲜于乐娇：《大学生积极心理品质培育探析》，《学校党建与思想教育》2019 年第 10 期。

休谟：《人性论》，关文运译，商务印书馆，1980。

许婷婷、赵青、王渊等：《强迫症患者的人格特质在早年创伤与强迫症状间的中介作用》，《中国心理卫生杂志》2017年第10期。

杨斌芳、李梅、侯彦斌等：《高校师生关系现状的调查与分析——当代大学生心理健康问题预防与干预机制研究之一》，《河西学院学报》2016年第5期。

杨海文：《为修身而正心：〈大学〉传七章的思想史阐释》，《江南大学学报》（人文社会科学版）2020年第1期。

杨建祥：《试析儒家德位之辨中的敬位意识》，《上海行政学院学报》2007年第3期。

姚若松、梁乐瑶：《大五人格量表简化版（NEO-FFI）在大学生人群的应用分析》，《中国临床心理学杂志》2010年第4期。

姚新中：《和而不同：人类共同价值重构的路径》，《中州学刊》2023年第2期。

俞国良：《社会心理学》，北京师范大学出版社，2006。

俞国良：《心理健康教育学——心理学与教育学的交叉融合研究》，《教育研究》2018年第9期。

翟学伟：《儒家式的自我及其实践：本土心理学的研究》，《南开学报》（哲学社会科学版）2018年第5期。

张大均、王鑫强：《心理健康与心理素质的关系：内涵结构分析》，《西南大学学报》（社会科学版）2012年第3期。

张东良：《大学生心理健康影响因素探析》，《辽宁师专学报》（社会科学版）2017年第2期。

张福娟、江琴娣、杨福义：《轻度智力落后学生心理健康问题的研究》，《心理科学》2004年第4期。

张冠华：《学生管理视角下大学生学习心理现状及对策》，《山西大同大学学报》（自然科学版）2019年第6期。

张华：《儒家身心和谐思想与大学生心理健康教育》，《中华文化论坛》

2013 年第 1 期。

张晓宁:《浅析大学生就业心理问题及解决思路》,《中外企业文化》
    2021 年第 12 期。

张雪萍、向欣:《大学生心理健康教育的体系构建》,《现代教育科学》
    2010 年第 9 期。

张燕:《当代大学生宿舍人际关系类型和影响因素研究》,《现代交际》
    2020 年第 3 期。

张亦辰:《论孔、孟德位观的异同:以亲亲与尊贤的张力为中心》,《安
    徽大学学报》(哲学社会科学版) 2021 年第 5 期。

张元祝、邵丹:《大学生就业心理问题及对策研究》,《黑龙江人力资源
    和社会保障》2021 年第 21 期。

赵泽鹏:《对构建当代大学生和谐人际关系的思考》,《教育探索》2008
    年第 6 期。

郑永廷主编《人际关系学》,中国青年出版社,1988。

周爱保、夏瑞雪等:《文化、心理与脑》,科学出版社,2020。

周炎根、桑青松、葛明贵:《大学生自主学习、成就目标定向与学业成
    就关系的研究》,《心理科学》2010 年第 1 期。

朱君、赵雯、刘增训等:《大学生人际关系与心理健康的相关研究》,
    《精神医学杂志》2013 年第 4 期。

朱熹:《四书章句集注·大学章句》,中华书局,2016。

朱智贤:《反映论与心理学》,《北京师范大学学报》(社科版) 1989 年
    第 1 期。

邹文荣:《中华优秀传统文化融入大学生心理健康教育探析》,《湖北开
    放职业学院学报》2021 年第 24 期。

祖雅桐、杜健:《青少年自我效能感对现实 - 理想自我差异与抑郁间关
    系的调节效应》,《心理与行为研究》2016 年第 3 期。

Steven J. Heine:《文化心理学》(第三版),张春妹、洪建中、王东等
    译,中国轻工业出版社,2021。

C. W. David, "Procrastination and the Five-factor Model: A Facet Level Analysis," *Personality and Individual Differences*, Vol. 10, 2001.

M. Achenbach, "Achenbach the Classification of Children's Psychiatric Symptoms: A Factor-analytic Study," *Psychol Monographs*, Vol. 80, No. 1, 1966.

图书在版编目（CIP）数据

中国优秀传统文化与大学生心理健康教育：以《大学》为例 / 肖甜，陶云，杨舒涵著. -- 北京：社会科学文献出版社，2024.2

ISBN 978 - 7 - 5228 - 3378 - 1

Ⅰ.①中⋯ Ⅱ.①肖⋯ ②陶⋯ ③杨⋯ Ⅲ.①大学生－心理健康－健康教育－研究②《大学》－研究 Ⅳ.①G444②B222.15

中国国家版本馆 CIP 数据核字（2024）第 057910 号

中国优秀传统文化与大学生心理健康教育
——以《大学》为例

著　　者 / 肖　甜　陶　云　杨舒涵

出　版　人 / 冀祥德
责任编辑 / 岳梦夏
文稿编辑 / 许文文
责任印制 / 王京美

出　　　版 / 社会科学文献出版社·政法传媒分社（010）59367126
　　　　　　地址：北京市北三环中路甲29号院华龙大厦　邮编：100029
　　　　　　网址：www.ssap.com.cn
发　　　行 / 社会科学文献出版社（010）59367028
印　　　装 / 三河市尚艺印装有限公司

规　　　格 / 开　本：787mm×1092mm　1/16
　　　　　　印　张：20.5　字　数：296千字
版　　　次 / 2024年2月第1版　2024年2月第1次印刷
书　　　号 / ISBN 978 - 7 - 5228 - 3378 - 1
定　　　价 / 138.00元

读者服务电话：4008918866